高等职业教育公共基础课系列教材

大学生劳动教育

主　编　邱同保
副主编　金　涛　陈柳艳
参　编　陈佳雪　彭志华　龚建新　蒙万才
李文华　薛莹莹　罗楚妤　梁裕玲
李志宇　蓝梨华　夏　璐　曹吴玮
李　诚
主　审　范莉莎

机械工业出版社

本书依据《中共中央 国务院关于全面加强新时代大中小学劳动教育的意见》和《大中小学劳动教育指导纲要（试行）》的要求，结合高职高专院校的自身实际编写而成。

本书共包含7章，分别是劳动精神、劳模精神、工匠精神、劳动法规与劳动安全、公寓劳动、勤工助学与校园劳动实践和大学生公益劳动。书中密切结合高职高专学生的实际情况，从理论和实践两方面开展具有针对性的劳动教育。

本书可以作为高职高专院校学生的劳动教育必修课的教材。

图书在版编目（CIP）数据

大学生劳动教育 / 邱同保主编. —北京：机械工业出版社，2020.12（2022.6 重印）
高等职业教育公共基础课系列教材
ISBN 978-7-111-66998-2

Ⅰ.①大… Ⅱ.①邱… Ⅲ.①劳动教育-高等职业教育-教材 Ⅳ.①G40-015

中国版本图书馆 CIP 数据核字（2020）第 239947 号

机械工业出版社（北京市百万庄大街22号 邮政编码100037）
策划编辑：赵志鹏 责任编辑：赵志鹏 徐梦然 刘益汛 张星瑶
责任校对：樊钟英 封面设计：鞠 杨
责任印制：张 博
三河市宏达印刷有限公司印刷

2022年6月第1版·第3次印刷
184mm×260mm·13印张·276千字
标准书号：ISBN 978-7-111-66998-2
定价：39.80元

电话服务
客服电话：010-88361066
010-88379833
010-68326294

网络服务
机 工 官 网：www.cmpbook.com
机 工 官 博：weibo.com/cmp1952
金 书 网：www.golden-book.com
机工教育服务网：www.cmpedu.com

前 言

《中共中央 国务院关于全面加强新时代大中小学劳动教育的意见》指出"劳动教育是国民教育体系的重要内容，是学生成长的必要途径，具有树德、增智、强体、育美的综合育人价值。""通过劳动教育，使学生能够理解和形成马克思主义劳动观，牢固树立劳动最光荣、劳动最崇高、劳动最伟大、劳动最美丽的观念；体会劳动创造美好生活，体认劳动不分贵贱，热爱劳动，尊重普通劳动者，培养勤俭、奋斗、创新、奉献的劳动精神；具备满足生存发展需要的基本劳动能力，形成良好劳动习惯。"教育部制定了《大中小学劳动教育指导纲要（试行）》，规定"在大中小学设立劳动教育必修课程"，"主要围绕劳动精神、劳模精神、工匠精神、劳动组织、劳动安全和劳动法规等方面设计"。贯彻中央精神，切实开展劳动教育，是新时代培养社会主义建设者和接班人的新要求。

劳动创造了人类，也不断创造社会财富，推动科技发展。勤劳是中华民族的传统美德。通过劳动教育使学生在精神上树立正确的劳动观念，劳动光荣，劳动不分贵贱，职业不分贵贱，都能创造价值、创造财富，都能成就出彩的人生。

高等职业教育培养高素质技术技能型人才，劳动教育必须与日常生活、与专业教学融合，与社会公益活动结合。在日常生活劳动教育中，组织学生开展清洁公寓卫生、宿舍卫生，维护校园环境，实施垃圾分类等劳动内容，就是将劳动教育日常化、具体化、生活化，提高学生的自立意识和能力。在专业教学中，组织开展校内实训和校外实习，接触真实的生产劳动，体验职业氛围，增强职业认同感，提高职业自豪感，为毕业后步入生产劳动养成良好行为习惯。在社会实践中，参加志愿者活动、参加大学生“三下乡”活动等，服务社会，参加公益服务性劳动，可以培养学生作为一个公民的社会公德。当今科技不断发展，全面开展劳动教育更具有现实意义。

《大学生劳动教育》包含劳动精神、劳模精神、工匠精神、劳动法规与劳动安全、公寓劳动、勤工助学与校园劳动实践和大学生公益劳动7章内容。书中密切结合高职学生实际情况，开展针对性的劳动教育和劳动安排。本书由邱同保担任主编，金涛、陈柳艳担任副主编。具体编写分工：第一章由陈佳雪、邱同保编写，第二章由陈柳艳、李文华、夏璐、曹吴玮编写，第三章由龚建新、李诚编写，第四章由金涛、薛莹莹编写，第五章由彭志华、邱同保编写，第六章由梁裕玲、罗楚妤编写，第七章由蒙万才、李志宇、蓝梨华编写。本书由范莉莎主审。

由于编者水平有限，书中难免存在疏漏和不妥之处，敬请读者批评指正。

编者

目 录

第三章 工匠精神

第四章 劳动法规与劳动安全

第五章 公寓劳动

第六章 勤工助学与校园劳动实践

第七章 大学生公益劳动

Chapter One

1

第一章

劳动精神

学习目标

知识目标

- 掌握劳动及劳动者的概念与实质。
- 了解尊重劳动、崇尚劳动、热爱劳动的新时代劳动精神内涵。
- 明确劳动教育的原则及高校实施劳动教育的现实路径。

素质目标

- 充分认识到劳动教育的意义，主动树立劳动意识。
- 养成热爱劳动，尊重普通劳动者的品德。
- 在日常生活中注重培养劳动精神和实干精神，做德智体美劳全面发展的新时代大学生。

第一节 劳动概述

“锄禾日当午，汗滴禾下土。谁知盘中餐，粒粒皆辛苦”“民生在勤，勤则不匮”，这些词句言简意赅地揭示出劳动的珍贵价值，也很好地诠释了劳动的艰辛伟大。中华民族繁衍生息、文明演进的发展史就是一部我国各族人民的劳动史。尊重劳动、热爱劳动已融入中华民族的骨髓。无数劳动者胼手胝足、艰苦奋斗，缔造出一个充满活力的现代中国。

一、劳动与劳动者

（一）劳动概述

1. 劳动的含义

劳动是人类运动的一种特殊形式，也是维持自我生存和自我发展的手段。劳动这个词，在我国很早就有了。《三国志·魏书·方技传》：“人体欲得劳动，但不当使极尔。”这里的“劳动”指的是活动身体。

在《中国大百科全书（哲学卷）》中，劳动被定义为“是人类特有的基本的社会实践活动，也是人类通过有目的的活动改造自然对象并在这一活动中改造人自身的过程”。所谓劳动是指人们运用一定的生产工具，作用于劳动对象，创造物质财富和精神财富的有目的的活动。劳动是人类的本质活动，恩格斯在《劳动在从猿到人转变过程中的作用》一文中，指出“在某种意义上不得不说：劳动创造了人本身。”在经济学中，劳动是指人类在财富生产过程中所提供的有价值的服务或贡献。所有的劳动，其共同的特征是劳动者都要付出时间、体力、知识或技能。换言之，劳动是人们为了创造使用价值以满足物质和精神需要而进行的体力、脑力以及时间的付出。

劳动的概念是抽象的，也是具体的。随社会、历史的发展，劳动的内涵不断发生变化。处在不同发展阶段的社会，劳动往往有不同的类型和特征。一万年前的劳动，用的是石器；一千年前的劳动，靠的是手工；一百年前的劳动，开的是笨重的机器。而今天的劳动，却用的是键盘和鼠标。劳动的对象、工具、方式、环境和效果，都在发生着变化。钻木取火与用打火机取火，人力运输与汽车运输，用两条腿走路与坐飞机赶路，劳动的速度与力度，产量与效益，都已相差了百倍千倍。

2. 劳动的特征

劳动是人类特有的活动，人类社会的一切物质、文化财富都始于劳动。作为体现人与自然、人与社会、人与人之间的关系的作用形式，人类的劳动具有以下特征：

（1）目的性 劳动是有明确的目的的改造自然的自觉活动。劳动既是一种客观性的活动，其主体、对象、手段都是客观实在的，同时，劳动又有明确的目的性，它是人类为实现预期的目标，所进行的具有自主性的、为我性的活动。

（2）创造性 劳动是创造性的活动。劳动不再是单纯地依靠自然力，而是通过使用一定的劳动手段（其中主要是各种工具），创造出自然界原来没有的事物。

（3）广泛性 劳动对象具有广泛性。动物的活动主要是适应自然界，其活动的范围和对象相对狭小，它们不能意识到自己的活动对于对象的意义。而人在活动中，把自己作为主体与周围世界形成了改造与被改造的关系，并在劳动的发展中，不断拓宽对象的范围。

（4）社会性 劳动具有社会性，这是人类区别于动物的根本特征。一方面，只有在一定社会关系、社会结合形式中，劳动才能得以展开；另一方面，劳动又加强了人和人之间的社会联系，使个人与社会之间的纽带更加密切和坚固。随着劳动的发展，人与人之间的社会关系也愈加丰富。在动物界，生物的特性、生活经验和技能的积累与传承，主要通过先天本能的遗传方式进行。而人类因为能够从事生产劳动，并且在生产劳动的基础上，形成了语言、思想、科学、文化、传统及各种传播媒体。因此，人类的劳动经验和技能等体现为语言、思想、科学、文化和传统，并通过传播媒体一代一代地传下去。

（5）多样性 劳动的衡量尺度具有多维性。动物的活动，只有一个尺度，即种的尺度。而人类劳动的衡量尺度包括真理尺度、价值尺度和审美尺度，即真、善、美的统一。

3. 劳动的分类

无论是在政治学范畴还是经济学领域，劳动的内涵十分宽泛和复杂，因此，应以多个方位为视角对劳动的分类进行阐述说明。

（1）简单劳动和复杂劳动 从价值分析的角度出发，劳动可分为简单劳动和复杂劳动。所谓简单劳动，即“每个没有任何专长的普通人的机体平均具有的简单劳动力的耗费”，而“比较复杂的劳动只是自乘的，或不如说多倍的简单劳动。”“比社会平均劳动较高级较复杂的劳动，是这样一种劳动力的表现，这种劳动力比普通劳动力需要较高的教育费用，它的生产要花费较多的劳动时间，因此它具有较高的价值”。

也就是说，简单劳动一般是指劳动者都能胜任的、不需要经过专门训练就能从事的劳动，如砍柴、挑水、清扫、搬运、看管等。复杂劳动是指要通过专门训练、具有一定技术专长才能从事的劳动，如装配计算机、修理机器、汽车驾驶、教师教书、医生看病、软件设计等。但简单劳动与复杂劳动会随着社会的发展相互转化，在不同的时期，简单劳动与复杂劳动有可能互相换位，复杂的劳动可能由于科技的进步变成简单劳动；或者简单劳动由于人们对于产品的性能需求的改变，而变成复杂劳动。

（2）体力劳动和脑力劳动 按照劳动的呈现方式，劳动可分为体力劳动和脑力劳动。体力劳动和脑力劳动与简单劳动和复杂劳动是一对既相互区别又相互联系的概念。简单劳动，通常又称为体力劳动，而复杂劳动，通常称为脑力劳动。

脑力劳动和体力劳动的分工是人类社会发展到一定阶段上出现的。在生产力十分低下的原始社会，由于共同体内部不能提供剩余产品，有劳动能力的人都要参加体力劳动，还没有产生专门从事脑力劳动的人。随着生产力水平的提高，共同体内部产生了剩余产品，就逐渐形成了“从事单纯体力劳动的群众同管理劳动、经营商业和掌管国事以及后来从事艺术和科学的少数特权分子之间的大分工”。从此，脑力劳动从体力劳动中分离出来。随着资本主义的发展，机器大工业把科学技术融入生产过程，导致从事科学技术研发和生产管理的人员从直接生产活动中分离出来，实现了脑力劳动与体力劳动的进一步分离。体力劳动与脑力劳动的分离，大大提高了劳动生产力，并为科学和知识的发展创造了条件。随着生产力的发展和社会的进步，生产过程中的体力劳动逐渐被机器代替，特别是随着信息技术和人工智能的发展，脑力劳动将逐渐成为生产过程和社会生活中的主要活动，对促进生产力发展发挥着越来越大的作用。在共产主义社会高级阶段，随着生产力的高度发展和社会成员综合素质的全面发展，脑力劳动与体力劳动的对立将随之消失。

（3）具体劳动和抽象劳动　从商品生产的角度出发，劳动可分为具体劳动和抽象劳动。“一切劳动，从一方面看，是人类劳动力在生理学意义上的耗费；作为相同的或抽象的人类劳动，它形成商品价值。一切劳动，从另一方面看，是人类劳动力在特殊的有一定目的的形式上的耗费；作为具体的有用劳动，它生产使用价值”。具体劳动各不相同，有质的差别。抽象劳动是撇开具体形态的，没有任何质的区别的一般人类劳动。具体劳动和抽象劳动是生产商品的同一劳动的两个方面。其中，具体劳动创造商品的使用价值，抽象劳动作为撇开具体劳动形式的无差别的人类一般劳动，没有质的差别，只有量的差别，是价值的源泉。

（4）生产劳动与非生产劳动　按照劳动的自然形态，劳动可分为生产劳动与非生产劳动。生产劳动是指创造物质财富的劳动，如工业劳动创造工业产品，农业劳动创造农副产品，建筑劳动创造各类建筑物等。非生产劳动是指不创造物质财富的劳动，如科学家发现科学真理，工程师发明先进技术，教师培养人才，医生治病救人，文艺工作者为人民带来精神食粮等。

劳动者往往能切身体会到劳作的辛苦和不易，享受到收获劳动果实的喜悦和欢乐，对劳动抱有朴素的热爱和深厚的情感。他们往往能在劳动过程中体会到自然之美、力量之美、创造之美，从而深刻地感受到自身的成长和进步，对劳动行为充满自豪和自信，对劳动有着深刻的眷恋。尤其是，劳动者对集体劳动中蕴含的团结友爱、互帮互助的社会关系抱有更加深厚的情感，对劳动集体呈现的力量和前途抱有更加坚定的信念和向往。

生产劳动体现生产关系的本质。原始社会，人们在生产劳动中结成原始的平等互助关系，共同狩猎、采集食物，平均分配消费品。奴隶社会，劳动产品出现剩余，奴隶主占有生产资料并完全占有奴隶，毫无人身自由的奴隶完全在奴隶主强制下进行生产劳动，劳动产品全部归奴隶主占有和支配，奴隶只能从奴隶主那里得到最低限度的生活资料。封建社会，农民通过租种地主的土地进行生产劳动，地主通过地租和高利贷等剥削方式占有农民大部分劳动成果。资本主义社会，资本家占有生产资料并无偿占有工人在剩余劳动时间内创造的全部剩余价值，只有生产剩余价值的劳动才被看作是生产劳动。我国的社会主义经济制度的基础是生产资料的社会主义公有制，即全民所有制和劳动群众集体所有制。社会主义公有制消灭人剥削人的制度，实行各尽所能、按劳分配的原则。国家在社会主义初级阶段，坚持公有制为主体、多种所有制经济共同发展的基本经济制度，坚持按劳分配为主体、多种分配方式并存的分配制度。中国特色社会主义进入新时代，在中国共产党的领导下，广大劳动者以国家主人翁的态度参加生产劳动，满足人民日益增长的美好生活需要。

名人故事

碑林讲解员白雪松

白雪松不是当红的美妆博主，也不是明星“顶流”，而是西安碑林博物馆一名普通的讲解员。他通过直播介绍名碑石刻和精品拓片，吸引了 40 万网友围观，点赞数超过 500 万。

相比于许多直播间的专业操作，白雪松的讲解显得有些“佛系”：他坐在自家餐桌边，没有助理，也没有专业的摄像灯光，只是一个人自言自语地介绍。但网友之所以会买账，还给他封上“宝藏男孩”等称号，是因为他会以“抛梗”的形式，介绍文物背后的历史细节和奇闻轶事。比如他会说：“我最近发现《新白娘子传奇》里《关帝诗竹》的拓片是假的，一会儿给你们看真的。”“《开成石经》，就是唐代的‘五年高考三年模拟’。”这样的叙事方式，其实就是借助互联网的传播技巧，以接地气的方法拉近受众与文物的距离，进而激发人们对文物本身的好奇心与感知力。

因受疫情影响无法正常开放，许多博物馆纷纷通过直播、在线讲座、VR 展示等方式与社会进行互动。不过，在善用技术之外，博物馆需要解决的核心问题还是如何让文物“活”起来，对于我国古代文物来说尤其如此。它们往往具有厚重与含蓄并存的特点，每一件展品背后都能勾牵出丰富的历史文化知识。比如，从一套越窑青瓷茶具，可以探知整个唐代的茶文化与生活美学；通过知名的《韩熙载夜宴图》，能获得有关历史、礼仪、家具、饮食等多重意义上的知识……但是，如果缺乏相关的背景知识，它们就会深藏不露，让人难以参透。

此时，一位能够旁征博引、深入浅出地进行讲解的引路人就至关重要。无论是白雪松，还是国家博物馆的“科普网红”河森堡，都是在出色地做着某种程度上的“翻译”工作。他们并不是简单地将时间、历史背景单一罗列出来，而是在大量阅读的基础上，将不同学科的知识点融会贯通，然后以有趣易懂的方式进行创新型叙事，并借助互联网平台实现传播裂变。用白雪松的话说，直播其实就是让文物“开口说话”。而在知识分享的同时，他们也在传递着有关传统文化的饱满情感，满足更多人对文物和历史的好奇。

关于博物馆的尴尬，曾经有一个广为流传的笑话：许多人跑到法国卢浮宫，就是为了扎堆看几秒钟的蒙娜丽莎。其实，这些知名博物馆还有着更多值得欣赏的展品。正如西安碑林等相对“冷门”博物馆，也云集着景云铜钟、大夏石马、昭陵六骏等一大批珍贵文物。人们此前之所以会有所忽视，往往不是因为不感兴趣，而是因为缺乏了解。

因此，我们期待在文博界中，有更多像白雪松这样深耕内容的“网红”出现，打破普通观众与展品的认知壁垒。这不仅能够繁荣文博事业，更能促成博物馆在线上线下的有益互动，吸引更多国人走进博物馆，在“冷门”的展品前停留驻足，也让每一件文物真正“活”起来。(改编自中国青年报)

实际上，劳动的内涵随社会发展而变化，在农业社会，劳动主要是指体力劳动，当时脑力劳动和体力劳动分工尚不明显；在工业社会，劳动主要以加工和制造业劳动为主，动手和动脑的社会分工日趋明显。在后工业社会或信息化社会，管理劳动、科技劳动等脑力劳动越来越重要。在如今高新技术、互联网和大数据时代，劳动的形态多元化，不再局限于体力和脑力劳动，也不局限于个人和团体劳动，也不局限于以直接成果或报酬来表现，开网店、做义工、编游戏软件都是劳动。要对劳动有更加全面的认识，只有用更加多元、广泛、长远、深刻的视角，才能诠释劳动的真正内涵。劳动不仅仅能满足温饱，还能带来价值实现感，应该成为人们生活方式的选择。

（二）劳动者

1. 劳动者的内涵

广义的劳动者指具有劳动能力的所有公民。狭义的劳动者仅指在法定劳动年龄内具有劳动能力的所有公民。

从一般意义上说，劳动者是对从事劳作活动的人的个体和群体的统称。具体地说，劳动者是具有劳动能力，并以从事劳动获得的合法收入作为自身生活主要来源的个体和群体。

从社会组成看，劳动者包括工人、农民、知识分子、公务员和企业家等。但在许许多多的劳动者之中，由于其劳动岗位的不同，劳动者的劳动强度也有所差异。

从法律的角度看，劳动者一般指达到法定年龄，具有劳动能力，依据法律或合同的规定，在用人单位的管理下从事劳动并获取劳动报酬的自然人。劳动者的主体资格始于劳动者最低用工年龄，终于法定退休年龄。劳动者达到法定退休年龄后，与单位之间的用工关系由劳动关系转变为劳务关系。

2. 劳动者的类型

根据使用价值生产的主体，我们可将劳动者分为脑力劳动者与体力劳动者。其中，脑力劳动决定劳动的目的，体力劳动决定劳动的结果。通常将知识分子称为脑力劳动者，将工人、农民称为体力劳动者。

（1）脑力劳动者　脑力劳动者是指以脑力劳动为主的人们，如科研人员、技术人员、管理人员、医务工作者、文艺工作者、教育工作者、法律工作者等。脑力劳动者的工作性质决定了其必须经常性使用脑力去分析、思维和记忆。脑力劳动者的工作特征是思维劳动多于体力劳动。

（2）体力劳动者　体力劳动者指从事以消耗体力为主的劳动的人员，如农民、工人和服务人员等一线劳动者。随着信息化和智能化带来的产业转型升级，体力劳动者的知识化和技能化程度大幅提高，加上工作环境艰苦和充满奉献精神等，产业一线劳动者的价值认同越来越引起社会的重视。带领果农增收的“金剪子”、成为大学名师的宿管阿姨、高温下挥汗如雨的快递小哥、坚持十年风雨无阻的扫地奶奶、成为全国人大代表的洗脚妹等，这些位卑未敢忘忧国的普通劳动者，他们的价值应该受到社会的认同和尊重。“三百六十行，行行出状元”，即使是普通工作岗位，一旦有人把它做到极致，同样可以焕发出耀眼的光彩。全社会都应该给予那些努力工作、认真生活的普通劳动者更多的价值认同。

3. 劳动者的历史作用

劳动者是生产力中最活跃的决定性力量。生产力作为人类创造财富的能力，其要素包括劳动者、生产工具和劳动对象。其中，劳动者作为生产力三个基本要素之一，是最活跃和最具创造性的要素。所谓劳动，就是劳动者通过付出劳动，生产出物质产品和精神产品的过程。在原始社会，人们主要通过采集或狩猎获取劳动成果，实现人类的生存和发展。当人类社会发展到农耕文明，曾经采集的对象开始变成人们培育种植的对象，曾经狩猎的对象开始变成人们驯化养殖的对象，种植和养殖构成了人类最初的生产劳动行为。人类的活动由原始社会的简单收获型劳动转变为有目的有计划的生产型劳动。随着生产力的进一步发展，劳动者开始利用知识和科学技术来从事产品的制造和创造。科学技术作为第一生产力，日益成为先进生产力的集中体现和重要标志。

作为人民群众的主体部分，劳动者是推动历史前进的动力。人类的历史首先是生产发展的历史，是物质资料生产者本身的历史，即作为生产过程中的基本力量的劳动群众的历史。劳动者作为人类社会物质财富的创造者，是人类社会精神财富的创造者，也是实现社会变革的决定力量。劳动者不仅仅是物质财富的创造者，即使是在精神文化领域，劳动者也起着巨大的作用。劳动者在从事精神文化活动时，其智慧和灵感也来源于人民群众的生活和创造力。许多伟大的精神产品本身就是人民群众创造的。一切科学发明都是基于劳动群众生产和生活上的需要和当时劳动生产提供的条件。尤其是当劳动者具有大公无私的高尚品质时，往往在精神文化的创造上能够发挥更加独特的积极作用。

名人故事

高校生挂牌上市第一人马天琛的第一份工作——扛箱子

2015年11月，电子科技大学80后博士研究生马天琛创办的成都泰聚泰科技股份有限公司在新三板成功挂牌上市，成为全国高校在校生创业挂牌上市的第一人，公司产品“面聊”赢得了各方好评，成为全国高校最受欢迎的互联网社交平台之一。

出生于青岛的帅小伙马天琛毕业于英国中央兰开夏大学，六年本硕连读的留学生活让他萌生了创业的想法。毕业后，他毅然决定回国开始寻求他的创业梦。“先工作，后创业。”用马天琛自己的话说，他的创业道路与别人大相径庭。

为了给创业打基础，了解社会工作的大环境，理解基层劳动者的想法，回国不久，马天琛在济南为自己找了份一个月300块、每天扛大包八个小时的工作——物流搬运工。

得知这个消息后，家人、朋友、老师无不感到惊讶与无奈，“好好一个留学生，回国扔着月收入上万的工作不要，偏偏去扛箱子。”

忆起之前的工作情景，马天琛历历在目。“济南的夏天很热，我每天都要喝好几大桶水。每天工作下来，我的衣服上都结了一层厚厚的白色盐碱。”

每天与搬运箱为伍，同底层的劳动者做伴，马天琛在基础的岗位上干了整整一年。劳动不分贵贱，尊重每一位辛勤付出的劳动者，是这份看似不起眼的工作带给马天琛的最大感悟。

一番磨炼之后，马天琛选择回到他高中就读的城市成都工作。一次偶然的机会，他成为毕马威公司的一名实习生。“进到一个行业，不应该搞虚的东西，一定要踏踏实实从最底层干起。”这是马天琛一贯的工作原则。

在大企业工作，马天琛觉得自己身处在一座金矿中。每次帮别人跑腿打印文件，他都一定要把这些文件看一遍，不浪费每一次学习的机会，加班到凌晨两、三点更是家常便饭。即使这样，他总会把第二天的工作提前准备好，绝不把因自身原因出现的问题带给客户。

“毕马威的这份工作培养了我非常好的职业素质和素养。”马天琛非常感恩这段经历，“从实习生成长为经理的这五年，我熟知了企业的发展规律、市场规则等多方面行业信息。这些宝贵经验对我走好创业道路有很大意义，为公司后期运作、挂牌上市给予了很大帮助。”

马天琛说，卧薪尝胆的体验是创业必备的务实品质。(改编自中国青年网)

二、劳动精神的内涵与弘扬路径

2020 年初，面对突如其来的新型冠状病毒肺炎疫情，在以习近平同志为核心的党中央的领导下，全国各族人民众志成城、顽强拼搏，经过艰苦卓绝的努力，全国疫情防控阻击战取得重大战略成果。这些成果凝聚着亿万劳动者的聪明才智、辛勤汗水和牺牲奉献。

如今在复工复产一线，全国亿万劳动者迎难而上、团结一心，唱响了抗疫时期的“劳动号子”：在希望的田野上，人们在抓春耕促生产；在厂房车间里，人们在加班加点；在城市大街小巷间，外卖员、快递员们穿梭不停；居家办公、“云端”会议让上班族“停班不停工”……亿万有理想守信念、懂技术会创新、敢担当讲奉献的劳动者大军，创造出了令世界刮目相看的“中国速度”，诠释着“人民创造历史，劳动开创未来”的新时代精神。

（一）新时代劳动精神的内涵

新时代劳动精神根植于人类优秀的传统劳动文化和劳动理论之中，是对广大劳动者生产劳动实践所作出的高度凝练和概括，是历史与现实、理论与实践相结合的产物。新时代劳动精神内涵丰富，包含三个层面六个方面的内容，是劳动理念、劳动态度和劳动品德的集中统一。

1. 奉行“劳动光荣、劳动伟大”的劳动理念

劳动理念是人们对劳动价值、意义的根本看法，新时代的大学生必须要树立正确的劳动观，正确地认识劳动和实践劳动，明确劳动是推动人类社会进步的根本力量，树立辛勤劳动为荣的价值取向，充分认识到劳动是财富和幸福的源泉。

新时代劳动精神奉行“辛勤劳动、诚实劳动、创造性劳动”的劳动理念。这是因袭了马克思主义理论中关于劳动与人的观点，在中国特色社会主义条件下形成的有关劳动的价值理念。首先，劳动是一种人类活动，劳动创造了人，使一个自然人向社会人转变；劳动创造人类生活，实现了人对自然界的统治，把人和自然界区别开来；劳动创造了生产资料，满足了人类生活的物质需求和精神需求；劳动使得人类生活得到优化，人类在劳动中获得幸福感、满足感。再者，劳动产生的物质产品不仅改变了个人的生活，同时推进了全社会的发展。随着人类物质生活条件的提高，人类的精神生活质量也得到相应的提高，人类通过自身力量推动了文明的进步。

中国特色社会主义事业的发展，中华民族伟大复兴离不开中国人民的辛勤劳动，共同努力。劳动具体到个体层面指每个人从事某一行业的具体工作。任何人都可以通过自己的劳动为中国特色社会主义事业做贡献，任何人的劳动都是中国特色社会主义大厦不可或缺的组成部分，任何人的劳动都可能创造自身和他人的幸福生活。从这一层面上讲，人类的劳动是伟大的，劳动者应建立“劳动伟大”的劳动信念。

2. 坚定“尊重劳动、热爱劳动”的劳动态度

劳动态度是个人对劳动的一种心理倾向，这种心理倾向包括对劳动的认识、情感反应和行为倾向。劳动态度受生活环境、教育程度、行为习惯等因素的影响。劳动态度表现为尊重劳动、热爱劳动的情感投入，以及自觉地将个人价值的实现与劳动的奉献紧密融合。

尊重劳动是指对劳动的认识，把劳动作为人类的本质活动，作为创造财富和获得幸福的源泉，尊重一切有益于人民、造福于社会的劳动者及其劳动价值。热爱劳动是指对劳动的情感，焕发劳动热情，积极投身劳动，珍惜劳动成果，把劳动与实现自身价值紧密结合起来。热爱劳动体现了劳动者递进式的心理变化：一是劳动者积极投身于劳动的意愿；二是在劳动过程中劳动者发现劳动的乐趣、得到劳动的锻炼、保持劳动的热忱；三是劳动者珍惜劳动的成果，从而实现劳动过程与个体价值的内在统一。

中国创造的几千年辉煌的历史和灿烂的文化，体现着劳动人民投身于劳动的积极热情。新中国成立初期，我国的生产生活环境落后，生产力不发达，各个领域落后于人。但经过多年的奋斗历程，我国在各个领域取得了很大的进步，这一系列成就离不开广大劳动者“尊重劳动、热爱劳动”的劳动态度。从个人角度来讲，劳动者通过勤奋工作来改善自己的生活环境。当生活水平越来越高，恩格尔系数不断降低，劳动者的精神生活也丰富起来。与此同时，劳动者也巩固和提升了“爱岗敬业”的劳动精神，在劳动过程中更加坚定“尊重劳动、热爱劳动”的劳动态度。肯学肯钻研，练就一身本领，掌握一手好技术，就能立足岗位成长成才，只有热爱自己的工作岗位，才会以严谨的态度对待自己的工作，才会兢兢业业、勤勤恳恳、尽职尽责、忠于职守；也只有对自己的工作尽心尽力，全力以赴，才会在自己的工作中感受到乐趣，享受到快乐，才会有幸福感、成就感、荣誉感，才会更加热爱自己的工作。

3. 践行“辛勤劳动、乐于奉献”的劳动品德

劳动精神作为人类的文化产品，它的形成不是无源之水、无本之木，而是依附于人类的生产实践。新时代劳动精神是辛勤劳动、乐于奉献的优良品德的集中体现。

辛勤劳动反映勤奋敬业、埋头苦干的精神，是中华优秀传统文化的现实体现，也是对劳动者的基本要求。回顾新中国的历史，我们从“站起来”到“富起来”再到“强起来”，每一次的探索与进步，无不与亿万劳动者的辛勤劳动相联系。依靠勤劳，我们实现了中国迅速发展的目标，也只有依靠勤劳，我们才能屹立于世界民族之林。

从劳动实践的角度，辛勤劳动包括两个层面含义，一是诚实劳动，二是创造性劳动。诚实劳动是指劳动者脚踏实地、恪尽职守，遵守法律法规和政策，遵循职业道德规范和工作标准，实事求是地认识和对待劳动过程和劳动成果，不窃取他人的劳动成果。无论付出多少的艰辛，如果劳动者是不诚实的，必然造成巨大的社会危害。因此，劳动精神应包含倡导实现人生梦想、改变自己命运的诚实劳动。创造性劳动是指开创性的劳动，如人类历史上进行的各种原创性发明与创新。在创新驱动发展的时代背景下，一切墨守

成规、因循守旧的高投入低效率的劳动，都将成为我国经济转型的严重阻碍。因此，劳动精神更表现为敢于创新、勇于创新、无中生有、有中创优的创新性劳动。

乐于奉献是指主动去做有利于他人或集体的事情却不追求回报，甚至在关键时刻可以牺牲自己。袁隆平教授就是乐于奉献的代表人物，他不顾现实环境的各种阻碍，始终委身农田做一位真正的劳动者，坚持培育杂交水稻，最后终于获得成功。他把国家理想和个人梦想统一起来，把个人的理想和中国梦紧密结合，始终遵循“辛勤劳动、乐于奉献”的劳动品德，丰富和发展了新时代的劳动精神。大学生在实现自身理想的过程中，不可能总是一帆风顺，有时也会遇到坎坷。但一旦养成正确的劳动品德，就能善于从劳动中发现真善美，体验劳动的快乐和幸福，就会愈挫愈勇，保持韧性，最终战胜一切困难和挫折，实现自己的人生价值，为国家的繁荣和人类社会的进步做出应有的贡献。

在日常生活中，劳动精神的学习常常与向劳动模范的榜样学习联系在一起。

“农民”袁隆平

袁隆平成长的年代，正值日寇的铁蹄践踏中国。年幼的他随父母四处迁徙，尝尽逃难的艰辛。火光冲天、尸横遍野的悲惨景象让袁隆平从小就懂了一个道理：弱肉强食。从那时起，他树立了和祖国同呼吸共命运的决心。

因为兴趣所在，他在大学填报志愿时选择了学农。面对贫穷落后的农村，他更加坚定了信心，立志改造农村，为农民做实事。大学期间，他阅读了国内外多种农业科技杂志，对学术孜孜以求。年轻学子袁隆平对权威学者并不盲从，他常把搜罗到的各国学术书籍仔细研究，去感悟、去分析，最后得出自己的结论。他始终坚信吸收科学知识更重要的是靠理性来判断其价值，这在当时已显示出一个青年人的大胆思辨和成年人思维的缜密老练。

大学毕业，踌躇满志的他远离了繁华的都市，选择了偏远的湘西农村。在农校教书的日子里，他利用课余时间走出课堂，走向田埂。烈日当空，农民在榕树下歇息，袁隆平依然头顶烈日，在田里劳作。

偶然的机会，他发现一株“鹤立鸡群”的稻株，由此灵感一现，萌生了培育杂交水稻的念头。然而，袁隆平的设想与传统的经典遗传学观点相悖，许多权威学者反对甚至嘲笑他的设想。但他在反复思考、探索之后，更加坚信自己的想法。

为了找到意想中的稻株，他吃了早饭就下田，带着水壶与馒头，一直到下午四点左右才回。艰苦的条件和不规律的饮食，让他患上了肠胃病。六七月份的天气，他每天都手拿放大镜，一垄垄、一行行、一穗穗，大海捞针般在几千几万的稻穗中寻找，汗水在背上结成盐霜，皮肤被晒得黑里透亮，连常年扎在水田里的农民都自叹不如。

正是凭着这种坚忍不拔、勇敢顽强的意志，在勘察了14万余株稻穗后，经过两年的探索、试验和研究，他终于写成引起国内外科技界高度重视的“惊世”论文《水稻的雄性不孕性》。从此，“杂交水稻”这四个字伴随了袁隆平的一生，成为他毕生不懈追求的事业。

袁隆平饱尝痛苦，但“让所有人都吃饱饭不再挨饿”的诺言却让他意志异常坚定，每当遇到阻力的时候，他都告诫自己戒骄戒躁，为长远打算。他带领助手到海南开展试验，连续7年春节都在外面度过，遇到台风暴雨天气，就卸下门板，将秧苗抱到门板上转移到安全的地方；即便是在大地震来临时，也不顾生命安危保护种子，因为余震不断，为了把试验继续进行下去，他们就在操场草席上睡了整整三个月……

寒来暑往，草木枯荣，虽然杂交水稻的研究过程面临着许多困难，但袁隆平凭借自己的智慧和执着，将困难一一化解。在潜心研究的过程中，海南“野败”的发现让他欣喜不已，多年来天南地北的长途跋涉、不眠不休，从那一刻起有了重大收获。1974年，袁隆平在安江农校试种的“南优2号”杂交稻亩产628公斤，与常规稻亩产150公斤相比，简直是天壤之别。

1976年是我国杂交水稻研究的关键一年。袁隆平和他的助手们用勤劳和勇敢揭开了我国杂交水稻大面积制种、推广的序幕。

杂交水稻研制成功后，各种荣誉纷至沓来：国内第一个特等发明奖、“杂交水稻之父”、国家首个最高科技奖……袁隆平也从一个躬耕田畴的农业科学家成了两院院士、集团董事。面对荣誉，袁隆平有着清醒的认识。社稷黎民，苍生天下，他一直以此为念。“我今生最大的心愿是让杂交水稻更多地造福世界。我希望杂交水稻不仅对建设中国的和谐社会做贡献，也希望为建立世界和平做贡献，我认为这应该是中国对世界的贡献。”袁隆平说。（改编节选自中国青年网）

（二）新时代劳动精神的弘扬路径

1. 转变理念，强化引导教育

在学生中弘扬劳动精神，把劳动教育作为教育的五大目标之一，充分体现了劳动精神培育的重要性和紧迫性。要提倡学生尊重劳动、热爱劳动、辛勤劳动、诚实劳动，还要倡导创造性劳动，坚持和弘扬新时代劳动精神，以培养德智体美劳全面发展的社会主义建设者和接班人。

首先，要树立全面发展的劳动教育理念。劳动精神的培养是实现人的全面发展的基础，是学生自我发展、自我完善的重要途径。劳动教育的教学理念、课程设置等必须满足学生全面发展和经济社会发展要求，突出劳动精神培养在整个学校教育中的重要地位。

其次，要深入挖掘课程中的劳动精神元素。即要积极挖掘专业课程中蕴含的劳动精神元素，既要加强对马克思主义劳动价值观的解读，更要结合时代特征增加对创新劳动的介绍等，正确引导大学生认识劳动的价值，不断丰富劳动教育内容的层次性、选择性和多样性，充分调动大学生学习的主动性和积极性，培养学生热爱劳动、尊重劳动、努力向劳动人民学习的思想意识，以及吃苦耐劳、脚踏实地、辛勤劳动的传统美德，从而提升学生劳动情感的认同度、劳动意志的内化度、劳动行为的一贯性。

2. 创新实践，促进实践养成

新时代对劳动精神的培育提出了更高要求：教育不能局限于课堂，应结合课外劳动实践，让大学生在劳动实践中体验劳动、践行劳动、感悟劳动，让劳动精神内化于心，外化于行，最终达到知行统一。通过劳动实践潜移默化的影响，大学生能够在实践中学会学习，学会生活，学会劳动，学会创造。劳动只有被主动追求并亲身体验时，才能创造价值和财富。大学生在劳动实践中要发挥主观能动性，用耳朵听，用眼睛看，用心灵感悟，用大脑思考，用双手操作，积极探究。

在劳动实践的开展方面，应将各类校园文化活动与劳动精神培养有机结合，立足校园开展卫生保洁、绿化设计、宿舍美化、校园风貌整治等公益劳动，与社团活动、班级活动、日常教育活动相结合开展劳动主题实践体验活动，将教育同生产劳动和社会实践相结合，在实践中培养学生热爱劳动、珍惜劳动成果的思想感情、行为习惯和艰苦奋斗的作风，可使劳动精神的培养常态化。

同时，结合创新创业和就业教育，围绕学生劳动精神培养的实际需要，将劳动精神培育与学生喜爱的创新创业活动、探究性学习相结合，提高学生在思维方法和实践操作等方面的能力，切实为学生劳动精神的建构和创新能力的增强提供保障。

3. 加强宣传，营造弘扬风尚

当今社会环境复杂多变，培育新时代劳动精神，必须高度重视劳动环境的塑造。学校、家庭、社会都要提倡辛勤劳动、脚踏实地，反对不劳而获、贪图享乐，努力让劳动精神成为社会的主流意识，营造弘扬劳动精神的时代风尚。着力形成弘扬劳动精神的价值导向，充分运用网络、电视、广播、微信、微博等舆论手段，倡导劳动光荣、创造伟大的价值追求，倡导尊重劳动、尊重知识、尊重人才、尊重创造的价值导向。大力宣传劳动模范与大国工匠的先进事迹，邀请劳动模范、“非遗”传承人进校园，通过榜样树立和模范感召，大力弘扬劳动美、创造美、贡献美，激励学生发扬中华民族热爱劳动的优良传统，提倡通过劳动实现人生价值，营造良好的社会环境。加强对负面舆论的监督。针对社会上少数人对劳动精神的贬低、轻视、误解等现象，要激浊扬清，形成正面舆论强势。充分调动各方积极性，创造一个劳动氛围良好的大环境，才能提高大学生劳动精神的渗透力和作用力，使劳动精神自然而然地成为大学生的行为自觉和行动追求。

4. 多元评价，健全评价体系

培育劳动精神，既需要理论教育，也需要实践行为。要结合劳动精神培养的目标和学生的实际特点，确立多元化的评价标准，建立完善的劳动教育评价制度，将学生参加劳动次数、劳动态度、劳动实践技能、劳动成果、参加公益劳动的情况等记入学生综合素质档案，作为评优评奖的重要参考。

大学生劳动精神的培育需要一个漫长的过程。要切实改变以学习成绩作为衡量和评价大学生的唯一标准，更加突出对大学生劳动实践的评价，加强对大学生劳动理论学习和实践行为的观察和监督。根据大学生的日常表现，用个性化的标准要求基础不同的大学生，给予他们最合适的教育方式，如参与科研活动的态度和表现、参加校内劳动的表现、到服务性企业实习的表现等都应纳入评价范围。要坚持多样化的评价主体和开放性的评价方式，实现多元评价，如教师评价、大学生自我评价、同学之间相互评价相结合，运用网络调查法、日常观察法、访谈访问法、劳动表现评价等多种方式，对大学生的各方面进行评价，强化大学生劳动精神的培育效果。

学习探究

提到“五一”，我们就会想到“劳动”。劳动不仅创造了中华民族的辉煌历史，也正在推动我们迈向伟大的复兴。阅读以下材料，思考当下劳动意味着什么，它的时代价值又如何体现。

北斗重器背后的青年

当我国第42、43颗北斗导航卫星发射升空，即北斗三号全球组网基本系统星座部署完成之时，西昌卫星发射中心一个1994年出生的胖小伙儿田鑫瑶，就在几公里外的锅炉房里，用眼睛紧盯着它。

听到成功的消息，田鑫瑶松了一口气，咧开嘴大笑起来，黝黑的脸庞，让一口白牙更加明显。

作为整个北斗导航卫星系统中的工作人员，田鑫瑶只是其中发射场系统的锅炉操作工，说好听点，是专业技术人员，说白了就是烧锅炉的。但就是这个岗位，为火箭、卫星测试厂房的空调提供蒸汽，确保湿度、温度达到检测标准，同样关乎“万人一杆枪”北斗事业的最终结果。北斗系统建设已成功将43颗北斗卫星送入太空。这背后，除了人们熟悉的科学家、设计师、指挥员等大人物，还有像田鑫瑶这样的一线青年操作工，这些还略显稚嫩的面孔，他们的命运和国家大工程离得如此之近。

■ 如果人人对岗位挑三拣四，火箭能成功上天吗

一线操作工有一个共同特点，就是不挑活儿。

按照田鑫瑶的说法，任务期间，他们每天要烧将近6吨煤，这些煤全是他们手工一铲一铲地装到小推车里，接着一车一车地运到锅炉房。至于蒸汽，则是从头一年10月，持

续到次年5月，经常是24小时不间断提供，3小时一班，轮班巡查。

他所在的西昌卫星发射中心也曾考虑采用锅炉烧天然气、汽油，来代替烧煤，不过，发射场地处偏远山沟，加之铺设管道成本、燃烧危险性等因素，最终还是沿用传统的人工烧煤办法。

锅炉组中最好学的是朱高平，他掰着布满厚茧的手指说，铲煤只是基础工作，接下来的活儿就得动脑子了，要思考填煤的时机，要观察煤层充分燃烧的厚度和区域，根据火候调整煤层，摸索鼓风引风的节奏，还要听气的动静来调整送气阀门大小，等等。

事实上，烧锅炉除了是个体力活儿、技术活儿，还有几分危险。

西昌卫星发射中心执行遥感三十号03组卫星发射任务时，就发生过出渣机链条卡死的故障。几个年轻小伙子见状一起出动，借抽水泵把黑色的渣水往外抽。等水差不多抽到只有齐腰深时，操作手邓彪二话没说，脱掉衣服裤子就跳进渣坑池里，用碗来舀煤渣，清理渣坑。

还有一次是水压过大。主操作手王磊快速定位出故障原因是进水管被堵，随后紧急关机。操作工们打开锅炉顶盖，想方设法对锅炉顶部进行降温。温度降下来后，经验老到的王磊钻了进去。顶部隔层只有40厘米高，王磊只能平躺着操作电钻，并用角磨机打磨，摩擦飞溅的火星子喷在他的脸上，两个腮帮子和额头有多处被灼伤，至今还留着小黑疤点。

“烧锅炉也就苦点累点，没啥后悔的。如果人人对岗位都挑三拣四，火箭能成功上天吗?”王磊说。

高技能绝活背后是成百上千次的训练

不到两平方米的行吊操作间，悬在半空。刘超灵敏地钻了进去，扭动电机钥匙、按下电源按钮、启动电机……所有动作一气呵成，笨重的行吊挂钩在他的操作下，指哪儿到哪儿、说停就停。

在西昌卫星发射中心，提起这位“金牌”吊装手，不少人都竖起了大拇指。

所谓吊装，就是从测试厂房将火箭水平运送到发射场，再进行翻转、起竖，将火箭吊装对接在发射台，最后将卫星与火箭再进行对接的过程。

刘超日常打交道的就是这个庞然大物：火箭测试厂房转载间的行吊设备，28.5米宽、挂钩离地9.2米，大小螺丝钉有1000余颗，接电线端子有近万个……任务前，这些小物件都要检查一遍，看有没有松动、滑丝或者断裂等情况，这都关系到行吊操作的安全性和稳定性。

用刘超的话说，这些行吊设备就好像他身体的一部分，只有掌握清楚、保养好，才能实现“人机合一”，以最好的状态完成每一次吊装任务。

在行吊运行轨道下方的白色墙沿上，间隔一段距离就会出现巴掌大的深蓝色标记。这些都是刘超自己标记的。他根据平时吊装火箭的经验，在行吊端梁下侧离边缘30厘米处，自己焊接了一根刻度尺。当刻度尺运行到蓝色标记时，就是一处定位。这样的标记一共有3处，分别对应火箭卸车吊装时的3个中心点，也就是下方的铁轮支架车的中心点。

有了这个小发明，不管是地面指挥员，还是吊车操作手，都能够得到吊车减速的标识提醒，提前预判停车位置。稳定、精准……这一切的背后，靠的都是成百上千次的训练。(改编节选自《中国青年报》)

第二节 马克思主义劳动观及劳动教育理论的中国化

马克思说过：“任何一个民族，如果停止劳动，不用说一年，就是几个星期，也要灭亡。”劳动创造了社会财富，劳动创造了人类本身，劳动是光荣的。劳动在马克思主义中是一个重要理论范畴，深入理解马克思主义的劳动观，才能真正理解马克思主义揭示的社会发展规律。

一、马克思主义劳动观的主要内容

（一）劳动是人的根本属性

人是劳动的动物，劳动是人的根本属性，是人的特质。正如马克思和恩格斯在《德意志意识形态》中所指出的那样，“个人怎样表现自己的生活，他们自己就是怎样。因此，他们是什么样的，这同他们的生产是一致的——既和他们生产什么一致，又和他们怎样生产一致。因而，个人是怎么样的，这取决于他们进行生产的物质条件”。马克思认为“劳动或实践是人的本质”。实践作为人的存在方式，与人的需要和社会关系一起决定了人的本质。其中，实践活动是内容，社会关系是形式，人的需要是动力，马克思认为自由的有意识的劳动实践作为人的本质，从根本上把人和动物区分开来。人能按照一种尺度和需要进行生产。这是人的劳动活动与动物本能活动的根本差别。有意识的劳动正是人的自由自觉本质的直接体现。

人的自我丰富和完善，只有在实践活动中才有发展的必然性和可能性。因为实践活动是现实的人生存的第一活动，作为一个现实的人，他首先面对的就是如何解决其吃、穿、住、行等基本生存问题。当基本的生存需要得到满足之后，他才会产生新的更高的需要。人本身的生存和发展不断推动着人与自然和人与人之间矛盾的解决。人类在绵延不断的实践活动中，在不断改造外部世界的同时，也不断地改造自我，不断向着自由、全面的人发展。

（二）劳动推动社会发展

现实的劳动都是在一定的社会关系当中进行的。劳动过程不能仅仅作为人与自然之间的过程来考察，而要考虑它的各种历史形式。如果仅仅从解决人与自然之间的矛盾的过程来考察，劳动过程只是纯粹个人的劳动过程，在这一劳动过程中，同一劳动者自己承担了劳动过程中的所有职能，自己生产出产品用以满足其自身需要。然而，这种自己支配自己，脱离社会的纯粹个人的劳动过程在现实中是不可能存在的。马克思指出："人们在生产中不仅仅影响自然界，而且也相互影响。他们只有以一定的方式共同活动和互相交换其活动，才能进行生产。为了进行生产，人们相互之间便发生一定的联系和关系；只有在这些社会联系和社会关系的范围内，才会有他们对自然界的影响，才会有生产。"

人类社会的发展是社会生产力与生产关系相互作用的结果，当生产力发展到一定阶段，原先与之相适应的生产关系便成了生产力发展的桎梏。生产力作为活跃的因素会打破这个桎梏，通过推动生产关系变革产生新的更高形式的生产关系。这时，劳动的性质和形式也随之发生变化。从本质上来说，劳动是一种社会关系的表现。人们在劳动过程中，不仅要同自然界发生关系，而且人们相互之间也要发生关系。社会发展过程就是在劳动中人与人之间发生社会关系的过程。在人类社会发展的历史过程中，先后出现过原始社会、奴隶社会、封建社会、资本主义社会和社会主义社会五种社会形态。

（三）劳动创造了人类历史

马克思在《关于费尔巴哈的提纲》中指出："我们首先应当确定一切人类生存的第一个前提，也就是一切历史的第一个前提，这个前提是：人们为了能够'创造历史'，必须能够生活。但是为了生活，首先就需要吃喝住穿以及其他一些东西。因此第一个历史活动就是生产满足这些需要的资料，即生产物质生活本身，而且这是这样的历史活动，一切历史的一种基本条件，人们单是为了能够生活就必须每日每时去完成它，现在和几千年前都是这样。"在马克思看来，劳动是"一切历史的基本条件"，有了人类的劳动，有了满足人类生存必需的前提，才产生了生活和历史。马克思从唯物主义立场出发，充分肯定了劳动对于整个人类和人类历史的重要意义。

马克思认为整个世界历史不外是人通过人的劳动而诞生的过程。在《1844 年经济学哲学手稿》中曾经指出："整个所谓世界历史不外是人通过人的劳动而自我产生的过程"。恩格斯在《路德维希·费尔巴哈和德国古典哲学的终结》一文中指出，马克思主义是"在劳动发展史中找到了理解全部社会史的锁钥的新派别"。劳动是自然因素、社会因素和精神因素的统一。在从猿到人的进化过程中，劳动是决定性因素。在劳动过程中，人形成和发展了劳动机能，具有了劳动能力；在劳动过程中，人学会了制造生产工具，并通过使用生产工具开展劳动；在劳动过程中，人通过创造精神财富和物质财富满足自身生存、发展和繁衍的需要；在劳动过程中，人形成了一定的社会关系，形成了人的文化。

二、马克思主义劳动观的中国化探索

马克思主义劳动观强调"把教育同物质生产结合起来"，这是我们开展劳动教育的理论基础和行动指南。从新中国成立初期对社会主义劳动发展规律的初探，到改革开放以来对中国社会主义劳动思想的发展，再到新时代的创新，马克思主义劳动观的中国化取得了丰硕的理论成果和实践成就。

（一）新中国成立初期的探索

中国共产党诞生以来，以毛泽东同志为主要代表的中国共产党人，结合中国革命和建设实际，形成了相关劳动思想，创造性地继承和发展了马克思主义劳动教育理论，为马克思主义劳动观的中国化做出重要贡献。

新中国成立后，毛泽东同志对劳动的重视从农业生产拓展到工业、手工业和商业等社会生产的各个领域。同时还高度重视脑力劳动者的作用。1958 年 9 月，《中共中央、国务院关于教育工作的指示》明确强调将“教育与生产劳动相结合”作为我国教育方针的重要组成内容。这一时期的劳动教育在提升劳动者的社会地位以及增强学校教育的实践性、提高学生的生产劳动技能、促进社会发展等方面，取得了重要的社会效益。毛泽东同志倡导的教育与社会实践相结合的“教劳结合”思想，这对于克服教育实践中存在的轻视和鄙视劳动的思想，促进学生身心全面发展，起到了重要的指导作用，是新时代开展劳动教育的重要思想指南。

（二）改革开放以来的发展

党的十一届三中全会以来，以邓小平同志为主要代表的中国共产党人，总结新中国成立以来的经验教训，坚持一切从实际出发，实事求是，围绕建设社会主义现代化国家，进一步发展了马克思主义劳动观。

首先，突出生产力在社会主义中的重要地位，鼓励劳动致富，实现共同富裕。强调通过解放发展生产力来满足人们日益增长的物质与精神需要，实现劳动者的自由与发展，进而巩固社会主义制度。其次，面对我国科技发展水平相对落后的现实情况，提出尊重知识、尊重人才，强调脑力劳动者是广大劳动人民的一部分，调动他们的积极性，对于科学事业、教育事业的迅速发展和实现“四个现代化”起着重要作用。进入改革开放的新时期，邓小平同志从国家战略和宏观角度，提出了教育与国家经济建设和劳动计划相融合的重要思想，对于我们深化劳动教育理论以及在新时代开展劳动教育具有重大的指导意义。

党的十三届四中全会以来，以江泽民同志为主要代表的中国共产党人，在建设中国特色社会主义的实践中，丰富和发展了马克思主义劳动观。一方面，深化和拓展了劳动的内涵和外延，提出“尊重劳动、尊重知识、尊重人才、尊重创造”四个尊重方针。随着现代市场经济的快速发展，科技、教育、金融、信息以及直接或间接地服务于人们的生产和生活的非物质部门在当代社会总劳动中所占比重不断上升，且日益与物质生产部门融合在一起，共同推进现代经济社会的发展和不断满足人们的物质、精神文化需要。

四个尊重方针是一个有机的联系整体，尊重劳动居于四个尊重方针的基础地位，尊重知识、尊重人才突出了对脑力劳动者的重视。四个尊重方针是对我国改革开放和现代化建设实践的深刻总结和升华，是对马克思主义劳动观和劳动价值理论的发展和深化，体现了马克思主义理论的与时俱进、开拓创新。另一方面，重视劳动教育。江泽民同志提出教育与社会实践相结合，丰富和发展了马克思主义的劳动教育思想。在1999年的全国教育工作会议上提出要“坚持教育与社会实践相结合”的方针，从“教育与生产劳动相结合”发展到“教育与生产劳动和社会实践相结合”，更贴近时代潮流和现实情况，更为恰当，更为科学。因为社会实践不仅包括生产劳动，而且还包括政治活动、科学研究活动、生活实践、教育实践等，涉及体力劳动与脑力劳动，范围更加广泛。

党的十六大以来，以胡锦涛同志为主要代表的中国共产党人，根据我国新的发展要求，进一步深化了马克思主义劳动观，提出了与科学发展观相适应的劳动理论体系。一是提出“以辛勤劳动为荣，以好逸恶劳为耻”的社会主义荣辱观。我国能取得改革开放及社会主义现代化建设的显著成就，是广大劳动群众团结一心、辛勤劳动的结果，而针对当时好逸恶劳、享乐主义、拜金主义等不良风气的盛行，把“以辛勤劳动为荣，以好逸恶劳为耻”列入社会主义荣辱观，目的就是要使劳动光荣、劳动神圣成为劳动人民共同的道德认识。二是深化了马克思主义劳动教育理论。胡锦涛同志从社会需要、学生能力培养、学生自身成长和教育理念等多个角度强调了劳动教育的重要性，对加强劳动教育提出了系统明确的要求，这对我国新时代劳动教育的创新发展具有重要的指导意义。

（三）新时代的创新

中国特色社会主义进入新时代以来，习近平总书记多次围绕劳动、劳动者进行深刻阐述，推进了马克思主义劳动观的中国化、时代化、大众化。党的十九大报告也提出了一系列与劳动密切相关的重要论断。习近平新时代中国特色社会主义思想包含了“实干兴邦”的劳动实践观、“民族复兴”的劳动发展观、“崇尚劳动”的劳动价值观、“热爱劳动”的劳动教育观等丰富内涵，成为推动党和人民事业发展的强大思想武器和具体行动指南。

1. 劳动价值论

习近平总书记坚持马克思主义的立场、观点、方法，将劳动视为人类的本质活动和人类文明进步的重要内容。他高度肯定劳动的价值，并结合时代和实践发展需要，从不同层面论述了劳动价值。

从个人层面上讲，获得人生财富需要劳动，自我价值最大限度地发挥也必须依靠劳动，劳动是实现个人全面发展的现实途径。人类通过劳动从大自然获取食物，满足自己生存需要。随着生产力的不断提高，当人类的劳动足以满足自身的生存需要时，人类就开始追求更高层次的需要，这个时候劳动就开始帮助人类积累生产资料和社会财富，这些生产资料和社会财富不断积累，人类劳动的能力和技巧也不断地提高。

在国家、民族层面上，劳动是推动整个国家民族繁荣发展的必经之路。习近平总书记将劳动与中国梦紧密结合起来，将劳动与国家民族的未来结合起来，将劳动提高到个人、社会、国家、民族发展需要的高度，阐明了劳动对于国家繁荣发展的重要意义，体现了中国梦赋予劳动以新时代特征的崭新要求，是对马克思主义劳动观的高度概括和生动铺陈。

2. 劳动发展观

劳动推动着社会历史向前发展。当前我国的需求侧和供给侧都发生着深刻变化，人民日益增长的美好生活需要和不平衡不充分的发展之间的矛盾需要找到一个新的解决方案，劳动创造美好生活是破解新时代社会主要矛盾的生动话语，解答了作为需求侧的美好生活需要的实现途径。所以，全面建成小康社会、建成富强、民主、文明、和谐、美丽的社会主义现代化国家、实现中华民族伟大复兴，根本上需要依靠劳动，依靠劳动者创造。

党的十九大报告在对决胜全面建成小康社会做出全面部署的同时，也明确了分两步走在本世纪中叶建成富强民主文明和谐美丽的社会主义现代化强国，这是对新时代中国特色社会主义发展做出的战略安排。而劳动是通向未来的必经之路，只有通过全国各族人民辛勤劳动、诚实劳动、创造性劳动，才能让美好愿景变成现实，从而最终实现中华民族的伟大复兴。

3. 劳动教育观

切实加强劳动教育，努力把广大青少年培养成勤于劳动、善于劳动、热爱劳动的高素质劳动者，是新时代党和国家对教育的根本要求。“德智体美劳全面培养”，推进现代化教育体系构建，将劳动教育纳入现代化人才培养全过程，在五育并举、全面发展素质的整体设计和全面部署下，坚持劳动教育的关键性地位，把握好以劳树德、以劳增智、以劳强体、以劳育美中劳动的基础性角色，具有重大的时代价值和鲜明的现实针对性。德智体美劳全面培养是中国特色社会主义教育的历史必然，更是马克思主义劳动观赋予劳动教育的必然使命，为培养德智体美劳全面发展的社会主义人才，实现人的自由而全面发展提供了价值遵循。

4. 劳动精神论

劳动精神是时代精神的重要体现，推动着中国特色社会主义事业蓬勃发展。习近平总书记高度重视劳动精神，并主张将这种精神传承下去，发扬光大。首先，在全社会营造尊重劳动、尊重知识、尊重人才、尊重创造的深厚氛围，为新时代发扬劳动精神奠定了基础。其次，发扬劳动精神还要结合劳动者的本职工作，具体问题具体分析，将劳动精神细化为每个行业的工匠精神，将劳动精神和大国工匠精神有机结合。最后，发扬劳动精神还要发挥劳动模范的示范带动作用。劳动模范是劳动群众的杰出代表，他们身上展现的劳模精神是民族精神和时代精神的有效融合，是民族性和时代性的有力彰显，是新时代的力量之源。十九大报告提出，要“弘扬劳模精神和工匠精神，营造劳动光荣的社会风尚和精益求精的敬业风气”。习近平总书记在多个场合、多次讲话中阐述了劳动态度、劳动模范、劳模精神在中国特色社会主义事业中的重要作用，他号召全社会应始终弘扬劳模精神、劳动精神、工匠精神，为中国经济社会发展汇聚强大正能量，为实现中国梦提供崇尚劳动的价值引领。

5. 劳动幸福观

劳动创造幸福是习近平劳动观的一个重要范畴。首先，幸福通过人的创造性劳动来体现。劳动和创造是幸福的源泉，广大劳动者要想实现人生的幸福，必须进行创造性劳动。其次，幸福通过维护劳动者的劳动尊严来体现。构建和谐劳动关系是尊重劳动者、创造和实现劳动者幸福的重要支撑。

习近平劳动观针对马克思主义劳动价值论所面临的新时代、新语境、新实践和新问题，运用马克思主义基本观点和基本方法，聚焦劳动主体、劳动幸福、劳动和谐、劳动共享、劳动发展、崇尚劳动、劳动教育等问题，提出了既体现时代特征，又符合中国国情的一系列重要论断，是新时代条件下对马克思主义唯物史观的进一步丰富和发展，是对马克思主义政治经济学和劳动价值论的理论创新，是协调新时代中国特色社会主义劳动关系的指导性纲领，具有重要而深远的理论和现实意义，实现了马克思主义劳动观在新时代的创新发展。

学习探究

“劳动究竟是什么？是一份养家糊口的工作，还是施展人生理想的途径？”在网络论坛里有人提出这样的困惑。阅读以下材料，思考一名新时代的劳动者应该如何对待工作？

刘传健：把简单的劳动做出精彩来

我是四川航空飞行员刘传健。很多人认识我是因为5·14飞行事件。当时，我驾驶的空客飞机正飞行在海拔9800米的高空，突然，挡风玻璃爆裂，驾驶舱瞬间释压。仪表盘上所有设备失灵，眼前一片红灯。飞机就像铁块一样，噌噌往下掉，眼看就要撞到山头。

零下40多摄氏度的低温、极度缺氧、巨大的噪声，失控的飞机，压力变化后动一动手指都像举起几十斤的哑铃。这是任何操作手册上都没有的紧急状况。作为一个机长，我比后舱乘客更清楚接下来会发生什么。但我绝不可能放弃，我的身后有120多名乘客和机组人员，那是数百个家庭啊！当时我只有一个念头，就是一定要保持飞行姿态，把飞机飞出高山区，至少，有人能幸存。

收油门、转方向……凭着自己对飞机的了解，我在30秒内做了36个动作。飞机终于保持住姿态，10分钟后，飞机飞出群山。这时，我想飞到就近的成都双流机场。尽管不知道减速装置、起落架是否正常，最差在平地上迫降，至少有很多人能活着。凭着对航线的记忆，我把飞机飞回机场。

惊心动魄的34分钟，顺利落地，大家安全。事后，中国民航局通过提取黑匣子，复盘了事故发生后我的操作流程，36个动作全都标准到位。如果有任何一个闪失，结果就可能完全不一样。事件发生后，空客公司调整了飞行手册，并按照我的操作，设计了更为规范的流程。

有人总结：奇迹时刻，是专业在闪光。什么是专业？在我看来，专业是一种选择，心无旁骛，专心致志；专业是一种坚持，几十年如一日，持之以恒；专业更是一种水准，无论遭遇怎样极端情况，都能临危不乱。

靠什么锤炼专业精神，我想是勤奋、爱岗、敬业和不断钻研。飞行28年，从战斗机到民航机，飞机的每一个部件我都了如指掌。每一个技术要领，我都要成百上千次地练习。到后来，这些技术动作，已经融到我的骨头里，成了大家说的人机合一。

20多年来，每次飞行后，我都会总结这一次飞行过程；飞机程序更新，我都第一时间关注，及时掌握。作为教员，我常给学员说："要把一样的航线，飞出不一样的感觉。"

航空飞行无小事。每一张机票，都是乘客对我们的信任。每当飞机平安降落，透过驾驶舱窗户，看到乘客们带着行李，高兴地搭上摆渡车或者通过廊桥快步向不远处的亲朋走去，我心里很温暖。

空客公司邀请我在空客第25届全球安全年会上发言，向全球同行讲述5·14飞行事件处置过程。这是空客公司第一次邀请中国飞行员到会发言。

我的发言结束，所有与会者起立，雷鸣般的掌声持续近3分钟。会后，空客专门向我赠送了一架飞机模型，并在基座上刻上了我的国籍和名字：中国、刘传健。国外同行走过来对我说：中国飞行员，了不起！中国，了不起！

很多国外同行通过这个事件了解了中国的民航专业水准。大家都知道，安全降落，不可能凭一己之力做到。这背后，是中国民航业的不断发展，更是我们综合国力的不断提升。

无数已经发生和正在发生的中国故事让我们从站起来、富起来到强起来，也改变着世界注视中国的目光。我将更加精益求精、敬业奉献，无愧于这个职业，无愧于这个时代，无愧于这个伟大的国家。(改编自《光明日报》2019年09月06日07版)

第三节 新时代的劳动教育

一、新时代高校加强劳动教育的原则

新时代承载新使命，新使命呼唤新精神。当前，我国社会发展进入难得的历史机遇期，要实现民族复兴的伟大梦想，劳动是通往成功的必由之路，劳动精神是前进路上砥砺前行的动力源泉。培育新时代大学生劳动精神能使大学生立足时代需求，将个人发展

与新时代的发展要求紧密联系在一起，在实现自身全面发展的同时勇担时代使命，最终凝聚起民族复兴的磅礴之力，共同促进中国梦的实现。

（一）思想性原则

要深刻理解和把握劳动教育在社会主义建设者和接班人培养中的思想引领作用。劳动教育纳入社会主义建设者和接班人的培养之中，充分彰显了社会主义建设者和接班人的劳动者本质。社会主义建设者和接班人应在劳动中坚定理想信念、在劳动中厚植爱国情怀、在劳动中加强品德修养、在劳动中增长知识、在劳动中培养奋斗精神、在劳动中增强综合素质。以劳动教育夯实社会主义建设者和接班人全面发展的基础，是新时代我国加强大学生劳动教育的首要原则。

（二）时代性原则

要深刻理解和把握新时代劳动的变与不变。一方面，新时代劳动的本质不变。劳动始终是推动社会发展、人类进步的根本力量。虽然到了新时代，人工智能可以代替人类的部分体力或脑力劳动，人类的自由闲暇时间有所增加，但绝不能滋生贪图享乐、好逸恶劳的心理。新时代劳动教育必须以更生动、更接地气、更有显示度的方式，将劳动亘古不变的真理性认识讲深、讲透、讲活，讲进每一个人的心里。

另一方面，要深入认识新时代劳动的形式变化性。要教育和引导大学生充分认识到新时代劳动形态的丰富性，以及不同形态的劳动在社会生产生活中的地位、作用，真正明白并由衷认同劳动光荣的道理；要充分认识新时代劳动关系的复杂性，强化劳动教育的人本情怀，教育大学生正确认识体力劳动的社会价值，由衷地尊重体力劳动和体力劳动者，认识到让体力劳动者变得越来越有文化，生活越来越丰富多彩，劳动的技术含量、收入、社会地位越来越高的重要意义；要回归劳动教育促进个体全面、和谐、健康发展的内在目的，引导学生深刻认识新时代劳动为自身全面发展创造的有利条件、提出的素质要求。从劳动是“生活的第一需要”，而不仅仅是“谋生的手段”的立场出发，引导学生积极主动地根据自己的才能、禀赋、兴趣、爱好就业创业，真正把劳动作为实现自我价值的内在需要。

（三）体系化原则

要深刻理解和把握高校劳动教育，加强劳动教育的体系设计。劳动作为人类最基本、最重要的存在方式，本身就具有巨大的教育价值。它是完整的知识建构必不可少的统合要件，是个体发展智力、增长才干、形成健全人格、养成良好品德的根基。因此，作为教育的根和魂，作为实现整体育人和全人培养的必要条件，劳动教育理应有机融入人才培养的各个环节中。

对劳动教育而言，高校更需要强调这种有机融入。因为高等教育是直接面向职业的教育、直接通向工作和劳动岗位的教育，每个专业的教育，都带有劳动教育的性质，因此，高校推进劳动教育一定要将劳动教育与专业教育相结合，与实习实训相结合，与思想政治教育相结合，与社会实践相结合，与校园文化建设相结合，把劳动教育融入高校立德树人、教学科研的方方面面。因此，实现新时代高校劳动教育的可持续发展，需要科学建构以学生为本的新时代高校劳动教育体系。

（四）创新性原则

要深刻理解和把握新时代高校劳动教育继承与创新的关系，特别是要注意根据新时代劳动和新时代大学生的特点，内容出新、手段革新。

一方面，新时代劳动发展的特点要求新时代高校劳动教育内容出新。各行各业、所有岗位的工作者都需要发扬劳模精神、劳动精神、工匠精神。

另一方面，新时代大学生的特点要求新时代高校劳动教育手段革新。新时代的劳动教育，面向的是“00 后”“10 后”，这一代人是伴随着互联网长大的，是“网络原住民”。他们参与传统体力劳动的机会大大减少、普遍缺乏劳动意识，对劳动的认识与上一代、上两代也有很大差异，“不珍惜劳动成果、不想劳动、不会劳动”的现象会更突出一些。针对这一特点，在利用传统方式加强大学生劳动价值观教育、劳动情感态度教育和劳动品德教育，强化劳动实践训练的同时，也要积极借鉴国内外先进经验，精准灵活运用网络信息技术、现场体验、模拟仿真试验、人工智能等形式拓展劳动教育方式。在用好校园内外传统纸质媒体的同时，要抢占新媒体阵地，进行全媒体传播，积极利用新媒体的传播优势，利用“两微一端”网络平台，制作推广更多轻量化的、可视性高、互动性强的新媒体宣传作品，实现更好的传播效果。

（五）协同化原则

要深刻理解和把握学校教育与家庭教育、社会教育的关系，在用好学校这个主战场的同时，发挥好家庭教育和社会教育的协同作用。一方面，要积极发挥家庭教育在个体劳动素养培育中的基础性作用，做好家校沟通工作，家校合力共同培养大学生良好的自我服务劳动和家务劳动习惯。另一方面，要积极发挥好社会劳动教育的重要支撑作用。要加大社会实践力度，多多组织大学生走进社区、工厂、农村，在改革开放和社会主义现代化建设的大熔炉里，感知中国大地，体察国情民情，在社会的大学校里，掌握真才实学；要构建学校、社会、企事业单位三协同的师资团队，组建社会志愿者辅导团队，把劳动模范、大国工匠、传统技艺师傅、非遗传承人、老教授、老专家、老艺人、老科技工作者等组织动员起来，为学生劳动创造提供辅导；要充分发挥好高等教育的社会服务功能，积极与企事业单位建立产学研用、互惠互利的合作共赢关系，切实建设好和发挥好校外劳动实践基地的作用；要积极向政府争取政策立法，以减免部分税收或拨付企业教育补助金等方式，对与学校建立了稳定的实习实训合作关系的企事业单位予以奖励，更好地调动社会力量参与学校劳动教育的积极性。

新时代高校加强劳动教育的实施路径

劳动教育是高等教育体系的重要组成部分，是高校实现立德树人根本任务的重要要求。中共中央、国务院印发的《关于全面加强新时代大中小学劳动教育的意见》（简称《意见》），要求“把劳动教育纳入人才培养全过程，贯通大中小学各学段，贯穿家庭、学校、社会各方面，与德育、智育、体育、美育相融合”，为全面加强新时代劳动教育提供了根本遵循。新时代高校加强劳动教育的实施路径，可以概括为“一心两轴三翼”，“一心”是指以劳动教育课程建设为“心”，“两轴”是指以劳动思想教育和劳动技能培育为“轴”，“三翼”是指以劳动教育与思想政治教育、专业教育、校园文化相结合为“翼”。

（一）劳动教育课程化，“一心”引领学生树立正确的劳动观

高校开展劳动教育，对于深入贯彻落实习近平总书记在全国教育大会的重要讲话精神、培养德智体美劳全面发展的社会主义事业建设者和接班人，具有十分重大的现实意义。其主要实现途径之一，就是使高校劳动教育课程化。课程是人才培养的核心要素，是学生从大学里受益的最直接、最核心、最显效的途径。虽然高校教育中有些课程融入了劳动教育，但这些课程多侧重具体劳动技能方面，而欠缺对学生劳动科学素养全面、系统、科学的培养。高校开展劳动教育必须开设专门的劳动教育课程，才能构建出扎实、完整的知识体系，培养出德智体美劳全面发展的新时代人才。

（二）知行合一两手抓，“两轴”提升学生劳动综合素养

新时代高校劳动教育以全面提升大学生劳动素养为出发点，必须在劳动思想教育和劳动技能培育两方面双管齐下。只有发挥好“两轴”合力，才能在劳动教育中实现“知行合一”。其中，“知”是指通过课堂教学环节，加强学生劳动思想教育，重在培养大学生的劳动精神、劳动情感、劳动品德等。“行”是指开展的具体劳动实践活动和劳动技能培训，目的是使学生亲临劳动实践场合，体验劳动的实际感受，强调深化劳动知识技能的学习、掌握符合时代需要的劳动技能。

以培养社会主义事业建设者和接班人为目的的劳动教育让大学生通过对劳动的基本理论学习，深刻认识人类劳动实践的创造本质，深入理解劳动实践对于立德树人的重大意义，深切感悟劳动实践对于人的自由全面发展所具有的重要推动作用，使大学生能够树立正确的劳动意识，形成正确的劳动观，进一步明确我国工人阶级的劳动实践在实现中华民族伟大复兴中所发挥的主力军作用，使高校学生真正在思想意识层面切实认识和领会“劳动最光荣、劳动最崇高、劳动最伟大、劳动最美丽”的深刻道理及其重大意义，从而真正树立起尊重劳动、尊重知识、尊重人才、尊重创造的意识。

（三）精准施力有特色，“三翼”促劳动教育与人才培养同向同行

1. 新时代高校劳动教育与思想政治教育相结合

1）改革思想政治教育内容，将劳动教育贯穿教育的全过程。思想政治教育工作是高校育人的重要环节，在劳动教育育人的大背景下，面对更具个性的学生群体，学校的思想政治教育途径应该更加多元化，承担思想政治教育的教师要充分利用劳动教育这一载体，进行思想政治教育模式的改革，通过多种渠道、多种方式将思想政治教育与劳动教育相结合。如在思想政治教育课堂中渗透马克思主义劳动观，围绕劳动是人类创造物质财富和精神财富的活动进行案例化教学，使学生树立积极的劳动观念。

2）拓宽劳动教育的内容与形式，实现自我教育。学生通过劳动教育这条主线，可以以不同的方式和途径实现自我教育。为了避免劳动教育内容的单一化、形式化，学校可以创新劳动教育的形式与内容，如劳动讲座的聆听、劳动者故事的宣讲、公益劳动的参与、专业实习的参加、劳动后体验的诉说等，可让学生学会主动地参与劳动并珍惜他人的劳动成果，进而实现自我教育。劳动教育还可以与学生社团活动相结合，如学校开展以劳动为主题的团日活动，相关学术性社团组织关于劳动、劳动者、劳动权益保障等主题的研讨活动，进而培养大学生热爱劳动、尊重劳动者、维护劳动公平和正义的情怀。

3）借助新移动互联网技术，搭建劳动教育的平台。运用网络平台，借助邮件、QQ、微信等交流方式，围绕劳动观、劳模事迹、劳动精神等反映的热点、难点、重点，与学生在课下探讨、交流和实践，为学生搭建不断深入理解和践行新时代劳动观的教学、研究、实践三位一体的平台。例如，推出劳动教育与思想政治教育相结合的微信公众号，向学生推荐弘扬劳动精神的好文、好书，报道新时代劳模精神的相关链接与视频，宣传劳动教育相关理论课程或讲座的信息，推送学生的劳动感悟等。全方位实现师生在线讨论交流，使学生能够自主自觉地在课下传播劳动精神，传播正能量。

4）劳动模范和大国工匠进校园，发挥榜样的作用。高校通过“劳动模范进校园”“大国工匠进校园”等活动形式，弘扬劳模精神、劳动精神、工匠精神。传播社会大力宣传的劳动模范和大国工匠的故事，让大学生能够近距离感受榜样力量，聆听模范故事，探讨工匠情怀，使广大学生可知、易感、能学，从而引导青年大学生崇敬劳模、学习劳模，崇尚劳动、热爱劳动，让劳动精神成为青年大学生成长成才的精神动力。

2. 新时代高校劳动教育与专业教育相结合

1）抓好课堂教学知识传授的主渠道，在潜移默化中达到劳动教育融入的效果。课堂教学是高等教育中知识与技能传授的主要方式，劳动教育应抓好课堂教学主渠道，将劳动意识、劳动关系、劳动条件、劳动法及劳动职业生涯发展等相关内容融入专业教学中，为学生提供完整的、系统性的劳动教育。

2）围绕专业教育中各关键点，融入劳动教育。辛勤劳动、诚实劳动、创造性劳动，

是新时代劳动的基本要求。在人才培养中，专业教育的各关键点，如日常学习、考试、实习、毕业论文写作等环节，均需要融入劳动教育。引导学生在专业学习过程中，通过辛勤劳动，使得劳动潜能转化为劳动价值，使自身可以胜任更加复杂或高科技的工作，适应社会需求。在大学生群体中，还要提倡诚实劳动。诚实劳动是当代大学生争取美好生活的一条坦荡大道。而诚实劳动应从培养学生诚信考试做起。创造性劳动则可以从学生的实习实践和毕业论文写作中体现。

3）扎实推进劳动教育与专业实习实训相融合，培育学生劳动情怀。学校通过与企业、社区、工厂等开展合作，激励学生参与社会实践，走进工厂、走进基层、走进社会，感受一线劳动的魅力，获得丰富的劳动体验，真正地尊重劳动、热爱劳动；要注重劳动知识和技能的培养，通过实习实训基地和相关单位的精细化统筹安排，拓展劳动知识，提升劳动技能，特别要充分发挥优秀劳动者的引领作用，为学生走入社会做好职业准备。

4）适应信息化时代对劳动教育提出的新要求和新挑战。在信息化时代，劳动的内涵，特别是在教育中的新内涵可能逐渐向“实践”概念靠拢。新时代的劳动将具有两个核心因素：第一，劳动必须动手和动脑紧密结合。第二，劳动必须面对真实的现象、真实的世界而非幻想世界。要注重利用慕课、在线课堂、翻转课堂、手机课堂、微课堂等方式讲好专业劳动教育课程，打造新时代专业劳动教育的“金课”，给劳动教育增强互动性、即时性、趣味性。

3. 新时代高校劳动教育与校园文化相结合

1）让高校文化活动成为劳动教育的有力抓手。采取丰富多彩的教育形式和喜闻乐见的活动方式，打造以“弘扬劳动精神、培养劳动情怀”为主题的劳动教育系列活动，让形式多样的校园文化活动有组织导向，让积极参与其中的大学生有努力方向。例如，在新生入学教育中融入劳动教育内容，让大学生在知校爱校的同时，深刻领会劳动和劳动精神的内涵；在毕业生离校时，鼓励毕业生用“干劲、闯劲、钻劲”在各自工作岗位上为实现个人梦想、为国家创新发展不懈努力；开展创新创业系列讲座、创新创业作品设计大赛，开辟大学生创新创业园区，鼓励大学生积极参与创新创业，在劳动中成就未来；引领学生参与志愿服务，在服务他人的同时，收获劳动的快乐；充分发挥高校的科研优势，引导师生申请劳动教育研究课题、举办劳动精神专题论坛，邀请专家学者、劳模代表、优秀校友进行主题讲座，为开展劳动教育、传播劳动精神提供智力支持和理论支撑。

2）让高校新媒体平台成为劳动教育的重要阵地。在用好橱窗、标语等传统媒体的同时，抢占新媒体阵地，充分运用网络、微信等新媒体平台的优势，制作推广更多轻量化的，可视性高、互动性强的新媒体作品；把握网络传播性强的特点，根据“网络原住民”的媒体接触习惯，用平视的角度、平和的态度、平等的互动实现有效传播，推动劳动教育。鼓励师生参与劳动教育话题，分享劳动教育感悟，提出劳动教育建议，增强劳动教育的互动性。充分利用这些方式让劳动教育“活起来”“实起来”“酷起来”，提升劳动教育的实际效果。

3）让高校物质、制度环境成为劳动教育的肥沃土壤。打造劳动教育文化墙，集中展示劳动理念、劳动标语、劳动模范、劳模事迹等劳动教育内容，增强师生的思想认同感。在师生工作、学习、生活的主要场所，以图片、实物、文字、视频等多种形式展示各行各业的劳动模范和大国工匠的成长故事、非凡业绩，使劳模精神融入师生日常学习生活，生动自然地传播劳模精神、工匠精神，引导大学生摒弃利己主义思想，树立“崇尚一技之长，不唯学历凭能力”的劳动价值观。努力通过这些物质、制度环境，形成浓厚的劳动教育氛围，涵养深厚的劳动情怀。

学习探究

大学期间是青年学子成长、发展、成才的最重要人生阶段。在深刻领会习近平总书记关于劳动教育的重要论述，准确把握新形势、新要求、新任务的基础上，对比下列两则材料，谈谈你对于劳动教育的认识。

材料一：火神山、雷神山医院10天左右双双落成，他们是“中国速度”创造者，他们是“中国奇迹”贡献者。鲜有人知，在4万多名“白衣天使”驰援荆楚，救死扶伤，托举生命之时，同样有4万多名建设工人从八方赶来，倾力抢建，并肩奋战。这群“沉默英雄”的辛勤付出、无私奉献，成为“劳动最光荣、劳动最崇高、劳动最伟大、劳动最美丽”的生动写照。

材料二：当前大学生中存在着不同程度的好逸恶劳、拜金主义、享乐主义和极端个人主义思想，缺乏吃苦耐劳和艰苦奋斗精神。有的学生不愿劳动甚至鄙视劳动，不尊重别人的劳动果实，不爱护公物，浪费水电粮食；有的学生在日常生活中贪图安逸，不打扫宿舍卫生，甚至花钱雇别人替自己洗衣服；有的学生嫌去食堂打饭麻烦，天天叫外卖……虽然这些现象不是主流，但也足以说明加强学生劳动教育迫在眉睫。

Chapter Two

2

第二章

劳模精神

学习目标

知识目标

· 理解劳动模范和劳模精神的含义及作用。

· 了解劳动模范的历史沿革。

· 掌握劳模精神、劳动精神、工匠精神的区别与联系。

素质目标

· 充分体会劳动模范对实现全面建成小康社会的奋斗目标、构建社会主义和谐社会的重要意义。

· 掌握劳动模范及劳模精神对于个人的指导作用。

· 能够在日常生活中关注劳动模范事迹，学习劳模精神并应用于个人的生活与学习中。

第一节 劳动模范和劳模精神

一、劳动模范的内涵和历史沿革

1. 劳动模范的内涵

（1）劳动模范的含义　劳动模范简称劳模，指在社会主义建设事业中成绩卓著的劳动者，经职工民主评选，有关部门审核和政府审批后被授予的荣誉称号。劳动模范分为全国劳动模范与省、部委级劳动模范，有些市、县和大企业也评选劳动模范。中共中央、国务院授予的“全国劳动模范”，是我国最高的荣誉称号。与此同级的还有“全国先进生产者”“全国先进工作者”。

（2）劳动模范的特征　劳动模范普遍都具有爱岗敬业、艰苦奋斗、勇于创新、甘于奉献、自力更生、富有劳动热情和创造潜能、以自己的辛勤劳动和聪明才智为祖国的繁荣昌盛做出突出贡献的特征。

同时，劳动模范的特征也具有鲜明的时代性。在陕甘宁边区时期，劳动模范身上集中体现了劳动人民极大的劳动热情和创作潜能；新中国成立初期，劳动模范身上突出体现了自力更生、艰苦创业、不怕牺牲、团结奋斗的时代特征；改革开放时期，劳动模范身上主要体现了立足岗位、艰苦奋斗、增产节约、无私奉献的特征；而新时代中，劳动模范身上则体现出与时俱进、勇攀高峰、开拓进取、争创一流的特征。

（3）劳动模范的作用

1）劳动模范对实现全面建成小康社会的奋斗目标、构建社会主义和谐社会具有重要意义。

各条战线上的劳动模范是工人阶级和劳动群众的杰出代表，在人民群众中具有特殊的示范力、影响力和凝聚力，是全面建成小康社会的排头兵。发挥劳动模范的骨干带头作用和示范导向作用，影响并带动一代又一代的职工群众把思想和行动统一到党中央的部署上来，把智慧和力量凝聚到实现全面建成小康社会的目标上来。引导广大职工以劳动模范为榜样，识大体，顾大局，正确认识和对待个人利益和国家利益、眼前利益和长远利益的关系，以高度的主人翁责任感和使命感，投身到各项改革和建设中。激励广大职工努力掌握现代科学技术和操作技能，提高自身素质，加快工人阶级的知识化进程，保持和发展工人阶级的先进性，在全面建成小康社会中发挥主力军作用。

同时，劳动模范为社会主义物质文明、政治文明和精神文明建设做出了突出贡献，他们的先进思想和崇高精神是引领广大职工群众推动社会全面进步的强大精神力量。通过广泛宣传劳动模范的崇高思想和先进事迹，让劳模精神影响和渗透到社会主义物质文明、政治文明和精神文明建设的各个方面。用劳动模范的先进思想和崇高精神感染人、鼓舞人、凝聚人、塑造人，进一步营造劳动光荣、创造伟大的良好社会氛围，有利于推动我国经济和社会协调发展，加速构建社会主义和谐社会的进程。

2）劳动模范对促进企业的发展具有强大推动作用。

劳动模范生活在职工群众中，成长于职工群众中。劳动模范的先进思想、先进事迹能够教育、激励职工群众。坚持不懈、及时有效地把劳动模范创造的先进生产技术、先进经验传播到广大职工群众中去，把蕴藏在职工群众中的积极性、主动性和创造性充分调动和发挥出来，能够形成促进企业发展的巨大力量。

2. 劳动模范的历史沿革

（1）劳动模范的历史渊源　土地革命时期，中国共产党提出了表彰英模的主张。1933 年，中央苏区开展了以比数量、质量、成本等为内容的劳动竞赛，规定按时评比、表彰先进、评选模范。20 世纪 40 年代，依靠自己力量，自力更生，发展生产，成为当时陕甘宁边区的紧迫任务。在中国共产党的领导下，陕甘宁边区开展了“新劳动者运动”“增产立功运动”。争当“增产立功”的“新劳动者”成为陕甘宁边区工人的响亮口号和奋斗目标，涌现出了以“边区工人一面旗帜”赵占魁、“新劳动运动旗手”甄荣典为代表的第一代劳动模范。1943 年 11 月，劳动英雄及模范生产工作者代表大会在延安召开，自此英模表彰模式逐步建立起来。

新中国成立初期，为恢复国民经济和支援抗美援朝战争，工人阶级以高度的主人翁责任感，开展了“爱国主义劳动竞赛”“创新纪录运动”，全国各条战线劳动模范人物辈出，如“高炉卫士”孟泰、齐齐哈尔第二机床厂马恒昌、纺织工人郝建秀、机械工人倪志福等。

20 世纪 60 年代，我国国民经济和人民生活遇到巨大困难。我国工人阶级自力更生、艰苦奋斗，谱写了一曲又一曲胜利的凯歌。这时期的劳动模范以大庆油田 1205 钻井队队长王进喜为代表，王进喜以“宁肯少活 20 年，拼命也要拿下大油田”的气概，带领石油工人为我国石油工业的发展顽强拼搏，“铁人精神”“大庆精神”成为激励全国各族人民投身社会主义建设的强大精神力量。

改革开放以来，在各种形式的社会主义劳动竞赛中，又陆续涌现出“两弹元勋”邓稼先、“光学专家”蒋筑英、“当代愚公”李双良、“抓斗大王”包起帆、“杂交水稻之父”袁隆平等一大批具有时代特征的先进模范人物。

21 世纪，以“工人专家”李斌、“金牌工人”许振超、“能工巧匠”邓建军、“蓝领专家”孔祥瑞、“专家型工人”窦铁成等代表的知识型工人成为先进模范人物的突出代表。他们以崭新的时代风貌，带动了各行各业的职工积极投身改革开放和社会主义现代化建设。

（2）劳动模范的表彰制度　评选和表彰劳动模范，继而宣传和弘扬劳模精神，是中国共产党创立和运用的一种有效的社会动员方法。在经历 20 世纪 30 年代的萌芽、延安时期的规范化后，劳模表彰制度在新中国成立初期得以确立。

2009 年，人力资源和社会保障部、国资委联合下发了《关于印发中央企业劳动模范和先进集体评选表彰管理办法的通知》(人社部发〔2009〕59 号)。2010 年，人力资源和社会保障部在总结实践经验的基础上，起草了《国务院荣誉称号条例（送审稿)》，报请国务院审批。2016 年，人力资源和社会保障部对《表彰奖励工作条例（征求意见稿)》公开征求意见。

2015 年 12 月 25 日，中共中央印发《关于建立健全党和国家功勋荣誉表彰制度的意见》，对党和国家功勋荣誉表彰制度进行了整体设计。2015 年 12 月 27 日，十二届全国人大常委会第十八次会议通过《中华人民共和国国家勋章和国家荣誉称号法》，决定设立“共和国勋章”“友谊勋章”和国家荣誉称号。2017 年 8 月 8 日，中共中央印发《中国共产党党内功勋荣誉表彰条例》，设立“七一勋章”；中共中央、国务院印发《国家功勋荣誉表彰条例》。

2018 年，为了规范评比达标表彰活动，加强评比达标表彰管理工作，根据《关于建立健全党和国家功勋荣誉表彰制度的意见》《中华人民共和国国家勋章和国家荣誉称号法》《中国共产党党内功勋荣誉表彰条例》《国家功勋荣誉表彰条例》等有关规定，中共中央办公厅、国务院办公厅印发了《评比达标表彰活动管理办法》。

时代楷模黄文秀

黄文秀生前是广西壮族自治区百色市委宣传部干部。2016 年，她从北京师范大学研究生毕业后，回到家乡百色工作。2018 年 3 月，黄文秀积极响应组织号召，到乐业县百坭村担任驻村第一书记，埋头苦干，带领 88 户 418 名贫困群众脱贫，全村贫困发生率下降 20% 以上。2019 年 6 月 16 日，黄文秀利用周末回田阳县看望病重手术不久的父亲后，因暴雨心系所驻村群众的生命财产安全，连夜开车返回工作岗位，途中遭遇山洪暴发不幸遇难，年仅 30 岁。黄文秀是在习近平新时代中国特色社会主义思想教育指引下成长起来的优秀青年代表，是在脱贫攻坚一线挥洒血汗、忘我奉献的基层党员干部的缩影。2019 年 7 月 17 日，中华全国总工会追授黄文秀全国五一劳动奖章。

黄文秀同志是新时代的“时代楷模”，是新时代精神的光辉典范。黄文秀的优秀品质和先进事迹，形成一种带有个体特点，又体现着众多先进人物共有特征的精神形象，深刻阐释了守初心、担使命的新时代特质，展现了勇于奋斗、甘于奉献的新时代精神，构成具有深刻的思想性、鲜明的时代性、显著的民族性和区域特征的精神综合体——黄文秀精神。

黄文秀精神内涵丰富，其突出的特征是孕育于不忘初心、对党忠诚的理想信念，彰显着心系群众、务实为民的真挚情怀，实践于勇于担当、甘于奉献的优秀品格，展现为矢志不渝、乐观向上的人格力量。黄文秀精神是在习近平新时代中国特色社会主义思想的哺育下形成的，是在决战决胜脱贫攻坚、全面建成小康社会、实现第一个一百年奋斗目标的过程中形成的，是在勇于担当、甘于奉献、用美好青春诠释中国共产党人初心使命的过程中形成的，是中华优秀文化和社会主义先进文化所孕育出来的。大力弘扬黄文秀精神，对于践行习近平新时代中国特色社会主义思想、奋力实现中华民族伟大复兴的中国梦，具有重大的时代意义。

黄文秀践行新思想的积极性、主动性，激励着广大党员干部在新时代的征程中自觉做新思想的忠实信仰者和坚定实践者。

黄文秀在工作中始终保持着积极上进的状态，认真学习党的基本理论，主动学习习近平总书记系列重要讲话精神。黄文秀到贫困村任职第一书记后，更加自觉用习近平新时代中国特色社会主义思想指导工作实践，经常向群众大力宣讲习近平总书记关于脱贫攻坚工作和乡村振兴战略的重要论述，有力地推动了党的创新理论深入到边远山区人民群众的心中。科学的理论改变了边远山区人民群众的思想面貌和精神面貌，为人民群众实现美好生活提供了思想指引，成为人民群众改造自然和社会的有力武器。这启示着我们，必须自觉学习习近平新时代中国特色社会主义思想，做新思想的坚定信仰者和忠实实践者。

黄文秀的精神核心，来自她对党忠诚，理想信念坚定。因此，作为新时代的青年，必须认真学习马克思主义理论，学习习近平新时代中国特色社会主义思想，学习党的基本理论，牢记党的使命和重托，切实以党的创新理论武装头脑、指导实践、推动工作，将个人理想融入党和人民的伟大事业，把人生追求与党的事业紧密联系在一起，大力推动习近平新时代中国特色社会主义思想在人民群众中落地生根，成为实现人民幸福生活的强大力量。

黄文秀取得的成就，有赖于她担当实干，结合实际情况，创新工作方法和思想方法，切实做好群众工作。新时代的青年要结合实际情况，勇于创新，为实现新时代的历史伟业做出应有的贡献。

黄文秀守初心担使命的精神导向，激励着广大党员干部在新时代的征程中自觉践行党的初心使命。

中国共产党的伟大精神体现于具有丰厚历史内涵和思想意义的初心使命的“精神谱系”之上，由一个个鲜明具体的“坐标”组成，前后相接，绚丽夺目。红船精神、井冈山精神、长征精神、延安精神、焦裕禄精神、雷锋精神、铁人精神、“两弹一星”精神……犹如鲜活生动的历史链条，把中国共产党的初心使命生动地展示出来。从历史和实践角度审视，黄文秀精神是中国共产党伟大初心使命在新时代的生动体现，是中国共产党“精神谱系”在新时代的一道亮丽风景。

黄文秀精神的思想内核与中国共产党“精神谱系”的基础性思想一脉相承，相通相融。黄文秀的对党忠诚，是理想信念的直接体现，是中国共产党初心使命的忠实写照。习近平总书记指出：“对马克思主义的信仰，对社会主义和共产主义的信念，是共产党人的政治灵魂，是共产党人经受住任何考验的精神支柱。”黄文秀对党绝对忠诚，言行一致、表里如一，始终坚持党的原则第一、党的事业第一、人民利益第一。黄文秀把坚定的理想信念，转化为为党和人民的事业不懈奋斗，坚持战斗在脱贫攻坚第一线，心系群众，倾情投入，攻坚克难，在具体的扶贫、群众、党建等工作实践中勇于担当、真抓实干、甘于奉献，展现出一个中国共产党人把理想力量转化为人格力量的具体实践过程，以其生动感人的事迹，诠释了具有新时代中国特色社会主义特征的精神内涵，成为新时代的一个新的坐标符号，激励我们更加自觉地践行党的初心使命，为决胜全面建成小康社会、实现“两个一百年”的奋斗目标拼搏奋进。

黄文秀敢于向贫困作坚决斗争的坚毅品格，激励着广大党员干部在新时代的伟大征程中发扬伟大斗争精神。

坚决打赢脱贫攻坚战，靠的是党的坚强领导，靠的是全党全国人民万众一心的拼搏奋斗。

敢于向困难作坚决斗争是共产党员宝贵的优秀品格。黄文秀用行动诠释了一名优秀共产党员的优秀品格。她主动报名到条件艰苦的边远贫困山区担任驻村第一书记，投身脱贫攻坚一线。在工作中，把习近平总书记关于脱贫攻坚的重要讲话精神转化为“不获全胜、绝不收兵”的雄心壮志，树立了脱贫攻坚的必胜信心。在脱贫攻坚战中，她发扬钉钉子精神，立足岗位，咬定目标不放，锲而不舍，始终保持昂扬向上的斗争精神，攻克了一个又一个堡垒，屡创佳绩，带领群众摆脱贫困，过上好日子。

这启示着我们，要树立正确的观念，始终坚持为人民造福的理念，弘扬党员的优秀品格，要以真抓的实劲、敢抓的狠劲、善抓的巧劲，把党中央和地方党委政府的决策部署落到实处、干出实效，攻坚克难，完成各项攻坚任务。习近平总书记指出，“我们既面临着重要发展机遇，也面临着前所未有的困难和挑战。”面对机遇要勇于担当实干，面对风险和困难挑战要勇于攻坚克难。

黄文秀坚持群众利益至上的人格力量，激励着广大党员干部真抓实干、锤炼党性。

黄文秀之所以深得人心，源于她的倾情投入、默默奉献，她一心为民，以一点一滴的行动，获得群众的信任和支持，得到群众的衷心爱戴，奋斗至生命最后一刻，展现了新时代共产党人的伟大人格魅力。由于她把人民群众放在心中，在工作和生活中做到坚持以人民为中心，自觉坚定走群众路线，真抓实干，才能筑牢党执政的群众基础，赢得出彩的人生。

这启示着我们，共产党员的人格力量来源于自己的崇高志向，既要志存高远，把个人的追求融入党的事业之中，保持共产党员的先进性和纯洁性，又要从身边做起，从小事做起，将人格力量呈现在生活和工作的方方面面、点点滴滴，从中锤炼党性，也要以崇高而平实的人格力量，扎实推动各项事业的发展。

黄文秀性格坚毅、自强自立、克己奉公，始终保持乐观向上的态度，尊敬孝顺父母，热心帮助他人，用切身的言行感染每一个人，鼓舞每一个人，带动每一个人。这启迪我们，要结合自身的实际，立足岗位，培育人格力量，用人格力量感染和温暖身边每一个人，带动每一个人，形成万众一心、担当作为、敬业奉献、争当新时代先锋的磅礴力量。

黄文秀的成长彰显着文化力量，必将形成榜样效应，激励广大青年在新时代伟大征程中锐意进取、奋发有为。

黄文秀长期接受着革命老区红色精神的润育，从小就受到民族地区淳朴民风的滋润，一直受到勤俭家风美德的熏陶。可以说，黄文秀的成长，逐渐从“小我”融入“大我”，努力追求“无我”，是红色文化基因、中华优秀传统文化、民族文化和社会主义先进文化有效融合的结果。事实证明，良好的个人品德和社会风尚的形成有赖于优秀文化的涵养与实践的养成。

这启示着我们，在建设中国特色社会主义的进程中，必须传承中华优秀传统文化，大力弘扬社会主义先进文化，进一步坚定文化自信，才能行稳致远。在实践中，我们既要践行社会主义核心价值观，传承红色文化基因，又要弘扬中华优秀传统文化，推动民族精神和时代精神融合发展，做中华民族传统美德的传承者、社会主义道德规范的实践者、良好社会风尚的创造者，构筑中国精神、中国价值、中国力量，不断提升文化自信。

文化的力量培育了黄文秀精神。黄文秀平凡而伟大，是新时代青年奋发有为的榜样。广大青年要向黄文秀学习，自觉接受中华优秀传统文化和社会主义先进文化的涵养，学习她勇于担当作为的高尚品格、不畏艰难勇于奋斗的崇高精神、乐于助人的高尚情操、爱党爱国的真挚情怀，自觉培养爱党爱国爱人民的深厚感情，扣好人生的第一粒纽扣，保持朝气蓬勃、昂扬向上的精神状态，逐步成长为新时代有理想、有本领、有担当的时代新人。

【思考】请举例谈谈在你身边体现了黄文秀精神的事例。

二、劳模精神概述

1. 劳模精神的内涵

（1）劳模精神的含义　劳模精神，是指爱岗敬业、争创一流、艰苦奋斗、勇于创新、淡泊名利、甘于奉献的劳动模范的精神。劳模精神是劳模之所以成为劳模，而在平凡岗位上做出不平凡业绩所坚持、坚守、坚定的基本信念、价值追求、人生境界及其展现出的整体精神风貌；是每一位劳动者为创造美好生活而在劳动过程中秉持的劳动态度、劳动理念及其展现出的劳动精神风貌。

（2）劳模精神的作用

1）劳模精神是实现中华民族伟大复兴的中国梦的精神力量。劳模精神作为时代精神的凝结和中华民族精神的高度升华，具有永恒的文化价值。继承与弘扬劳模精神，是当前充实和提高我国文化软实力的一个重要途径。弘扬劳模精神有助于增强民族的自尊心、自信心和自豪感；有助于在全社会大力弘扬“以人文本”的人文精神；为新时代坚定中国特色社会主义“四个自信”提供重要的精神动力。

2）劳模精神是振奋伟大民族精神的鲜活资源。劳动模范从革命战争时期形成起到新中国成立后，一直都坚持把人民和国家的利益放在第一位的价值立场，生动地展现着劳动模范的爱国主义情感和主人翁精神。劳动模范所拥有的不甘落后、奋起直追、艰苦奋斗的拼搏进取精神，就是新时代振奋青年的奋斗精神的生动典范。

3）劳模精神是拓展促进社会道德进步的有效途径。劳动模范身上凝聚的劳模精神，不仅是社会发展的动力，更是促进和加强社会主义道德建设的重要力量。新时代弘扬劳模精神，能有效促进中华民族传统美德的传承、社会主义核心价值观的培育和践行、崇尚劳动的良好道德风尚的形成，是拓展和促进社会道德进步的有效途径。

4）劳模精神是培育时代新人的重要手段。十九大报告中提出了“培养担当民族复兴大任的时代新人”的重要战略命题。“青年兴则国家兴，青年强则国家强”。青年一代有理想、有本领、有担当，国家就有前途，民族就有希望。这启示着青年一代要做有理想信念、有过硬本领和有责任担当的时代新人。从马克思主义的理论出发，劳动是人的本质，是人类生产和生活的最基本条件，因而劳动才是创造时代新人的根本力量。劳模精神作为社会主义国家对于劳动作用的高度彰显，对于培育时代新人有着不同寻常的价值，它能培养青少年热爱劳动的情怀、劳动光荣的信念和劳动实干的担当，是培育时代新人的重要手段。

2. 劳模精神和劳动精神的关系

劳模精神和劳动精神的关系是部分和整体的关系。从主体上看，劳模精神的主体是劳模群体，劳动精神的主体是所有劳动者，而劳模群体是广大劳动者群体中的佼佼者和杰出代表，也是广大劳动者学习的榜样和楷模。劳模的本意是劳动者的模范。劳模群体是劳动者群体中的一部分。从这个意义上讲，劳模精神也是劳动精神的一部分。劳动精神是做一名合格的劳动者应该有的精神，劳模精神则是成为劳模必须拥有的精神。做劳动者不合格，做劳模更不可能。没有劳动精神，也很难有劳模精神。所以，劳动精神应该成为所有劳动者都必须拥有的精神。劳模精神也是所有劳动者都应该学习的精神。二者是方向和基础的关系，劳模精神是方向，劳动精神是基础。

功勋人物申纪兰：处处以身作则，事事为了人民

申纪兰，山西省平顺县西沟村党总支副书记，第一届至第十三届全国人大代表，被中共中央总书记、国家主席、中央军委主席习近平颁授“共和国勋章”。

“男女干一样的活，应记一样的工分”

20 世纪 50 年代初，这对奉行“好男人走到县，好女子不出院”古训的山里人来说，已让人刮目相看。为了让妇女得到真正的解放，申纪兰走家串户，向妇女宣传“劳动才能获得解放”的道理，同时努力做男社员的思想工作，积极争取男女同工同酬。村里本来是男女共同协作劳动的。经申纪兰申请，社里专门给女社员划出一块地，和男社员进行劳动竞赛。最后，女社员赢得了竞赛。这场劳动竞赛在西沟村产生了意想不到的效果，许多男社员都开始支持男女同工同酬。

全国妇联、山西省妇联的同志来到西沟村：一是考察；二是帮着申纪兰出谋划策。在妇联的支持下，申纪兰带领西沟村妇女提高劳动技能，还设立了农忙托儿所，使妇女能专注劳动。

到 1952 年，西沟村已经实现了“男女干一样的活，应记一样的工分”。1954 年 9 月，在中华人民共和国第一届全国人民代表大会上，申纪兰提出的“男女同工同酬”倡议被写入了中华人民共和国第一部宪法。

“当人大代表，就要代表人民，代表人民说话，代表人民办事”

1983 年，西沟村全面推行家庭联产承包责任制，但其中也出现了许多新问题。1984 年，申纪兰从村民的根本利益出发，大胆进行改革。

她主张：成林和有林山坡地仍归集体管理；耕地仍然包产到户、自主经营，但实行三年一小调、五年一大调，添人增地、减人减地，确保土地不撂荒。最终，改革宜统则统、宜分则分，统分适度，实现优势互补。

1985 年，结合申纪兰外出考察的经验，利用当地的硅矿资源优势，西沟村建立起第一个村办企业铁合金厂，当年实现利润 150 万元。此后，西沟村又建立起磁钢厂、石料厂、饮料厂，村办企业成了西沟村的经济支柱。

但为了响应党中央保护环境的号召，不把污染留给子孙后代，2012 年，申纪兰和西沟村村民拆除了不符合国家产业政策和环保要求的铁合金厂，重新寻找发展定位。几年间，西沟村的红色旅游基础设施一一兴建，新产业基地拔地而起，引进的知名服饰公司开工生产。

作为连任十三届的全国人大代表，申纪兰通过建议和议案将老区脱贫振兴带入了快车道。中西部开发、引黄入晋工程、太旧高速公路、山西老工业基地改造等促进了经济发展；平顺县提水工程，平顺县二级公路建设，平顺县集中供热、集中供气工程等改善了当地群众的生活。

“按照党的要求干，就没有什么干不成的事情。”

“咱一定要坚持科学发展、绿色发展，坚持高质量发展，不说漂亮话，就一个字，干！”

2019 年 10 月，刚刚在北京参加完国庆系列活动回到西沟村的老劳模申纪兰又忙了起来。顾不得连日来奔波的疲惫，回村后，她就和西沟村两委成员坐在一起研究西沟村未来的发展问题。

“参加国家勋章颁授仪式，再次登上天安门城楼观礼，看晚上的联欢活动，我真是亲身感受了国家的强大，真没想到党和国家给了我这么高的荣誉。作为一名老党员、老代表，咱的目标就一个，和群众干在一起，实现老百姓的梦想。”

对于申纪兰来说，在她的心底一直有一个绿水青山梦，并且为此奋斗了一辈子。

20 世纪 50 年代，申纪兰带领西沟群众上山栽树、下沟垒坝，是为了让大山披绿、让群众填饱肚子。改革开放之后，西沟确立了“兴工、强农、活商”的发展思路，建立了一批工业企业，对做强集体经济、增加农民收入起到了强有力的促进作用。但在经济发展的同时，也给环境带来一定的影响。

申纪兰在不断地思索，如何让经济和生态实现双赢？这是一个难题，但又是一道必答题。党的十八大以来，“绿水青山就是金山银山”的理念给西沟人指明发展的方向，西沟村忍痛关闭所有高污染、高耗能企业，提出打造“红色西沟、绿色西沟、彩色西沟”的发展思路。

让红色成为西沟的精神本色。围绕西沟红色资源，西沟村在原有西沟展览馆、李顺达纪念亭、西沟村史亭、李顺达互助组雕塑、太行之星纪念碑、金星峰等景点的基础上，又开发了毛泽东主席题词纪念碑、革命岩、血泪凹、创业田、小花背、总理植树点、西沟国防教育基地等红色旅游景点。

让绿色成为西沟的发展底色。西沟村先后建成西沟生态园、沙地栈休闲公园、西山游园、古罗公园等，打造村庄建在林中、公园建在村中、房屋建在园中的美丽新西沟。同时，村里建成农光互补香菇大棚基地，实现棚上发电、棚下观光采摘新模式。按照企业建在景区、企业建成景点的要求，纪兰饮料、太子龙服饰、纪兰潞秀、潞麻农业等企业均按工农业观光旅游景点标准打造。

让彩色成为西沟未来的成色。“要让绿水青山成为金山银山，就要大力发展林业经济，向生态要效益。不但要种生态林，还要种经济林、种药材，不但要好看，还要能致富。”申纪兰说，围绕彩色西沟，近年来西沟村充分利用荒坡、荒滩、荒沟、荒地，见缝插针、插花种植，实现春季山桃花、黄花满坡，夏季绿色遍野、野花盛开，秋季红叶如潮、硕果累累。

随着发展思路的转变，西沟村产业发展也在不断转型升级。山西纪兰潞秀家纺有限公司是西沟众多企业转型的一个样本。这家原来只是生产老粗布以及床单、被套、衬衣等衍生品的小公司，如今与山东青岛大学合作，成功研制出具有抗菌、护肤、保健功能的科技创新产品——潞党参植物源功能纤维药衣，并申请国家专利，荣获科技部高新技术企业标签。公司已开发出纪兰潞秀牌潞党参功能圆领套装、潞党参功能 BB 口罩等 10 个品种的产品。

太子龙服饰有限公司正式投产，山西曦晟源科贸有限公司总部迁址西沟，纪兰党性教育基地培训中心、潞麻山庄、西沟生态园等项目建设快马加鞭……西沟村各项工程快速推进。

“西沟的发展有了很大的进步，这都是党领导得好，人民干出来的。新中国成立 70 周年，这是一个新的起点。‘而今迈步从头越’，我们共产党人只要和人民群众干在一起、吃苦在一起，就不怕困难，再大的困难也能战胜，再高的目标也能实现。”耄耋之年，申纪兰的绿水青山梦里沉淀着人民群众的新期待，她用不变的初心丰富着旗帜的内涵，不断书写着共产党人赤诚的伟岸人生。

她曾荣获“全国劳动模范”“全国优秀共产党员”“全国脱贫攻坚‘奋进奖’”“改革

先锋”等称号。但她只把荣誉看作一种鞭策。她“勿忘人民、勿忘劳动”的话语，成了自己对人生的一种诠释。

每有团体到西沟村参观学习，她总会在西沟村的会堂给大家介绍：半个多世纪里，在党的带领下，农村发生了翻天覆地变化。申纪兰说：“我的话，就是一个农民对党的恩情由衷的感激。”永远跟党走是申纪兰不变的初心。“共产党就是要全心全意为人民服务，要立党为公，两袖清风，一身正气。”申纪兰说，“按照党的要求干，就没有什么干不成的事情。”

【思考】请结合专业特点，谈谈应如何将劳模精神体现在专业学习与工作中。

第二节 劳模精神的时代特色

在中华人民共和国的光辉历史上，各行各业、各条战线、各个地区涌现出成千上万的先进模范人物。一个时代有一个时代的劳模，每一个时代的劳模都各有特点，他们以自己的模范行为，激励着一代又一代的劳动者为祖国的繁荣富强而拼搏。劳模精神作为时代精神，在不同的时代有不同的内容，但劳模精神的主旋律始终不变：主人翁责任感和艰苦创业精神，忘我的劳动热情和无私奉献，强烈的开拓进取意识和创新求实精神，良好的职业道德和爱岗敬业精神。

一、形成发展时期

我国的劳模最早诞生于土地革命战争时期中央苏区的公营企业和劳动竞赛中，尔后出现在抗日战争时期的陕甘宁边区大生产运动和各项建设中。由于陕甘宁边区在经济上面临着巨大的困难。自力更生，发展生产，成为当时边区的紧迫任务。在中国共产党的领导下，边区开展了“新劳动者运动”“增产立功运动”，争当“增产立功”的“新劳动者”成为边区工人的响亮口号和奋斗目标。延安时期产生了“劳动模范”这一称号。这一时期的劳模主要包括生产好的劳动英雄和工作好的模范工作者两大类，他们来自农村、工厂、军队、机关、合作社、学校等地方，分布在农业、工业、商业、纺织等多个领域，涵盖经济、军事、政治、文化等各项建设方面，成员既有畜牧、植棉、打盐、运盐、安置移民、办义仓、拥军优抗、防奸的劳动英雄，还有退伍军人、妇女、青年、学生等劳动英雄。延安时期的劳模运动经历了从个人到集体、从生产领域到各个方面、从上级指定到群众评选、从数量增多到质量提高、从提倡号召到按规定标准予以推广、从革命竞赛到全面的群众运动的发展过程，体现了“服务战争、支援军事”的指导思想和“为革命献身、革命加拼命、苦干加巧干、经验加创新”的劳模精神，呈现出革命型劳模的特征。到解放战争时期，则出现了大量的“支前劳模”和新解放城市中的“工业劳模”。

二、曲折前行时期

新中国成立后，工人阶级和广大农民获得了主人翁和当家作主的地位，心中充满了感恩和报效国家的劳动热情。20 世纪 50 年代，我国百废待兴，为恢复发展国民经济，进行社会主义建设，中国共产党和政府坚持沿用了革命战争时期的经验做法，依托社会主义劳动竞赛和生产运动开展了形式多样的劳模运动，评选出了成千上万的劳模和先进生产者。这一时期的劳模主要来源于基层，一线产业工人和农民是主流，“一不怕苦、二不怕死”的硬骨头精神和“老黄牛”形象是他们的真实写照；提高操作技能和熟练程度、提升技术水平和生产能力、提出合理化建议和总结推广先进经验、从生产型向技术革新型转变是他们的典型特征。这些劳模通过发明创造，突破了重大的技术难关，使生产得到了飞跃发展。具有典型影响力的有以时传祥、郝建秀、向秀丽、王崇伦、赵梦桃、张秉贵为代表的工人阶级的楷模，以黄继光、邱少云、杨根思、罗盛教、王海、张积慧为代表的战斗英雄。这些劳模身上体现出的是社会主义理想和爱国报恩的价值追求，其中蕴含的劳模精神的内涵是不畏困难、艰苦奋斗、自力更生、无私奉献、刻苦钻研、勇于创新、不怕牺牲、团结协作、爱岗敬业、多做贡献。这一代劳模的精神至今仍在发挥作用。

1958 年，我国经济面临严重困难。在这个背景下，出现了只讲奉献、不求索取的劳模，他们面对困难，以自力更生、奋发图强的精神为全国人民树立了榜样。

从 1960 年 7 月至 1977 年 3 月，由于各种因素的影响，除部分地区、单位、企业评出少量劳模外，全国性的劳模评选活动停滞了 17 年。之后，在党和政府的努力和不断关心下，劳模工作恢复了发展，劳模队伍迎来新中国成立后的第二次发展高潮。

三、改革转型时期

改革开放后，“知识分子成为工人阶级的一部分”的理论扩大了劳模队伍的外延，极大地鼓舞了知识分子和脑力劳动者的工作热情。我国科技界涌现了一大批知识精英，体现了“淡泊名利，献身科学”的劳模精神。正是这批震撼中外科学界的优秀人物的事迹，唤起了几代人的科学梦和强国梦，激励数以千万计的知识分子在科学技术界攀登科学高峰，我国的科学事业获得了飞速的发展。

20 世纪 70 年代末，我国吹响了改革开放的号角，提出要“实现四个现代化”。那时的劳动者充满理想。1988 年，邓小平提出了“科学技术是第一生产力”的著名论断。一批科技文化教育领域的劳模走进了人们的视野。新一代劳模发扬“当代愚公”和“两弹一星”精神，带领广大职工群众勇攀科学技术高峰，在推动改革、促进发展、维护稳定中再立新功。以数学家陈景润、“两弹元勋”邓稼先、优秀光学专家蒋筑英、微电子研究专家罗健夫等为代表的一大批科学家劳模，将毕生精力献给了祖国的科技事业，通过自己的模范行为和骄人业绩为当时的经济发展和社会进步做出了不可磨灭的贡献。

20 世纪 90 年代，我国社会发展迎来了剧烈变化，飞速发展的经济让世界刮目相看。那时涌现的一大批先进模范人物，以社会所需要的“求真务实，拼搏进取”的时代精神和主流价值观，唱响了时代的最强音。其中的劳模代表有：为了西藏的发展而以身殉职，实现了“青山处处埋忠骨，一腔热血洒高原”誓言的孔繁森；被人们誉为“盲人的眼睛、病人的护士、外地人的向导、乘客的贴心人”的服务楷模李素丽；在平凡的工作中折射出耀眼时代光芒，激励着人们崇尚先进、敬业爱岗，被誉为“90 年代活雷锋”的水电工徐虎等。

四、振兴创新时期

在 21 世纪新的历史起点上，加快经济发展方式的转变，全面建成小康社会，发展中国特色社会主义事业，实现中华民族伟大复兴，是时代给予我们中华民族的光荣与梦想、责任与使命。

时代在变化，劳模的评判标准和人员构成也在不断变化，但是劳模奉献的本质没有变。在生产一线成长起来，多次成功冲击世界纺织难题，为黑牡丹股份有限公司跻身中国 500 强和 131 家重点高新技术企业立下了汗马功劳的电气工程专家邓建军；党的好干部、人民的贴心人、优秀少数民族干部牛玉儒；被公安部追授为全国公安系统一级英雄模范的任长霞；被国家人事部、民政部追授“为民模范”荣誉称号的基层民政干部周国知；国内外激光领域知名学者马祖光院士……这些来自不同行业的劳模身上都反映着中华民族的民族志气和当代文明。

随着改革的深化和劳动竞赛形式的不断创新，涌现了一大批具有时代特色的知识型、专家型、复合型的劳动模范和先进人物。此时，劳模所涵盖的范围非常广泛，包括：在推动经济发展方式转变，优化经济结构，提高自主创新能力，实现国有资产保值增值，促进经济平稳较快发展方面做出突出贡献的；在国家和省市区重点工程建设或重大科研项目研制中做出突出贡献的；在科技、教育、文化、卫生、体育等社会事业中做出突出贡献的；在改善民生，维护社会稳定，增进民族团结，促进社会和谐中做出突出贡献的；在保卫国家和人民生命财产安全，推进社会主义民主法治建设方面做出突出贡献的；在节能减排保护环境，安全生产，推动科学发展中做出突出贡献的；在抗击重特大自然实害，应对国际金融危机冲击等重大事件中做出突出贡献的；在推动国防和军队现代化建设方面做出突出贡献的。

高速发展和高度开放的时代是这些劳模产生的土壤。劳模的结构不断变化、队伍不断壮大，体现了劳动内涵的不断拓展、劳动理念的日益革新。劳模构成的多样化既昭示了时代的变化，也反映了历史的必然。随着知识、信息时代的到来，劳模的群体特征发生了变化，除了默默活跃在基础生产劳动和生活实践中以外，劳模的思想道德素质和科学文化素质也在不断提高。他们开始不断地用科学知识武装自己，坚定地信奉着“教育可以改变命运，知识可以增值资本”的理念，实干、知识、创新的复合成为了这一时期劳模的典型特征。

劳模精神的内涵也在不断丰富：以知识创造效益、以科技提升竞争力，实现个人价值、创造社会价值成为劳模的价值追求，知识、创新、技能、管理成为这一时期劳模的鲜明特征。充满活力和感召力的劳模队伍为全面建成小康社会，推动社会主义经济建设、政治建设、文化建设、社会建设以及生态文明建设和党的建设做出了重大贡献，是实现中华民族伟大复兴、开拓中国特色社会主义事业新局面的重要力量。

五、新时代时期

（一）新时代的劳模精神

党的十九大报告提出，要“弘扬劳模精神和工匠精神，营造劳动光荣的社会风尚和精益求精的敬业风气”。新时代的劳模精神是以爱国主义为核心的民族精神和以改革创新为核心的时代精神的生动体现。“爱岗敬业、争创一流，艰苦奋斗、勇于创新、淡泊名利、甘于奉献”构成了新时期劳模精神的丰富内涵。

（二）劳模精神与工匠精神

2017 年 3 月，李克强总理在《政府工作报告》中提出：“质量之魂，存于匠心。要大力弘扬工匠精神，厚植工匠文化，恪尽职业操守，崇尚精益求精，培育众多‘中国工匠’，打造更多享誉世界的‘中国品牌’，推动中国经济发展进入质量时代。”在中华优秀传统文化发展演进的历史长河中，工匠精神日益形成独具一格的精神特质。这些特质主要体现在三个方面：“擅工尚巧”的创造精神、“精益求精”的工作态度、“道技合一”的人生境界。可见，工匠精神不仅是精雕细琢、精益求精的态度，也是追求完美、坚持敬业的道德气质，更是自我否定、勇于创新的精神追求。这与劳模精神具有共同特征，都继承了中华民族优秀传统文化中的劳动文化精髓，具有共同的文化底蕴；都立足于职业岗位，取得了突出业绩，做出了重要贡献，具有共同价值导向；都练就了卓越技能，用个人的劳动实践阐释了劳动的精神境界，具有共同的价值实现。从一定意义上来说，劳模精神的核心就是工匠精神。因此，纵观不同时期的劳模模范，许多劳模也堪称大国工匠，而今日的很多大国工匠也无愧于劳模的荣誉称号。

（三）劳模精神与社会主义核心价值观

党的十九大报告强调：“中国特色社会主义文化，源自于中华民族五千多年文明历史所孕育的中华优秀传统文化，熔铸于党领导人民在革命、建设、改革中创造的革命文化和社会主义先进文化，植根于中国特色社会主义伟大实践。”可见，中国特色社会主义文化由中华优秀传统文化、革命文化和社会主义先进文化三大部分组成。劳动模范一直是时代先锋和行动楷模，他们身上承载的劳模精神一直发挥着引领作用，是革命文化的重要内容和生动体现，已成为社会主义核心价值体系的重要组成部分。劳模精神与社会主义核心价值观都是中国特色社会主义文化的重要内容，二者都彰显着共同的价值追求。

劳模精神和社会主义核心价值观二者在很多方面具有高度契合性：在文化传承方面，劳模精神和社会主义核心价值观均植根于中华优秀传统文化与社会主义先进文化的沃土，成为构筑中国精神、中国价值、中国力量的重要基石。在爱国情怀方面，热爱国家是劳模评选的首要条件，而爱国是社会主义核心价值观的第一个基本理念。这既是标准，又体现了共同的价值导向。在道德提升方面，劳模精神包含的“敬业、创新、奉献”品质，与社会主义核心价值观倡导的公民基本道德标准，在公民道德教育的目标定位上具有一致性。在教育导向方面，劳模精神在不同历史时期都起到了调动社会情绪、整合社会力量、增强人民信心、鼓舞人民斗志的积极作用；社会主义核心价值观则是当代中国精神的集中体现，凝结着全体人民共同的价值追求。两者具有共同的文化整合功能和教育导向功能。二者相融相通、相辅相成。当代劳模，用自己的实际行动生动诠释了社会主义核心价值观。作为个体，他们以爱国、敬业、诚信、友善为行为准则，是个人践行的典范；作为公民，他们以自由、平等、公正、法治为社会价值取向，是价值引领的旗帜；作为人民，他们以富强、民主、文明、和谐为奋斗目标，将小我融入国家发展的潮流中，是价值实现的楷模。

新时代背景下，只要以劳模精神为引领，最充分调动广大劳动人民的积极性、主动性和创造性，就一定能早日实现中国梦。

（四）新时代劳模精神的科学内涵与本质特征

每一位劳模都是一面旗帜，高扬着爱岗敬业、争创一流的价值操守；每一位劳模都是一个标杆，标示出艰苦奋斗、勇于创新的精神境界；每一位劳模都是一盏明灯，折射出淡泊名利、甘于奉献的道德取向。

1. 科学内涵

（1）爱岗敬业、争创一流　爱岗敬业包括爱岗与敬业两个方面。爱岗和敬业，互为前提，相互支持，相辅相成。爱岗是敬业的基石，敬业是爱岗的升华。爱岗敬业、争创一流是劳模精神的本质特征、劳动模范的奋斗目标，更是公民在职业生活中应当遵循的道德要求和行为准则。它反映的是从业人员对待自己职业的一种基本态度，体现的是从业人员热爱自己的工作岗位，敬重自己所从事的职业，以及勤奋努力、尽职尽责的道德操守。

从理论上来讲，爱岗敬业、争创一流可以分为层次递进的三个方面。首先，要立足本职、敬重热爱。“居处恭，执事敬，与人忠”，就是要求人们谨慎认真做事、坦率忠诚待人。其次，要勤奋踏实，“业精于勤，荒于嬉；行成于思，毁于随”，要想真正做到敬业就要做到勤勉踏实。最后，要精益求精、尽职尽责，“天下难事，必作于易，天下大事，必作于细。是以圣人终不为大，故能成其大”，要做大事，必须要有细致的态度，力求精致完美。在社会主义条件下，对工作岗位的热爱和敬重，在工作岗位上创新与进取，既是社会的需要，也是从业者的一种内在道德需要。职业不仅是个人谋生的手段，也是从业者不断完善自身、实现自我社会化的平台。个人的发展和完善不能只停留在心愿和口头上，而应付出实际行动，没有行动，一切近乎空谈。因此爱岗敬业、争创一流所表达的是社会主义最基本的道德要求，即干一行、爱一行，专一行、精一行，精益求精，开拓创新。劳动模范作为劳动群众的优秀代表，他们恪尽职守、勤勤恳恳、精益求精，用自己的模范行动践行了公民的职业道德操守。全面建设小康社会的伟大事业正呼唤着亿万具有爱岗敬业、争创一流的平凡而伟大的具有奉献精神的人。

（2）艰苦奋斗、勇于创新　艰苦奋斗是中华民族的优良传统，中华民族向来以吃苦耐劳、勤俭持家、讲究节俭著称于世。艰苦奋斗也是我们中国共产党的一大优良传统。中国共产党人继承了民族的优良传统。而我们党为争取民族解放和独立的斗争史，就是一部艰苦奋斗的创业史。

艰苦奋斗，更是劳动模范所具有的优秀品质。1939 年，毛泽东同志曾经告诫全党："我们民族历来有一种艰苦奋斗的作风，我们要把它发扬起来。"从思想层面上来讲，艰苦奋斗的基本含义包括两个方面，一是艰苦，二是奋斗，艰苦是指客观环境和条件，奋斗是主观进取，艰苦奋斗即用主观行动战胜客观环境和条件，艰苦和奋斗，紧密相连，重在奋斗。艰苦奋斗的精神与时俱进，无论在什么条件下都是需要的，在任何时候都是推动社会发展的重要力量。战争年代的解放军兵工事业开拓者“中国的保尔·柯察金”吴运铎、“新劳动运动旗手”甄荣典等劳动模范艰苦奋斗，推动了中国共产党领导的人民解放事业；社会主义建设时期的“高炉卫士”孟泰、“铁人”王进喜、“两弹元勋”邓稼先等劳动模范艰苦奋斗，使我国的社会主义建设事业迈向一个新的台阶；在新的历史时期，“中国的航空发动机之父”吴大观、“知识工人”邓建军、“白衣圣人”吴登云等劳动模范艰苦奋斗，促进了我国的改革开放和社会主义现代化建设，助力中国梦。

“创新是民族进步的灵魂，是一个国家兴旺发达的不竭源泉，也是中华民族最深沉的民族禀赋。”勇于创新是劳模身上最闪亮的特质，也是时代精神的体现。作为推动社会进步和引领发展的动力，创新能够提高劳动生产率，能够促进经济社会可持续发展，能够使中华民族屹立于世界之林。从 1956 年我国的航天事业起步，到如今我国取得运载火箭、载人航天、月球探测、卫星遥感、卫星通信等一系列辉煌成就，从近代我国贫困潦倒、食不果腹到如今成为粮食产业大国，实现全球首次在热带沙漠种植水稻，为保障全球粮食安全再添中国贡献，每次飞跃与进步无不体现着创新的重要性。新时代的劳动模范鲜明地诠释着创新的重要性，他们积极奋战，勇于创新，推动中国制造向中国创造转型，是社会主义建设的创新主力和排头兵。

（3）淡泊名利、甘于奉献　淡泊名利就是轻名忘利，清心寡欲，不为名利所累，不为身外之物所困；甘于奉献就是在工作中敢于牺牲与奉献，舍己为人，这二者构成劳模精神的品格特征。“天下熙熙，皆为利来。天下攘攘，皆为利往。”自古至今，世人都有对名利的追求和向往，但是作为普通大众中的一员，劳模在努力工作创造卓越成就的过程中、在从一线工人到行业带头人的角色转换中、在从芸芸众生成长为世人膜拜的模范榜样中，始终坚持毫不利己专门利人、淡泊名利大爱无疆的奉献精神，对中国共产党和中国人民高度负责，默默无闻地付出一切，从不计较利弊得失，吃苦在前，享受在后。全国劳动模范、江苏省江阴市华西村原党委书记吴仁宝，带领华西村干部和劳动群众艰苦奋斗，走社会主义共同富裕的道路，成功地把昔日偏僻落后的穷华西建成了富裕、美丽的天下第一村。但他作为华西村 30 多年的“老当家”，却始终清正廉洁、淡泊名利、甘于奉献，坚持做到不领全村最高工资，不住全村最好房子。虽然上级政府给予他的奖金累计超过 1.3 亿元，但是他分文不取，全部留给集体。雷锋精神的传承者郭明义 20 多年来无偿献血 6 万毫升，相当于自身血液的 10 倍多，还为希望工程、身边工友和灾区群众累积捐款 12 万元，先后救助 180 多名特困生，成立了“郭明义爱心团队”，而自己的家中却一贫如洗。正是这些默默无闻的劳动模范淡泊名利、甘于奉献，才使得我国的经济建设和精神文明建设蒸蒸日上，物质与文明并驾齐驱，解决了困扰社会发展的各种问题，一步步实现了我国人民日益增长的美好生活需要。

淡泊名利、甘于奉献是中华民族精神的重要组成部分，是共产党员应有的精神追求。习近平总书记号召以黄大年同志为榜样，“学习他淡泊名利、甘于奉献的高尚情操”。这既是对黄大年精神的高度评价，也是对党员干部和广大人民群众的勉励和要求。我们干事创业，就要有这种淡泊名利、甘于奉献的精神。无论贫富贵贱、穷达逆顺，都要始终保持定力、坚守初心，克服急功近利的浮躁，远离追名逐利的彷徨，不谋一己之得失，而忧事业之兴衰；无论从事什么工作，都要始终做到吃苦在前，享受在后，勤奋敬业、任劳任怨，勇于创新、敢于担当，脚踏实地干出一番事业，成就有价值的人生。

新时代我们要学习和弘扬劳模精神，把淡泊名利、甘于奉献转化为自己的信念动力，融入自觉行动，争做不务空名的行动者和兢兢业业的奉献者；牢记初衷、砥砺前行，把自己的梦想融入实现中国梦波澜壮阔的奋斗之中，书写无愧于时代的人生精彩画卷。

2. 本质特征

在时代的变迁中，劳模精神的内涵愈丰富，它的本质也就愈突出，它是我国工人阶级优秀品格的体现，是对伟大的中华民族精神的传承，是改革创新的时代精神的凝练，是社会主义核心价值观的生动诠释。

(1) 工人阶级优秀品格的体现　工人阶级是我国的领导阶级，是中国共产党最坚实可靠的后盾，代表了先进生产力和先进文化的前进方向。劳动模范和先进工作者作为工人阶级和劳动群众的优秀代表，是祖国和人民的骄傲，是最美的劳动者，我们党和国家始终维护人民当家做主的地位，全心全意依靠工人阶级。

劳动模范作为我国工人阶级中最闪光的一个群体，他们身上凝聚的劳模精神始终体现着我国工人阶级的优秀品格。一方面，劳模精神体现了工人阶级的先进性。在中国共产党领导中国人民革命、建设和改革的各个历史时期，我国工人阶级都是勇挑重担、建功立业、开拓创新的时代先锋和行动楷模，他们是辛勤劳动、诚实劳动、创造性劳动的有功者，推动国家富强与民族进步。劳模精神作为劳动模范的核心要素和行动指南，是支撑时代前进的强大精神力量，充分体现了工人阶级的先进性，推动了工人阶级的成长进步。另一方面，劳模精神彰显了工人阶级强烈的主人翁责任感。劳动模范先进的思想和优秀的品质是时代的产物，他们所拥有的高度的主人翁责任感是自这个阶级出现就与生俱来的，是劳模精神的内在本质，正是因为他们自觉的、高度的主人翁责任感，使得他们将国家的富强和民族的复兴作为自己的责任，以极大的热情投入到各项事业中，努力进取、勇于创新、艰苦奋斗、淡泊名利、无私奉献，将个人理想与国家理想、个人梦与中国梦融合在一起，为中华民族的伟大复兴奋斗终身。

（2）伟大的中华民族精神的传承　习近平总书记在十三届全国人大第一次会议上，阐述中国人民是具有伟大创造精神、伟大奋斗精神、伟大团结精神和伟大梦想精神的人民。四个伟大精神精准而深刻地描绘出中国人民独有的气质和禀赋，即富于创造、崇尚奋斗、团结一心、追求梦想。创造给予我们奇迹，奋斗给予我们机会，团结给予我们力量，梦想给予我们希望，它们是支撑我们中华民族创造伟大历史、不断向前发展的精神底气。这四个伟大精神体现在中华民族从站起来、富起来到强起来的奋斗过程中，其中劳模精神就是对它的一种传承与发展。

劳模精神中强烈的主人翁意识和责任感、艰苦奋斗和勇于创新的品质特征，就是对中华民族伟大创造精神和伟大奋斗精神的直接展现。中国人民是具有伟大创造精神和伟大奋斗精神的人民，作为人民群众杰出代表的劳动模范就更具有这种优秀的精神品质。时代楷模南仁东用20多年的艰苦奋斗、坚持创新，建造了我国探测太空的“天眼”：球面射电望远镜FAST；造林英雄杨善洲退休后艰苦奋斗、义务造林，绿了荒山却白了头。他们是劳模精神的承载者，是伟大创造精神和奋斗精神的传承者，深刻阐释着中华民族的优良传统。另一方面，劳动模范之所以拥有爱岗敬业、争创一流，淡泊名利、甘于奉献的精神，就是因为他们有着伟大团结精神和伟大梦想精神。回顾我国改革开放以来取得的巨大成就，中国网、中国港、中国路、中国桥，这都是怀揣伟大梦想的人民才能获得的，梦想是引领我们向前发展的动力，但发展的根本还是要各族人民团结一致，同心同德。有梦想、能团结才能形成守望相助的大家庭，才能铸牢中华民族共同体意识。新时代要进一步弘扬和践行劳模精神，要在每个人的心里都种下团结与梦想的种子。

（3）改革创新的时代精神的凝练　时代精神是一个国家和民族在新的历史条件下形成和发展的思想观念、价值取向和精神风貌的总和。它是一种体现国家和社会发展方向，反映民族特色和时代潮流的集体意识，在国家整体发展战略中占据着重要地位。当今我国时代精神的核心是改革创新，它贯穿于改革开放的全部实践，体现在各个方面。改革开放进程中涌现出来的一系列时代楷模和榜样群体，都生动地展示着以改革创新为核心的时代精神。

劳模精神是改革创新的时代精神的有力彰显。劳模精神是一种人文精神，代表的是一个时代的价值观、道德观与世界观，展示的是一个时代的民族思想与情愫，是时代精

学率，全班45个人，36人考上本科，其中一本23个，二本13个。她无论走到哪里，都会书写教育的传奇。2003年，马惠玲作为人才，调入唐山外国语学校，教高三，并担任团委书记、教学主任等职。2003～2015年，马惠玲一直在这所学校辛勤耕耘，忘我工作，深受学生、家长及同事爱戴，被评为河北省劳动模范、河北省特级教师、河北省首批中学正高级教师等。2015年，北京实验学校的曾校长经过多方考察，决心挖掘马惠玲这个奇才。马惠玲带着祝福迎接了全新的挑战。

不忘初心与重托，一切为了学生成长

马惠玲经历4所不同学校任教的磨砺，迅速成长为名不虚传的语文特级教师、全国劳动模范。在她的身体里，好像住着一个精彩的灵魂，它放射明亮的光芒，穿透迷雾，照耀引导着学生。

马惠玲懂得，习近平总书记讲的“一个人遇到好老师是人生的幸运，一个学校拥有好老师是学校的光荣，一个民族源源不断涌现出一批又一批好老师则是民族的希望”里面蕴藏的深刻哲理。她深知自己肩上的重任，从某种意义上讲，是肩负着国家和民族的未来。她坚守教书育人岗位二十四载，始终不忘初心。

在马惠玲的指导下，她执教的班级建立因地制宜的特色班级轮流管理制度，使每位同学都有机会参与到班级的日常管理当中，已经实施三年的“班级记录员”制度就是其中一项。记录员实行轮流负责制，当日记录员需要对一整天的班级事务进行管理与监督，将考核结果予以记录。值得一提的是，记录员也要将当日生活中值得回味品评的小细节加以记录、评论，以鼓励培养同学们拥有一双发现美好的慧眼，搭建发挥个人特长的舞台，增强关心班集体的主人翁意识，增进班级的凝聚力，培养学生的人文情怀。

培育精神长相，学高为师，身正为范

马惠玲在教育实践中以中外教育家为榜样，做学生锤炼品格、学习知识、创新思维的引路人，做学生奉献祖国的引路人。她说：“孩子不是学习的机器，不是考试的机器，不是分数单，不是录取通知书，而是一个精神的宇宙！”

她关注学生的成绩，更关注学生的思想。用她的话说，就是关注学生的精神长相！何为精神长相？马惠玲说：“精神长相与物理长相相对，物理长相是父母给的，遗传的，先天形成的，而精神长相是后天培养的，是富有思想根基、积极进取、精神状态饱满的形象。心有境界行则正，腹有诗书气自华。精神长相，是一种看不到的能力，这个能力决定了一个人的精神力量。一个人真正的资本，不是美貌，也不是金钱，更不是学问，而是自带的不会随着岁月变迁而消失的精神长相。”

马惠玲在日常活动中，注意将思政教育潜移默化地融入各种活动和班级事务中。高二时，学生参加的学农活动就是一次成功的试验。令同学们难以忘怀的就有马老师推碾子的镜头。那是一个炎炎烈日，只见马老师双手一挥，大步冲到碾子旁。随着一句“老马要上阵了！”，她用力握住碾棍，身体前倾，脚下使劲一蹬，碾磙便在石盘上向前滚动，一圈圈地碾起玉米来，石盘上金灿灿的玉米粒儿也在“噼噼啪啪”声的伴随下变成一颗颗碎粒。她矫健的步伐、跃动的短发、开心和自信的笑脸以及坚定的眼神，都给同学们留下了深深的印象。细细品味马老师推碾子的情节，同学们的心中充满温暖与力量。马老师正是通过这种方式鼓励同学们要不怕吃苦，不怕辛劳，砥砺前行，更在此过程中传递给了同学们满满的正能量！

甘当“摆渡人”，桃李不言，下自成蹊

如今，大多数的家庭都是独生子女，谁家不望子成龙、望女成凤？而每一个学生经过12年苦读，都要经历高考这一关。作为老师，谁不希望自己的学生都能如愿以偿，考上理想的大学？面对如此众多的压力、如此的渴望，马惠玲提出用心、用情、用智慧、用爱陪伴，做好学生的“摆渡人”。

马惠玲作为高三学部副校长，久经高考战场，懂得首先要引领学生对高考有一个正确的认知。她说：“有人说，高考是一场没有硝烟的战场。而我想说，高考像一次旅行，一次从山脚出发，走向山顶的旅行，途中有气喘吁吁地艰难爬行，有到达山顶的‘一览无余’，有美景尽收的酣畅淋满。高考又像一首乐曲，一首从低谷走向高潮的乐曲，从低音起，然后高低音错落有致，喜爱低音的柔美，享受高音的阳刚，最后到高潮戛然而止。所以，高考是什么，取决于你的认知和态度；高考怎么做，决定于你的习惯与方法；高考收获什么，决定于你的梦想与执着。这一年，马老师一如既往地做好‘摆渡人’，把你们摆渡到理想之门。”这样别开生面的考前动员像一阵和煦的春风吹入学生的心灵，进入他们的灵魂深处。

【思考】马惠玲的事迹体现出了哪些新时代的劳模精神？

第三节　劳模精神的时代价值

一、新时代弘扬劳模精神的必要性

劳模精神作为工人阶级和广大劳动群众的劳动实践结晶，对于推动人的全面发展和社会生产力的进步具有重要意义。劳动模范身上承载和彰显的劳模精神丰富和拓展了中国精神内涵，为培育和践行社会主义核心价值观，建设新时代中国特色社会主义，实现中华民族伟大复兴凝聚磅礴的精神力量。

1. 弘扬劳模精神是中国共产党的优良传统

（1）中国共产党弘扬劳模精神的历史沿革　抗日战争时期，为了团结发动群众搞生产，中国共产党在陕甘宁边区掀起了大规模劳模运动。劳动英雄在革命根据地不断涌现，最知名的当属农业战线上的吴满有和工业战线上的赵占魁。革命战争年代的劳模辛勤劳动、勤于学习、忠于革命、善于发明、团结群众、谦虚谨慎、务实重行，为加快新民主主义革命胜利进程做出了极大贡献，为我国“站起来”提供了物质保障和精神支持。

新中国成立后，百废待兴。一方面，中国共产党沿袭开展大生产运动和社会主义劳动竞赛的传统，将劳模运动经验在新中国发扬光大。另一方面，人民群众的劳动观念发生了巨大转变，为社会主义新中国而劳动的热情空前高涨。1949 年到 1979 年的三十年时间里，党中央和国务院共召开全国劳模表彰大会九次，表彰劳模一万三千六百余人，产生了李顺达、陈永贵、王进喜、孟泰、时传祥等一大批广为人知的劳模典型。

改革开放开启了中国特色社会主义之路，弘扬劳模精神也开启了新的篇章。从 20 世纪 90 年代中期开始，党和国家每五年在“五一”国际劳动节前召开一次全国劳动模范及全国先进工作者表彰大会，劳模评选表彰范围不断扩大。

21 世纪以来，特别是党的十八大以来，劳模形象从出大力流大汗、苦干加巧干，向依靠科学技术创造社会效益和经济效益方向转变。徐虎、柳传志、任长霞、郭明义、姚明等是中国特色社会主义的劳模代表，他们爱岗敬业、争创一流，艰苦奋斗、勇于创新，淡泊名利、甘于奉献，为中国特色社会主义经济社会发展提供了强大榜样力量，为中华民族的伟大复兴汇聚了强大的精神动能。

（2）党的历代领导人对弘扬劳模精神的理论论述　早在 1934 年，开展革命劳动竞赛的过程中，毛泽东同志就作过关于劳模工作的论述，“提高劳动热忱，发展生产竞赛，奖励生产战线上的成绩昭著者，是提高生产的重要方法。”抗日战争时期，毛泽东同志在 1943 年和 1944 年的劳动模范表彰大会上，分别作了《组织起来》和《经济问题与财政问题》的报告，并肯定了学习先进典型的重要意义。1950 年国庆大典之前，中华人民共和国召开了第一次劳模大会，毛泽东亲切地称赞劳模是“全中华民族的模范人物”，肯定了劳模的三大作用，即“推动各方面人民事业胜利前进的骨干”“人民政府的可靠支柱”“人民政府联系广大群众的桥梁”。毛泽东同志多次号召广大群众向劳模学习，积极宣传劳模精神，彰显了中国共产党对劳动和劳动者的尊重，以及崇尚劳模精神的价值坐标。

党的十一届三中全会拉开了改革开放的序幕，劳模工作也随之发生变化。以邓小平同志为核心的党的第二代领导集体，在注重弘扬劳模精神传统的同时，提出了尊重知识、尊重人才的重要论断，鼓励各行各业的劳动人员辛勤劳动，通过劳动致富。他在 1978 年中国工会第九次全国代表大会的致词中说，“工人阶级要用最大的努力来掌握现代化的技术知识和现代化的管理知识，为实现四个现代化作出优异的贡献。任何人对四个现代化贡献得越多，国家和社会给他的荣誉和奖励就越多”，并且号召社会主义的劳动者积极向劳模学习，争做“有理想、有道德、有文化、守纪律”的社会主义现代化建设者。

在改革开放的历史新时期，以江泽民同志为核心的第三代中央领导集体进一步倡导劳模精神，身体力行率先为弘扬劳模精神做示范。江泽民同志提出“要在全社会始终倡导和保持学习先进、争当先进的良好风尚，让先进模范人物的崇高精神发扬光大、代代相传。”

进入 21 世纪，面对新形势新任务，中共中央总书记、国家主席胡锦涛同志指出，我们一定要在全社会大力弘扬劳模精神。在 2005 年的全国劳动模范和先进工作者表彰大会上，胡锦涛同志强调，劳模精神，是我们伟大民族精神的重要体现，是激励我们奋勇前进的重要动力。要在全社会广泛宣传劳动模范和先进工作者的先进事迹、优秀品质、高尚精神，推动全社会进一步尊重劳模、关心劳模、学习劳模，使劳模精神不断发扬光大。

十八大以来，中国特色社会主义事业进入全面建成小康社会的新阶段，以习近平同志为核心的党中央提出，实现我们的奋斗目标，必须紧紧依靠人民，始终为了人民，必须依靠辛勤劳动、诚实劳动、创造性劳动。十九大报告中也明确提出："要建设知识型、技能型、创新型劳动者大军，弘扬劳模精神和工匠精神，营造劳动光荣的社会风尚和精益求精的敬业风气。"2013 年，习近平在同全国劳动模范代表座谈时的讲话中指出："长期以来，广大劳模以平凡的劳动创造了不平凡的业绩，铸就了'爱岗敬业、争创一流，艰苦奋斗、勇于创新，淡泊名利、甘于奉献'的劳模精神，丰富了民族精神和时代精神的内涵，是我们宝贵的精神财富。"这一讲话为新时代劳模精神赋予了新的科学内涵。在 2015 年发表的五一国际劳动节大会讲话上，习近平同志指出，"我们要始终弘扬劳模精神、劳动精神，为中国经济社会发展汇聚强大正能量"，"一定要在全社会大力弘扬劳模精神、劳动精神，大力宣传劳动模范和其他典型的先进事迹，引导广大人民群众树立辛勤劳动、诚实劳动、创造性劳动的理念，让劳动光荣、创造伟大成为铿锵的时代强音。"习近平同志在继承中国共产党优秀传统的基础上，结合新的时代特点提出要弘扬劳模精神，为劳模精神的进一步弘扬提供了理论指导，有益于在全社会形成劳动光荣、创造伟大的时代新风。

（3）弘扬劳模精神优良传统的现实启示　劳模精神作为中国共产党的宝贵精神财富，一直以来受到党中央的高度推崇和弘扬。回顾党弘扬劳模精神的优良传统，当下更好地继承这一优良传统，对于推进中国特色社会主义事业走向辉煌有着重要的启示。

第一，要坚持发扬艰苦奋斗精神。即使是在革命最艰难的时期，中国共产党也没有畏惧和退缩，而是奋力开展了大生产运动，发扬自力更生、艰苦奋斗的精神，咬紧牙关，努力自救，最终战胜了困难，赢得了最后的胜利。当中国特色社会主义事业发展到了关键期和深水期，我们要攻坚克难推动其走向最后的胜利，就要继续发扬中华民族艰苦奋斗、自力更生的精神。

第二，要坚持发展社会生产力。马克思主义认为，共产主义社会是人类追求的最高目标。为实现这一目标，必须要大力发展社会生产力。劳动模范是各个时期社会生产力的先进代表，他们的劳动态度、劳动精神影响着社会生产力的发展方向和发展速度。虽然迈入了新时代，但我们面临的基本国情没有改变，我们仍旧处于并将长期处于社会主义初级阶段，我国是发展中国家的国际地位没有改变，我们仍然要牢牢抓住经济建设这个中心，创新经济发展形式，释放经济发展活力，坚持发展社会生产力，以求达到共产主义社会所需要的生产力水平。

第三，要坚持正确的理论指导。正确的理论指导正确的实践。在中国革命、建设与改革的历史时期，中国共产党领导的劳动模范评选和表彰活动之所以能开展得如火如荼，一个重要原因就是在这三个不同的时期分别有毛泽东思想、邓小平理论、"三个代表"重要思想和科学发展观的理论指导。在新时代，我们要在实现第一个百年奋斗目标的基础上向第二个百年奋斗目标迈进，而促成中华民族的伟大梦想落地生根，还需要采取有利于社会发展的各种有效举措和实践活动，因此坚持习近平新时代中国特色社会主义思想的科学领导，对于战胜各种挑战具有重要意义。

2. 弘扬劳模精神的时代背景

（1）我国社会主要矛盾的变化 党的十九大报告对我国社会主要矛盾做出了与时俱进的新表述，强调“中国特色社会主义进入新时代，我国社会主要矛盾已经转化为人民日益增长的美好生活需要和不平衡不充分的发展之间的矛盾”。要全力解决这一主要矛盾，满足人民对美好生活的需要、实现既平衡又充分的发展，根本上要依靠辛勤劳动、诚实劳动和创造性劳动。劳模精神的题中之义就是提倡劳动，所以解决矛盾离不开劳模精神在全社会的大力弘扬。

一方面，实现人民对美好生活的期望，需要弘扬劳模精神。人们期待更多的获得感和幸福感，需求是多方面、多样化、个性化、多变性、多层次的。为了实现人民对美好生活的期望，就必须要在全社会呼吁广大人民艰苦奋斗、辛勤劳动，大力发扬中华民族热爱劳动的传统，弘扬中国人民爱岗敬业、甘于奉献的劳模精神。

另一方面，解决发展不平衡不充分的问题，需要弘扬劳模精神。发展不平衡不充分的问题是新时代中国特色社会主义发展的主要问题和制约因素，是社会主义主要矛盾的主要方面。解决发展不平衡不充分的问题，实现均衡发展，更好满足人民在政治、文化和生态等方面日益增长的需要，推动人和社会共同全面发展，是摆在人民面前的一大任务。这就需要劳模精神激励我们锲而不舍地艰苦努力，为完成这一任务而奋斗。

（2）劳模精神是中国精神的重要组成 所谓精神，就是指保持人类社会持续健康发展的意识导向。中国精神集中华民族优秀传统文化与时代精神于一体，代表的是我国各民族的形象和精神风貌，含义广泛、内容深刻。

习近平总书记将中国精神概括为紧密联系的两个方面，“以爱国主义为核心的民族精神”和“以改革创新为核心的时代精神”。2012 年以来，以习近平同志为核心的党中央紧密结合新的时代条件和实践要求，提出了中国梦的构想，并指出实现中国梦需要伟大的中国力量和伟大的中国精神做支撑。有了中国精神就有了超越自我和走向辉煌的强大精神动力，就有了国家和民族发展的凝结剂和推进器。

劳模精神是中国精神的重要组成内容，它拓展了中国精神的内涵，是我们宝贵的精神财富。在提倡发扬中国精神的时代，必然要在全社会大力弘扬伟大的劳模精神，为全面建设小康社会提供强大的精神力量。

（3）注重创新发展成为时代特点 改革开放的快速发展，使中国摆脱了贫穷落后的局面，一跃成为世界上的第二大经济体，发展成果令人瞩目。但是这些发展是建立在粗放式的经济发展方式、不合理的经济结构和以牺牲环境为代价的基础之上的。为了解决社会发展中的这些难题，促进经济的可持续发展，我国逐步放缓了经济的增长速度、争取优化经济的增长结构和创新经济的增长动力。

为适应经济发展新常态，寻求经济发展新思路，创造经济发展新前途，习近平主席提出了五大发展理念，而且把创新发展列于五大发展理念之首，致力于探索我国社会发展的新动力，由此开启了注重创新发展的新时代。

同时，面对新一轮的科技革命和产业革命，我们国家的当务之急就是提高国家的综合创新实力，这就需要弘扬创新创造的精神。习近平主席在 2015 年《在庆祝“五一”国际劳动节暨表彰全国劳动模范和先进工作者大会上的讲话》中强调“面对日趋激烈的国际竞争，一个国家发展能否抢占先机、赢得主动，越来越取决于国民素质特别是广大劳动者素质。要实施职工素质建设工程，推动建设宏大的知识型、技术型、创新型劳动者大军。”劳动模范是高素质劳动者的典范，他们不仅有娴熟的技术技能，还有非凡的创新创造能力。在国际竞争日益激烈和我国注重创新发展的时代背景下，我们所弘扬的劳模精神，必须包含创新精神。因此，树立具有创新精神的劳动模范典型也将成为新时代的特征。

杂交水稻之父——袁隆平

他自 1964 年开始研究杂交水稻，1973 年实现三系配套。在随后的一年中，他培育出第一个杂交水稻强优组合南优 2 号。1975 年研制成功杂交水稻种植技术，并为随后的大面积种植奠定了基础。他在 1978、1979、1989 年三次获全国劳动模范称号，当选“时代领跑者——新中国成立以来最具影响的劳动模范”，并被誉为贡献最大的农学家。

袁隆平，一个属于中国，也属于世界的名字，他发起的“第二次绿色革命”，给整个人类带来了福音。

【思考】袁隆平院士身上体现出什么样的劳模精神？

二、弘扬劳模精神的时代价值

马克思指出，“每一个社会时代都需要有自己的伟大人物，如果没有这样的人物，它就要创造出这样的人物来。”

劳动模范是时代的先锋、民族的楷模，他们身上承载和彰显的劳模精神一直发挥着引领作用，充分展现了我国新时代工人阶级和劳动群众的高度自信。进入新时代，我们要深刻把握劳模精神的崭新意蕴与当代价值，大力弘扬劳模精神，推动全社会形成尊重劳动、劳动光荣的良好风尚。

1. 劳模精神是实现中国梦的精神力量

（1）劳模精神是充实和展示国家文化软实力的重要内容　文化软实力在国家强大的进程中发挥着突出的价值与作用。习近平总书记指出：“提高国家文化软实力，关系我国在世界文化格局中的定位，关系到我国国际地位和国际影响力，关系‘两个一百年’奋斗目标和中华民族伟大复兴的中国梦的实现。”因此我们要通过各种途径不断增强我国的文化软实力，为实现中华民族伟大复兴的中国梦提供强大的文化动力。

劳模精神作为时代精神的凝结和中华民族精神的高度升华，就是一种国家文化软实力。继承与弘扬劳模精神，是充实和提高我国文化软实力的一个重要途径。

首先，弘扬劳模精神有助于增强我们民族的自尊心、自信心和自豪感。中华民族的自尊心、自信心和自豪感是我国人民在征服自然、改造社会、维护国家统一完整和促进文明发展的历程中形成的，是促进民族团结统一、形成强烈爱国主义情感的精神力量。劳模精神所洋溢的那种把国家和人民利益放在首位、勇于承担历史使命的主人翁意识和责任感，为国争光和为民族争气的强烈的爱国主义情怀，正是民族自尊心、自信心和自豪感的集中体现。

其次，弘扬劳模精神有助于在全社会大力弘扬“以人为本”的人文精神。人文精神是一种人类对于自我的关怀精神，表现在关注人的尊严、命运与价值，珍视各种精神文化现象和追求理想人格、人生真谛等方面。劳模精神能积极发挥劳动人民的主动性、尊重劳动人民的主体地位，将人民群众作为我国发展最坚实的后盾，把人民利益放在首位，关注人民的价值，促进人民的全面发展，努力实现人民的体面劳动。这种以人为本、实现人的全面发展的理念，展现了文化凝聚力和精神向心力。

（2）劳模精神是激励中国共产党人不忘初心的生动素材　新民主主义革命时期，我们党通过培养和表彰劳动模范，在引领和发展革命根据地社会经济建设中发挥了巨大的示范和带头作用。社会主义建设时期，劳动模范以无私奉献、团结苦干的精神积极投身于经济建设中，为引导广大人民群众集中精力恢复和发展国民经济，树立正确的社会主义劳动观念起到重要的推动作用。改革开放以来，广大劳动群众不仅发扬吃苦耐劳、艰苦奋斗的高尚品格，更是在开拓创新、苦干实干中创造了中国奇迹，业务精湛、技术卓越、锐意进取、敢为人先的劳模形象深入人心。

进入新时代，在中国共产党的领导下，我国人民以实干兴邦的劳动精神，继续谱写中国特色社会主义伟大事业的新篇章，劳模精神、劳动精神、工匠精神更成为社会热词，“劳动最光荣、劳动最伟大、劳动最崇高、劳动最美丽”成为时代强音，为建功新时代、实现中华民族伟大复兴提供了崇尚劳动的价值引领。

劳模精神贯穿于中国共产党带领人民寻求独立与复兴的历史进程中，与中国共产党人的革命精神交织在一起，是激励中国共产党人不忘初心的生动素材。

（3）劳模精神是坚定中国特色社会主义“四个自信”的重要精神动力　坚定中国特色社会主义“四个自信”，即坚定道路自信、理论自信、制度自信和文化自信。这“四个自信”，是我们党在领导人民进行革命斗争、社会主义建设和改革开放以及实现社会主义现代化过程中产生的精神成果，是我国人民精神状态的真实展现，是中国特色社会主义事业向前推进的内在动力，也是实现中华民族伟大复兴的中国梦的根本保障。劳模精神是我党在革命、建设与改革的历史进程中，将优秀的民族精神和伟大的劳动实践相结合而孕育出的重要精神成果。它一边承载着伟大民族精神的优秀传统文化，一边承载着社会主义劳动者的价值属性和时代特征，具有鲜明的社会主义属性，将为新时代坚定中国特色社会主义“四个自信”提供重要的精神动力。

2. 劳模精神是振奋伟大民族精神的鲜活资源

（1）劳模的主人翁精神是新时代践行爱国主义精神的具体体现　中华民族的爱国主义精神是伟大民族精神的核心内容，是形成民族凝聚力、影响力和向心力的重要力量，在中华民族的发展史和实现中华民族伟大复兴的中国梦的进程中起着重要的作用。习近平总书记曾经指出：“在中华民族几千年绵延发展的历史长河中，爱国主义始终是激昂的主旋律，始终是激励我国各族人民自强不息的强大力量。”在中国特色社会主义进入新时代的历史时期，我们要继续继承、发展、培育、践行强大的爱国主义精神，让其成为动员和鼓舞人民为国家富强和民族复兴贡献自己力量的精神旗帜。

（2）劳模的拼搏进取精神是新时代振奋伟大奋斗精神的生动典范　习近平总书记指出，“自强不息、艰苦奋斗、奋发图强，是中国人民的精神特质和优良禀赋。中华民族依靠奋斗精神在广袤的土地上繁衍生息，创造了独树一帜的中华文明”。在中国特色社会主义进入新时代的今天，弘扬伟大的奋斗精神仍然是我们的重要任务。对于个人来说，它是我们实现人生价值的基础和前提；对于中华民族来说，它是我们生生不息的力量之源；对于中国共产党来说，它是党的事业不断前进的内生动力。

革命战争年代，为了发展生产赢得战争而发挥才干、付出艰辛劳动的吴满有、赵占魁；新中国成立后，为了技术创新赶上英美而奋发图强、顽强拼搏的蒋筑英、邓稼先；改革开放时期，为了科技领先争做第一而隐姓埋名、献身国防的南仁东、林俊德，他们的身上无不闪现着我国人民积极主动、自觉奋斗的绚丽光彩。我们要时刻发扬劳动模范身上的强大精神，继续保持与发展好奋斗精神，以此来实现我们的梦想，改变我们的未来。

（3）劳模的勇于创新精神是新时代激发伟大创造精神的重要资源　整个人类社会的发展，包括人自身的进化，都在某种程度上归功于创造。中国人民是具有伟大创造精神的人民。2018 年 3 月，中共中央总书记习近平在阐发新时代中华民族精神的主要内容时，将伟大创造精神置于中华伟大民族精神内容之首。党的十九大报告中，习近平总书记再次强调了创新在我们中华民族发展史上的重要地位，即“创新是引领发展的第一动力”。实践在不断发展，创新也要与时俱进。我们要解放思想，突破禁锢，让创造精神在全社会得到更广泛的弘扬。

在我国谋发展、求复兴的历史进程中，各行各业的劳动模范为推动我国的发展进步做出了卓越的贡献，他们能够打破陈规、追求新颖，而凝聚在他们身上的这种勇于创新的精神正是我国伟大创造精神在人民当中的一个缩影。劳动模范的勇于创新精神是推动人民勇于担当、攻坚克难的宝贵精神财富，是激发我国人民伟大创造精神的重要精神资源，并将在促进我国经济繁荣富强、政治民主科学、文化繁荣兴盛、社会和谐进步、生态文明建设等方面发挥更大的作用。

3. 劳模精神是促进社会道德进步的有效途径

（1）有效促进中华民族传统美德的传承　回顾灿烂的中华文明史，我国人民劳动精神的形成与劳动人民的生产和生活实践以及中华民族崇尚劳动的传统文化密不可分。在我国传统文化中，一向推崇对劳动实践的认同、对劳动精神的传承、对劳动文化的传播。远古时代，钻木取火、神农氏教民稼穑、大禹治水的劳动故事就广为流传；明朝时期，宋应星所著的《天工开物》收录了诸多古代劳动人民在自然科学、工业制造等方面的劳动创造和发明成就。中华儿女用辛勤的劳动创造了我国灿烂的历史文化，而劳模精神是创造民族辉煌的根本力量和推动民族继续向前发展的精神支柱。同时，劳模精神又是对中华优秀传统文化中生生不息、崇劳厚生精神因子的继承与阐发。

（2）有效促进社会主义核心价值观的培育和践行　中华民族五千多年的文明，孕育出了讲仁爱、重民本、守诚信、崇正义、尚和合、求大同的价值传统和以仁义礼智信为主要内容的核心价值观。中国共产党第十八次全国代表大会上，明确将社会主义的核心价值观概括为“三个倡导”，凝练归纳了国家的价值目标、社会的价值取向和公民的价值准则。2017 年，十九大报告中，习近平总书记再次提出要培育和践行社会主义核心价值观。社会主义核心价值观作为一种价值观念和理论倡导，引导广大的劳动者将最基本的公民道德行为规范内化于心外化于行。

劳模精神是社会主义核心价值观的具体体现，正如习近平总书记所说：“长期以来，广大劳模以平凡的劳动创造了不平凡的业绩，铸就了‘爱岗敬业、争创一流，艰苦奋斗、勇于创新，淡泊名利、甘于奉献’的劳模精神，丰富了民族精神和时代精神的内涵，是我们极为宝贵的精神财富。”劳动模范是可感可观、实实在在的存在于生活中的，他们是遵循、践行社会主义核心价值观的楷模和典范，人们通过劳模事迹可以更直接地感受到社会主义核心价值观的存在，因此劳动模范是社会主义核心价值观最有力的传播者和检验者，弘扬劳模精神能有效促进社会主义核心价值观的培育和践行。

（3）有效促进崇尚劳动的良好道德风尚的形成　1978 年改革开放以来，我国的经济发展速度大幅提高，我国人民物质生活水平直线上升、精神面貌也发生了很大的变化。但是，市场经济这把双刃剑在带来社会迅速发展的同时，也滋生了一大批单纯追求利益而不顾社会道德的利己主义者。一夜暴富的心理倾向和不劳而获、投机倒把的不良风气冲击着我国道德领域内的主流文化，侵蚀着我国人民的精神世界。

要解决这些矛盾和问题，改变不良的社会风气，不仅要依靠法律的强制，更要依赖思想道德的力量。习近平总书记多次强调要在全社会大力弘扬劳模精神、劳动精神，“让劳动最光荣、劳动最崇高、劳动最伟大、劳动最美丽蔚然成风。”劳模精神是中华传统美德在劳动者身上的展现，是推动社会主义道德建设的重要力量，它集中反映了社会主义道德当中爱劳动的基本要求，是“以辛勤劳动为荣，以好逸恶劳为耻”的社会主义荣辱观的有力突显。因此，在全社会弘扬劳模精神，不仅能够促进社会主义荣辱观的推广，而且能够教育激励人们发扬传统、爱国爱家，崇尚劳动、热爱劳动，以劳动为荣，从而有效防止市场经济带来的消极思想侵害我们的社会主义先进文化和精神文明。

王红：用使命担当书写抗“疫”答卷

“救死扶伤是医务人员的职责，抗击疫情是神圣的使命。作为一名党员，关键时刻就应挺身而出，看着一个个患者康复出院，感到无比的欣慰和荣光，也是最好的褒奖。”这是淮安市第四人民医院重症医学科护士长王红获评江苏省最美医护工作者、省五一劳动奖章、省十佳抗疫职工等多项荣誉的感言。

淮安市第四人民医院是淮安市新冠肺炎患者定点收治医院。疫情发生后，王红得知院里准备组建新冠肺炎医疗救治梯队，此时临近春节，作为在传染病诊疗护理一线战斗近20年的“老兵”，她没有丝毫犹豫，第一个在请战书上郑重地写下了自己的名字。

其实，王红家庭负担很重，大孩子今年12岁，放寒假需要辅导功课，小孩子才20个月正需照顾，老母亲又刚做过肠癌手术不久，需要悉心照料。但对妻子报名争当第一梯队医护人员参战的决定，在当地一所高校任教的丈夫朱文元十分理解，和孩子一再叮嘱她做好防护，平安归来。朱文元主动承担起家庭的重任，当起了“奶爸”。

隔离病房中，王红不仅承担日常的治疗和护理，还主动帮助患者采买日用品，协助病人进食，帮助病人清理分泌物、翻身拍背等。此外，当有的患者出现心理波动、不配合治疗时，她还多次面对面进行安抚疏导，担当“心理老师”的角色，力争挽救患者的生命。

淮安市首例新冠肺炎治愈病例就是王红护理的。这名患者自身有基础病高血压、安装过两个心脏支架，治愈过程颇为波折。确诊入院后，该患者自己在网上看到一些不明来源的谣言，整日唉声叹气，拒绝配合治疗，倔强的脾气让医疗团队手足无措。

王红获悉后，趁着给这位患者护理时，搬出权威数据，详细讲解新冠病毒的发病原理和针对他的治疗方案，列举不少自身有基础病但成功治愈的例子，成功说服患者积极配合治疗，并在入院第十天治愈出院。

王红在隔离病房里还成了多名小患者的“护士妈妈”。病区有个孩子属于密切接触者，亲人不在身边，孩子看到医护人员都是“全副武装”，经常害怕地不停哭叫。王红说，“如果医护人员这时候不去帮助他们的话，孩子的身体和心理都会受到创伤。”因此，她每天都会到病房陪伴、安慰和鼓励这些年龄小的患者，孩子们都亲切称她为“护士妈妈”。

在救治一线，工作非常繁重和辛苦。王红每天7点上班，最晚11点下班，除去穿脱防护服和吃饭洗漱的时间，睡眠不到4个小时，得来不易的空闲时间，身为护士长的王红躺在床上，还要考虑各种各样的问题：明天防护设备要申请几套？怎么加强医护人员感控措施？病人的护理需要注意什么？超负荷的劳作让王红身心疲惫，同时她也和奋战在抗“疫”最前沿的其他医护人员一样，为了节约防护服，不敢多进食，不敢喝水，为让同事多休息，每天护理查房后主动增排自己班次，一个班次下来汗如雨下，衣服浸湿，脸上被防护口罩勒出了深深的印记，被捂出了湿疹，长期熬夜导致眼结膜红肿，在病房 10 天暴瘦 10 斤。但她牢记自己是党员，不言撤退，始终惦记着患者，站好抗疫的每班岗。

日复一日地坚持，终于到了 2 月 7 日这一天，也是王红第一阶段任务的终点，而她走出隔离病房后的第一句话是：“随时需要，随时回来！”

面对新冠肺炎疫情肆虐，王红以一名共产党员的高度责任感，无畏无惧，与时间赛跑，与病魔搏击，用坚强的毅力、卓越的技艺坚守在救治一线，用使命担当书写了守护生命的抗“疫”答卷。

【思考】在我们的专业领域，应该怎样弘扬劳模精神？

Chapter Three

3

第三章

工 匠 精 神

学习目标

知识目标

· 了解工匠精神的基本内涵以及其价值。

· 传承工匠精神的要义。

素质目标

· 了解工匠精神的内涵、典故、传承以及现实意义。

· 理解、体验工匠精神的要义。

第一节 工匠精神概述

一、工匠精神的基本内涵

工匠精神具有悠久的文化和历史渊源。从原始社会发展到现代工业社会，工匠精神是中华文化非常重要的内容之一。在经济高速发展的当下，工匠精神被深刻地赋予了新的时代文化内涵。

（一）古代工匠精神的特征

工匠精神作为中华民族传统手工业文化的重要元素和组成部分，伴随着我国传统的文化经过数千年的发展和历史转变，凝聚成了一种十分具有匠心独运的鲜明中国特色的文化精神。《诗经》中，就把对于骨器、象牙、玉石的加工形象地描述解释为“切”“磋”“琢”“磨”，朱熹的《论语集注》中将其解读为“治之已精，而益求其精也”，《庄子》中的“庖丁解牛，技进乎道”，《尚书》中的“惟精惟一，允执厥中”，都充分体现了中国的工匠精神。

工匠精神是一个从业者基于对自己事业的一份敬畏和热爱而自然产生的一种全身心投入的认认真真、尽职尽责的职业行为和精神状态。中华民族一直具有敬业乐群、忠于职守的优良传统，敬业是中国人的传统美德，也是当今中国特色社会主义的核心思想和价值观的基本理念和要求之一。早在春秋时期，孔子就明确主张人在这一生中要“执事敬”“事思敬”“修己以敬”。“执事敬”，是指一个人行事始终要保持严肃认真的态度；“事思敬”，是指一个人临事始终要专心致志不懈怠；“修己以敬”，是指通过加强自身的修养保持恭顺礼让的工作态度。

精益求精是工匠的职业精神，泛指一个产品制造者对每一件产品、每一道工序都要持有一种凝神致志、聚神合力的态度，把产品质量做到极致的一种基本职业道德精神。所谓精益求精，泛指已经把产品质量做得很好了，还一再要求自己把产品质量做得更好。精益求精正如道家大师老子所说，“天下大事，必作于细”。基业长青的伟大的中国企业无一不是依靠精益求精才获得成功的。

专注执着的工匠精神是一种内心笃定而时刻着眼于每个细节的耐心、执着、坚持的职业精神，是大国工匠所必须具备的一种职业精神。从中外的实践经验来看，工匠精神意味着一种执着，即一种几十年如一日的坚持与韧性。术业有专攻，工匠一旦选定了行业，就一门心思地扎根下去，心无旁骛，在一个细分的产品上不断地积累自己的优势，在深耕的领域成为“领头羊”。在古代，我国早就有“艺痴者技必良”的说法，如《庄子》中记载的游刃有余的庖丁、《核舟记》中记载的奇巧人王叔远等。

追求创新是工匠的一种内蕴精神。“周虽旧邦，其命维新”就是讲到了古代邦国的人民想要生存和发展，最大的理想和使命就是革新；《易经》中“穷则变，变则通，通则久”指的是任何事物都应该有一个从开始发展到逐渐衰落的过程，只有寻求变化才能使事物继续存在和发展。古往今来，热衷于创新和创造的工匠们一直都是推动世界文明和科技进步的重要推动和引领力量。古代我国有一大批优秀的工匠，如鲁班、庖丁、李春等，他们为人类社会的生存和发展做出了历史性的突出贡献。

（二）现代工匠精神的特点

1. 爱岗敬业的奉献精神

爱岗敬业的奉献精神是弘扬工匠精神的重要力量和源泉。爱岗敬业是一种体现人们对本能的要求、自愿努力付出的基本道德行为，是一种纯洁高尚的社会主义精神境界，是中国特色社会主义的核心思想和价值观所倡导的，是对公民基本职业道德的一种核心价值要求，同时也是工匠精神的重要体现和核心内容。每一位企业员工只有热爱自己的职业，充分地展现爱岗敬业精神才能够真正散发出工匠精神的生命力和光辉。爱岗敬业的精神正在激励着一代代中国工匠的匠心筑梦。在当今的中国，中国特色社会主义现代化事业是一个需要我们党和全国各族人民共同为之努力奋斗的事业和历史文化伟业，这个历史伟业是由不同的行业和职业人群共同组成的有机统一的整体，每个人都在自己特定的工作岗位上通过特定的工作职业和活动方式来为国家的事业发展服务。在当代，中华民族要拥有实现伟大民族复兴的希望和梦想，同样也需要艰苦奋斗，需要爱岗敬业，需要艰苦拼搏和奉献。爱岗敬业，就是要求我们每个人都要敬重自己的工作职业，培育强烈的职业责任心与强烈的使命感。

相信每一次提及中国工匠，人们大多都会联想到铁匠、木匠、鞋匠等与我们的生活息息相关的各种传统职业。工匠，就是那些每天工作在第一线、普普通通的工人，但是这些工匠们并没有因此轻视自己的生活和工作，而是干一行就爱一行、爱一行就专一行，始终把自己手上加工的每个部件当成整个生产工序中最重要的一环。爱岗敬业的奉献精神是各行各业的劳动者都必须具备的职业精神和追求，不应该仅仅为中国传统的工匠所独有。

总之，工匠精神本身蕴含着兢兢业业工作、勤勤恳恳奉献的无私精神。要真正地弘扬工匠精神，劳动者必须要根据自己的职业特质设定一个具有重要社会意义和价值的职业目标，然后向着这个目标心无旁骛、义无反顾地砥砺前行。

2. 精益求精的极致精神

工匠精神是一种对制作工艺和制造产品精益求精、追求完美和极致的精神。极致，不是一定要做到全世界第一，但肯定是做到当下自己的最好状态，不断刷新自己的水平。

很多的人认为工匠是一种善于从事机械重复工作的劳动者，在追求效率、提高速度和技术创新的时代，工匠精神就有些过时了。其实工匠虽已逐渐淡出了人们的日常生活，但他们所代表的精益求精的工匠精神却永不过时。在当下，工匠精神有着更深远的含义，它在本质上代表着一个时代的精神气质：坚定、踏实、精益求精。其内涵十分丰富：注重每个细节、保质保量、不投机取巧、不断完善、力争第一。

优秀的工匠们，对于高品质的制造工艺始终有着不懈的追求，以严谨的工作作风和态度，规范地按照设计要求完成好每一道复杂的制作工艺。每一位新时代的奋斗者，都应积极践行工匠精神，强化质量意识，在勤学苦练中掌握技能，在潜心钻研中增长才干，以精益求精的工作态度推动经济社会的高质量发展。

3. 执着专注的坚持精神

执着专注是工匠精神最显著的特征。一个具备了工匠品质和精神的人是向内约束的，他们完全隔绝了外界的纷扰，凭借自己的执着与专注从平凡中脱颖而出。他们甘于为一项技能的传承和其发展奉献毕生的才干和精力。

企业执着专注的坚持精神，正是对工匠精神不懈努力追求的体现。在产业高质量发展的时代，各行各业的广大劳动者、建设者需要在其生产、管理和服务的各个领域、各个环节上坚持不懈的努力、追求创造高质量的服务和品质。

4. 与时俱进的创新精神

创新彰显了中华民族工匠精神的浓厚性和时代气息。泱泱大国的工匠们凭借丰富的企业理论技术实践经验和不懈的技术创新，开拓思考，不断进步，实现了一项项重大的工艺流程化和技术革新，完成了一系列重大的企业技术创新攻坚项目。他们在各自的工作岗位上展现的求真守正和富有创新性的实践精神正是我国现代工匠文化时代精神的最好体现。

在产业工业化、智能化的今天，机器工厂已经取代了不少传统手工作坊。在这种背景下，劳动者应该怎样更好地去学习和践行工匠精神呢？劳动者应坚定地认为，工匠精神的核心价值在于创新。创新和不断地重复、精益求精的传统工匠精神并不矛盾。烦琐复杂的工作流程是培育工匠和创新的土壤，追求完美是助推创新的强大动力。纵观历史，国内的鲁班、张衡，国外的富兰克林、爱迪生，最终被我们后世所推崇和铭记，不是因为他们日复一日、年复一年的制造和打磨某个时代的产品，而是因为他们不断为产品提供了创造力，通过制造和创新产品给后世留下了宝贵的创造力和财富。现代的工匠精神，并非仅仅是简单的技术重复与坚守，而是改进与创新。对于传统企业来说，工匠精神作为企业精神的体现和践行方式包括了产品的技术创新、组织的创新和传统商业模式的创新等。对于劳动者来说，改进工作的方式和方法，提高效率，给简单的技术和工作方式带来了创造力和活力，也是一种工匠精神。

学习探究

分析古代和现代工匠精神特点，谈谈你对工匠精神的理解。

二、工匠精神同工业发展的关系

浸润着工匠文化精神的中国制造的工业产品是中华民族物质和精神价值的文化载体，蕴含着工匠精神的文化传承。制造工业是一个国家国民经济的支柱和主体，是强国之本、富民之源。工匠文化以其强大的社会渗透和引导作用深刻影响着我国现代工业的发展，发挥着社会凝聚力、创造力和市场导向力的重要作用。中国制造工业文化建设的过程是一个技术创新、匠艺精进的历史性过程，不仅需要耐心和创造力的意志，同时也需要社会资源、科技、文化的共同推动和支撑。随着我国现代工业机器化进程和大生产对于传统手工业的取代，传统的工匠逐渐从历史舞台中消失和退出。但是世界上之所以出现众多的长寿企业，是因为这些长寿的企业传承着一种独特的精神，那就是工匠精神。

（一）工匠精神是人类工业发展的推动力

1. 工匠精神是对高超技艺的执着追求

工匠对自己的技艺从来都是不满足的，每天的学习和工作时间既是对产品的生产和制作，又是对自己技艺的锻炼和提升。生产和制作产品对于每位工匠来说，都无疑是一次又一次的提升和完善，是革新自己、打磨技能的机会。

随着工业设计技术进入了高技术水平的工业设计产品定制领域，粗放型的大规模自动化工业生产遇到了瓶颈，利用物联信息控制系统进行工业个性化产品定制的技术使粗放型制造业的发展面临严酷的现实。如果制造业设计行业充分培育了劳动者的工匠精神，追求超高技术的水平，可以很好地满足和适应未来的个性化产品定制的市场需求。

2. 工匠精神是对产品完美细节的苛求

对产品完美细节的苛求其实就是一种对产品品质的一种近乎偏执的精神追求。工匠精神就是对待自己的产品一丝不苟，即使是细微的地方也要仔细地考虑，以达到最完美的产品设计境界。

例如，日本寿司之神小野二郎，为了把寿司食材最鲜美的那一刻尽情地奉献出来给所有的顾客，在精心制作各种寿司米饭的同时会根据寿司食材的不同营养特点甚至是顾客的身份需求来作出相应的调整，如为一些女性上班族的顾客制作的寿司就会稍微小一些；为男性上班族的顾客制作的寿司，米饭就会略微压得紧一些，方便他们用自己的筷子食用；对于一些左撇子的上班族顾客会把寿司米饭摆在上班族顾客的左手边方便顾客取用，这些对于细节的专注将寿司工匠的精神展现得淋漓尽致。

3. 工匠精神是对产品发展的深入思考

工匠们的生活和工作方式虽然看似单一，但实质上，他们无时无刻不在注意着各种新产品和工业技术的延续和发展。对工业产品的发展进行深入的思考，正是他们保持工业产品延续性的最直接有效的途径。

注重细节的个性化改变的目的不仅是为了开拓市场，而是仍以个性化产品为根本，在能够满足更多的人群消费需求的同时，保持自身产品的特色和延续性。

总的来说，工匠精神其实是新一代的工匠们对自己平凡艰苦的工作所表现出的崇高敬意，一方面，工匠品质和精神的重要性决定了新一代工匠们孜孜不倦，精益求精，苛求完美，细致入微的精神和工作的态度；另一方面，工匠的精神也为新一代的消费大众带来了一系列品质优良，富含深厚感情，经久不衰的优质产品。

（二）工业发展需要工匠精神

工业革命爆发以来，大机器迅速登上历史舞台，人们迫不及待地进行机器产品的研发、生产和销售，以最大限度地提高其生产的效率，满足人们对机器产品的迫切需求。在物资贫乏、供小于求的市场经济时代，机器工业生产的标准化和高效率使企业家们清楚地看到了这背后所隐藏的巨大能量。

进入信息化的时代以来，社会的经济发展和生活速度变得越来越快，这种快的速度体现于人们日常生活的各个方面。为了更好地谋求最大利益，更多的投资者和企业家开始追求一种所谓的周期短、见效快、收益高的“短平快”的模式。

看看我们的身边，大量快速消费式的产品已经充斥在日常生活中，虽然快速消费式产品款式新潮，价格低廉，但也有一些做工粗糙，材质低劣；虽然快速消费式产品款式多变，但也有一些结构简易，品质低下；虽然快速消费式产品数量巨大，却又由于功能相近，款式相似，难以真正引起消费者的关注，除了刺激人们的消费外一无是处，同时带来的是人类社会对资源的过度消耗和严峻的生态环境保护问题。

正因如此，越来越多的中国设计师和优秀的中国手工服装制作者才开始重新真正审视和高度关注当代中国服装行业产品设计背后的传统艺术和工匠的创造精神，并重新将精力转移至追求产品本身的完美以及设计的高品质和实用性价值上来。

从经济学的角度看，就像现在大行其道的“慢生活”的理念一样，在这个追求生活速度和工作效率的时代里，能够完全摒弃一切的干扰，专注于自己所做的工作的这种工匠精神更像是一种反速度的精神存在，这也恰恰迎合了现代人厌恶快节奏的生活，向往和享受日常生活中小细节的心理。

知识链接

工匠精神是一种严谨认真、精益求精、追求完美、勇于创新的精神。党的十八大以来，习近平总书记多次明确强调要大力弘扬科学和工匠精神。党的十九大工作报告明确提出“弘扬劳模精神和工匠精神”。党的十九届四中全会明确提出“弘扬科学精神和工匠精神”。在新的时代大力宣传弘扬科学和工匠精神，对于加快推动我国国民经济持续高质量健康发展、实现“两个一百年”的奋斗目标具有重要的意义。

典故

庖丁解牛 游刃有余

有一个名叫庖丁的厨师替梁惠王宰牛，手所接触的地方，肩所靠着的地方，脚所踩着的地方，膝所顶着的地方，都发出皮骨相离声，刀子刺进去时响声更大，这些声音没有不合乎音律的。它竟然同《桑林》《经首》两首乐曲伴奏的舞蹈节奏合拍。

梁惠王问：“你的技术怎么会高明到这种程度呢?”

庖丁放下刀子回答说：“臣下所探究的是事物的规律，这已经超过了对于宰牛技术的追求。当初我刚开始宰牛的时候（对于牛体的结构还不了解），无非看见的只是整头的牛。三年之后（见到的是牛的内部肌理筋骨），再也看不见整头的牛了。宰牛的时候，臣下只是用精神去接触牛的身体就可以了，而不必用眼睛去看，就像视觉停止活动了而全凭精神意愿在活动。顺着牛体的肌理结构，劈开筋骨间大的空隙，沿着骨节间的空穴使刀。宰牛的刀从来没有碰过经络相连的地方、紧附在骨头上的肌肉和肌肉聚结的地方，更何况股部的大骨呢？技术高明的厨工每年换一把刀，是因为他们用刀子去割肉。技术一般的厨工每月换一把刀，是因为他们用刀子去砍骨头。臣下的这把刀已用了十九年了，宰牛数千头，而刀口却像刚从磨刀石上磨出来的一样。牛身上的骨节是有空隙的，可是刀刃却并不厚，用这样薄的刀刃刺入有空隙的骨节，那么在运转刀刃时一定宽绰而有余地，因此刀虽然用了十九年而刀刃仍像刚从磨刀石上磨出来一样。虽然如此，可是碰上筋骨交错的地方，我见那里难以下刀，就十分谨慎而小心翼翼，目光集中，动作放慢。刀子轻轻地动一下，哗啦一声骨肉就已经分离，像一堆泥土散落在地上。”

学习探究

为了名利而生活和工作的人永远都无法给自己的后人留下传世的精品，也无法给后人留下自己生活和工作的足迹。那么，当代的大学生如何以纯净之心，让工匠精神在自己身上永远发出灿烂的光芒？

第二节 工匠精神的背景和价值

一、工匠精神的背景

提倡中国工匠的精神是促进我国的制造业快速转型和升级的迫切需要。我国面临着国民经济发展行为方式的转型和推动产业结构转型升级的一系列重大任务，而要努力完成这一系列重大任务，实现由传统的制造工业大国到现代的制造工业强国的转变和跨越，离不开广大企业员工的思想意识创新和精神创造，更离不开对工匠精神的继承和发扬。

弘扬工匠精神，是我们国家实施“一带一路”倡议，推动国家的制造进一步走出去的迫切需要。当前，在我国的制造进一步走出去的发展过程中，即使是一些创新型产品，其竞争力和质量也常常存在诟病，也迫切需要改善和提高其产品质量。因此，要在激烈的竞争中取胜，关键在于改善和提高我国制造的竞争力和产品质量。

只有充分发扬大批中国工匠的创业精神，培养大批高技术高素质的高端制造行业工匠，才能更好地开发和打造大批高技术高质量的高端制造加工产品，提高我国高端制造加工企业的产品质量和我国核心技术综合品牌竞争力，推动更多我国的高端制造加工企业尽快走出去。

弘扬中国工匠精神有助于我国提高创新能力、加快建设世界制造创新强国。我国是世界制造业第一大国，在世界500多种主要的工业产品中，我国有220多种主要工业产品的产量位居世界第一。但总体而言，我国的制造业大而不强，实现我国制造业的转型升级迫在眉睫。我国要加快和建设世界制造工业强国，而加快和发展先进的制造业，关键在于要培养和提高制造业创新能力，培养中国工匠精神。通过继承和弘扬中国工匠精神，培育广大劳动者在坚守中追求完美、勇于创新的职业精神，为深入贯彻实施国家创新驱动发展的伟大战略、推动我国制造产业的转型和升级发展奠定坚实基础，加快和建设我国现代制造产业强国，推动所有制经济持续高质量健康发展。

弘扬工匠精神有助于进一步提升企业和中国品牌的国际形象。中国品牌建设是企业从中国走向世界的重要通行证，也是企业提升国家核心竞争力的重要体现、国家形象的宣传名片。进一步提升中国品牌形象，要求把中国工匠精神始终融入设计、生产、经营的每一个环节，做到精雕细琢、追求完美，实现中国制造产品从“重量”到“重质”的持续提升。通过弘扬中国工匠的精神，让每个中国的劳动者都恪尽职守，崇尚精益求精，进而培育众多品牌制造大国的工匠，不断地提高产品质量，打造更多的享誉世界的劳动者和中国品牌，建设世界的品牌制造强国。

弘扬工匠精神，需要建立培养和尊崇弘扬工匠精神为本的社会风尚、构建弘扬工匠精神相应的体制和机制。一个伟大民族的繁荣发展，离不开各行各业青年劳动者的共同参与和推动，一个社会对各种技能人才的评价往往会直接影响各行各业劳动者努力进取的态度和方向。我国虽然自古以来有“尚巧工”的优良传统，但是技能人才在社会中一直以来都得不到应有的重视。当前，社会上依然普遍存在轻视职业教育、不充分重视优秀技能专业人才的培养等现象。劳动者的素质对于国家民族都非常重要，技术型专业人才是支撑中国制造、中国创造的重要基础，对推动国家经济快速高质量发展具有极其重要的作用。我们倡导和尊崇中国工匠精神的文化和社会风尚，是为了营造良好的社会文化氛围。继承和弘扬中国工匠的精神，还要进一步形成和完善相应的体制和机制。健全劳模和技能服务专业人才的培养、使用、评价、激励各项制度，应注意完善和提高对劳模和其他技能服务专业人才的政治待遇、经济生活待遇、社会待遇。为推动劳模和技能服务专业人才充分发挥作用，应在市场上搭建宽广的舞台，使他们在经济上可以有一定的保障、在发展上有比较大的空间、在社会上具有一定的地位。

过去，我国制造企业为了快速发展，改变市场经济状况，企业主要的目标和关注点集中在质量和效率上，而忽视在企业产品的制造、生产方式和企业经营管理模式的创新等方面下功夫。而现在的局面完全不同，在我国产品市场竞争日益激烈的残酷现实面前，粗制滥造的劣质产品不再有机会进入市场，消费者的目光和注意力已从产品的物质本身上移转到了产品的功能和品质上，而高品质的中国制造产品更是需要工匠精神的支持才能被开发和制造。这种市场经济趋势的发展也要求我国制造企业必须大力弘扬和培育中国工匠的精神。

学习探究

随着现代科技的进步和飞速发展，在科学技术和制造业技术全产业链的支撑下，你认为如何继续传承工匠精神？

二、工匠精神的价值

（一）工匠精神是推动制造业转型升级的关键

工匠精神是我国推动制造业转型升级的重要因素和驱动力。当前，标有“中国制造”品牌字样的一系列产品纷纷远销国外，以物美价廉赢得了国外消费者和市场的青睐和认可，而我国因为制造业的发达而逐渐成为举世闻名的“世界工厂”。但随着世界经济复苏和全球化发展程度的进一步加深，制造业的国际竞争愈发激烈，各国的制造业角力于国际制造市场，随之而来的是各国制造业的不断转型升级。中国制造业在这一过程中也面临了很多的问题，如工业劳动力成本低、生产资源丰富等竞争优势，使中国忽略了对传统制造业的更新换代，在推动制造产业的升级和转化方面始终落于下风，产品品质不高，不具备明显的竞争优势。此外，我国的制造产业由于其发展过快，产生了急功近利的浮躁心态，使得其产品品质也饱受消费者的质疑。

在推动外贸经济发展方面，我国传统制造业的核心竞争力明显不足，有的“中国制造”正在逐渐失去物美价廉的竞争优势，取而代之的是“便宜货”“粗制滥造”的刻板印象，这影响了我国制造业产品的国际出口，更严重打压了我国制造业的平均利润率和发展空间。在这种困境下，培育中国工匠精神，可以为我国制造业的升级和发展提供重要的支撑和驱动力。

工匠精神的培养有助于推动制造业发展和产业的升级。从全球范围内的情况来看，制造业的整体经济发展状况仍然处于一个产能严重过剩的状态。在这种情况下，单纯生产好的产品显然不再是制造业的核心竞争优势，生产好的设备和产品才是现代制造业的核心竞争优势。因此，制造业的升级和产业组织结构的升级势在必行。对于我国现代制造业来说，产业升级不单单是先进设备的生产、产业组织结构的升级、原料品质的升级、工艺流程的升级，更是人们工作生活态度的升级、职业精神的升级，企业和其从业者自主创新能力的升级，因此，绝不能完全忽视制造业工人的这种主观能动性对于制造业产品品质的提升、产业组织结构升级的重要性。工匠精神的文化内涵本质就是精雕细琢、精益求精、不断完善，这种价值观在本质上是完全建立在优良的产品品质上的，能够有效地促使制造企业和其从业者改进其设备、原料、工艺，激发企业和其从业者进一步具有认真的工作态度、严谨的工作精神、高超的经营管理技能，从而推动和实现制造产业的全面转型升级。因此，工匠精神是推动我国制造业转型升级的重要精神驱动力。

工匠精神的培养有助于扩大和提升制造业利润的空间，粗制滥造的产品自然没有多少人知道和愿意出高价购买。我国制造业培育工匠精神，可以有效提高制造业产品的知名度和品质，通过对产品品质的提升，重塑我国制造业的品牌形象，这将促进我国制造业的产品精品化，摆脱薄利多销的传统商业模式，从而使制造业获得更多的经济利润和发展空间，因此，培育制造业的工匠精神，既是我国制造业面对诸多挑战和困境的一种有效应对之策，也是我国制造业推进产业转型升级、获得更多利润空间和发展空间的必然选择。

工匠精神的培养是增强制造业核心竞争力的关键要素。制造业的发展是推动国民经济持续快速发展的重要动力和基础，在制造业的国际竞争日趋白热化的阶段，各国对于制造业的关注和重视与日俱增。随着经济全球化的推进和发展，技术人才的流动日趋频繁。此外，随着国际贸易的全球化和物流的发展，生产过程中的设备、原料和半成品作为世界各国制造业最核心竞争要素的地位也已经在逐渐下降。企业产品的地位越来越多地直接取决于一个企业对待自己产品品质的精雕细琢、精益求精、不断完善，也就是体现在企业工匠精神的培养和落实上。

我国现代制造业企业培育工匠精神，可以极大地提高其核心的竞争力。首先，通过对国际市场产品的不断打磨，形成现代制造企业的产业可持续发展与经济转型升级的驱动力，主动地适应国际市场，完成企业产品的新陈代谢和企业生产品质的升级，使企业始终都具有蓬勃的生机和发展的动力，避免被国际市场产品淘汰的可能性和风险。其次，通过对国际市场产品的精益求精，将国际市场产品精品化，形成国际市场产品的价格和品质竞争优势，使国际市场产品在激烈的国际市场竞争中，可以始终拥有自己的一席之地，并尽可能多地通过产品占领市场的份额。再次，通过国际市场产品的高品质，赢得广大消费者和顾客的良好口碑，从而为企业创立知名品牌，获得更大的市场利润和发展空间。

工匠精神的培养是推动我国制造业全体从业者的职业健康发展的正确方向和精神动力。任何一项复杂的职业，如果只是简单地做一些机械重复的操作，就可能会直接使得人们感到厌倦，让更多的人产生职业倦怠，从而直接使得从业者完全丧失职业发展的正确方向和精神动力。对于我国制造业来说，如果仅仅是为了拼命提高产量而完全不顾产品质量，那么会直接使得从业者降低对产品品质的要求，进而对从事的职业逐渐失去热情。因此培育制造业从业者的工匠精神，可以为他们的未来职业发展道路提供清晰的职业发展方向和强大的发展动力，从而充分调动我国制造业的从业者，使其充分发挥自己的热情和聪明才智，积极地参与到我国制造业的转型升级中来。

培育工匠精神为制造业从业者提供了职业价值发展的途径和方向。其一，工匠精神的价值观作为制造业从业者的一种职业精神价值观，对制造业及其从业者的发展有着价值规范的引导作用。由于经济社会中各行各业的逐利思潮严重，制造业中屡屡出现以次充好、粗制滥造、敷衍了事的现象，质量低劣的产品层出不穷，各种制造业产品的质量安全事故频发，因此工匠精神为制造业的从业者提供了价值规范，为制造业产品品质的提高和发展提供了一种精神和物质层面的价值保障。其二，工匠精神将制造业从业者的职业价值观和发展目标落实于产品品质，以保证产品质量的提高，并以生产优质产品为标准来正确评价制造业从业者的事业，这就意味着制造业的从业者在工作上要聚精会神、心无旁骛地在提高产品品质上下更大的功夫，少了些投机取巧，多了些踏实厚重。

培育工匠精神为制造业从业者的发展提供了职业健康发展的信心和动力。长期以来，调动制造业从业者的工作劳动积极性的重要因素之一就是解决制造业产品从业者的职业健康发展信心和动力的问题。由于制造业的从业者很少涉及职业升迁，所以很多制造业从业者都认为这个特殊的行业根本没有什么好的前途，自己的本职工作也没有存在的价值。而通过新的职业评价标准体系，赋予制造业从业者职业健康发展的信心和动力就显得非常重要。

此外，工匠精神为未来我国新一代制造业及其人力资源的持续健康发展指明了正确的方向，即未来我国制造业需要继续培养和拥有大批的具有新一代工匠精神的“大国工匠”。千千万万的制造业技术人才是支撑和推动我国新一代制造业的发展、升级的重要核心和强大的力量，没有优秀的技术和人力资源，制造业的持续健康升级之路只能是幻想、空想。因此，在新一代制造业的从业者中培育工匠精神，在使我国全面提高制造业技术和产品品质的同时，也可以使我国制造业进一步具有丰厚的技术和人力资源，而我国制造业在其人力资源配置方面充分占据优势后，既可以在国际新一代制造业的竞争中充分抢得先机，也使我国制造业的持续健康发展拥有了不竭的发展动力。

（二）工匠精神是高品质生活的保障

随着我国居民的生活和文化水平的进一步提高，人们对于生活与居住环境的基本认识已经发生了改变。从要求建筑的地理位置、品质到强调建筑智能、绿色，再到向往智慧人居，这一飞跃基于的是人们对健康和美好生活的追求。其实人们真正需要的不仅是一所干净的房子，更是一个温馨的家。

例如，面对那些站在自己新家门口充满憧憬即将正式开启新生活的新一代业主，房地产商清醒地发现，他们按照要求所做的不再仅仅只是把钢筋混凝土这种材料做成的房子，建造高品质的住宅已成为最基本的使命和义务。为新一代的业主和消费者传递更加富有品质的家居生活理念和方式，成为新一代房地产商更为艰巨的义务和使命。

高品质生活是指既让烦琐的具象的物质呈现出生活艺术的基本特征，又充分反映个人对于生活的热爱和把握，以及对于生活游刃有余而又充满乐趣的一种精神状态。

高品质生活抛去了物质本身，更多地应该说还是在精神层面的。追求生活品质的改善和提高，不仅在物质上体现了个人追求和提高生活的品质，更重要的是在精神上体现了每一个人对于美好生活的向往和追求。

高品质的生活，还未真正惠及我国全体的人民。且不说现在还有部分我国人民在脱贫路上继续努力奋斗，相当部分我国的人民，仍然生活在比较粗糙的贫困状态里。因此，需要继续努力奋斗，一方面推动我国国民经济和社会的高质量健康发展，另一方面全面地保障和改善我国的民生，让我国更多的人能够过上健康高品质的小康生活。

高品质的生活，离不开高品质的供给和服务。我们的消费侧，因为高品质的供给和服务而逐渐变得丰富多元；我们的供给侧，也须与之相应地实现由量到质的转变。全面开展机械制造质量水平提升专项行动，推进与国际先进技术水平对标实现质量达标，弘扬我国劳模创新创业精神和工匠精神，来一场专属于我国机械制造的全新品质革命，就显得尤为重要。以高品质制造业体系建设为主要发展抓手，推行“品质革命”，带动传统产业转型升级，用高品质的供给和服务来满足人民大众追求高品质生活的需求，成为未来制造业发展的重要选择。

高品质的生活，离不开每位劳动者的艰苦奋斗。幸福永远不会从天而降，高品质的生活要靠勤劳的双手努力去创造。我们既要引导和鼓励劳动者在一定经济条件的消费基础上进一步改变消费观念、追求更高品质的生活，也要更迫切地鼓励和引导劳动者继承和发扬中华民族艰苦奋斗的传统和精神，用辛勤的汗水浇灌幸福的鲜花。

（三）弘扬工匠精神有利于技能型人才实现自我价值

我国是一个以劳动力作为主要供给的大国，劳动力的数量众多，但是职业技能人才的素养普遍不高，技能型职业人才紧缺，甚至在特殊的行业还有愈演愈烈的人才紧缺趋势，技能型职业人才紧缺的问题已逐渐成为制约我国的经济和社会发展的一个重要瓶颈。其根源主要在于：一方面，社会的风气浮躁，追名逐利的思想甚嚣尘上，人们普遍重学历轻职业能力、重知识轻职业技能；另一方面，对技能型职业人才的重视程度和培养力度不够，职业技能人才教育的投入力度不足，以及缺乏对技能型职业人才的评价和激励机制。

面对技能型人才紧缺的严峻形势，党的十九大报告明确提出“建设知识型、技能型、创新型劳动者大军，弘扬劳模精神和工匠精神，营造劳动光荣的社会风尚和精益求精的敬业风气。”为了适应中国独具特色的社会主义新形势和时代发展需要，培养一批具有知识和工匠精神的技能型人才，能大幅度提高技能型人才的素质。只有培养和造就一批具有高超的技能和具有较强自主创新能力的技能型人才，才能缓和矛盾，使得我国的经济得到可持续健康的生存和发展。

那如何才能更好地培养技能型人才呢？一是要加快转变社会的价值观念，企业要进一步加大精神的宣传和引导，弘扬精益求精的工匠精神，利用多种新闻媒体，多种方式，宣传中国工匠的精神，带动全社会的勤奋劳动，建立创新驱动发展的意识，营造一种真诚崇尚艰苦劳动的中国特色社会主义文化氛围，让爱岗、敬业、创新、精益求精的工匠精神深入人心。二是要进一步加大对职业技能型人才教育的投入，政府各部门要对职业技能型人才教育的政策支持和经费保障等多方面给予大力支持，不仅高校要大力发展职业技术创新的教育，构建现代职业技能型人才教育的体系，更要鼓励校、企互动加强合作，产、学、研相结合，为中国特色社会主义培养一批高素质的技能型和创新型人才。三是要进一步建立健全技能型创新人才的职业培养与发展的体制和激励机制。各级人力资源部门、各单位和行业企业要进一步建立完善的技能型和创新型人才培养、培训激励制度，组织和选拔一批优秀人才积极参加培训班学习、外出考察交流，培养一批专业技能过硬的新型职业人才。健全评价、激励机制，大力地表彰各行业的技能型和创新型优秀人才，提高他们的待遇，树立技能创新典范，引导广大的劳动人民充分发扬工匠精神，积极钻研科学创新技术，在进一步深化供给侧和结构性改革的进程中努力建功立业，为实现中华民族伟大复兴的中国梦贡献力量。

（四）工匠精神展现正确价值导向和时代精神的文化价值

工匠精神本身就是中华优秀传统文化的一部分。所谓工匠精神落在了个人的层面，就是认真、敬业、执着、负责、精益求精、追求卓越的职业精神，它深刻地体现了一种全新的价值观，其中最核心的特点就是：劳动者不仅仅把自己的工作当作赚钱或养家糊口的重要工具，而是深刻地树立了一种对自己职业敬畏、对本职工作执着、对产品负责的工作态度。具有工匠精神的劳动者在工作中极度认真，不断地追求完美和极致，为广大客户提供无可挑剔的服务和体验。

曹文轩秉持工匠精神　讲述中国故事

2016年4月4日，在第53届意大利博洛尼亚国际童话书展上，“国际安徒生奖”正式揭晓，中国儿童文学作家、北京大学中文系教授曹文轩获得该奖项，这是中国儿童文学作家第一次获得该奖项。“国际安徒生奖”也被称为“小诺贝尔文学奖”。曹文轩在儿童文学创作领域成就非凡，他的《草房子》一书曾重印300多次，销售上千万本。这也是继莫言之后，又一个顶级国际文学大奖被中国人摘得。

这次曹文轩获得国际文学大奖，不禁令人再次深刻地联想起党和政府一再大力倡导的工匠精神。曹文轩教授几十年如一日，在儿童文学这块园地里辛勤耕耘。他耐得住寂寞，不受任何外界的干扰和诱惑，在儿童文学创作领域里精雕细琢。他多年以来不急不躁，坚持不懈，以持之以恒的努力不断完善自己的儿童文学创作。他站得住、走得稳，对自己的作品精雕细刻，最后精准发力——这不就是当今中国儿童文学界工匠精神的具体体现和有力的证明吗？

当下，有不少人急功近利，身心浮躁，贪功求名，总想着快速成名，一夜成功，缺乏耐心、细致、精研、专业的工匠精神，因而徒劳无获。而工匠精神尤其注重工作的细节，追求完美，力求把工作做到极致，做到“零缺陷”。中国工匠精神原是中国工业文化精神的重要组成内容之一。它追求的是在工业化发展进程中的严谨、专业、耐心、专注、求精。对于工作的高度忠实和追求极致，是工匠精神的两个重要特征。而曹文轩就是这样的“文学工匠”。他持有的工匠精神使他达到了世界儿童文学的巅峰。同时，曹文轩也是一把标尺，代表着一丝不苟、精益求精、沉稳细致的文学工匠的精神。曹文轩的文学工匠精神告诉我们，任何想要依靠投机取巧就能成功的幻想，都可能是徒劳的。如果不愿意付出长久、坚忍、细致的努力，无论如何也不会取得自己预想中的成功。

曹文轩获得大奖的另一个重要原因，就是他讲的“中国故事”。曹文轩在获奖后接受新华社记者采访时说：“我的作品是独特的，只能发生在中国，但它涉及的主题寓意是全人类的。这应该是我获奖的最重要原因……我讲了一个个地地道道的中国故事，但它同时也是属于全人类的故事。”他这番话掷地有声、振聋发聩！的确，中国故事需要走出国门，与世界共同分享。而真正的中国故事，绝对不应粗制滥造，也不应展现权术、阴谋、狡诈，而应体现着诚实、善良、勤劳、勇敢、正义等中华民族传统的优秀文化和价值。曹文轩正是巧妙地运用了“世界语言”，讲出了一个个精彩的中国故事。

中国故事，其实根植于中国优秀传统文化之中，体现在24字社会主义核心价值观中。曹文轩的作品经常会讲到仁、爱，或者真、善、美，这些就是中国故事里的“世界语言”，能体现以人为本的价值观。儿童文学不是让孩子们生活在一个虚幻的美好假象中，而是要让他们懂得现实的世界和情况，活在真实的世界里，既让他们懂得真善美，也让他们看清假丑恶，这就是他的作品体现出的人性，能直接触及灵魂。曹文轩准确地把握了这一点，由此让全世界的读者相信，中国故事中的价值观，即24字社会主义核心价值观，也是全世界各民族人民的共同精神追求。

毫无疑问，中华民族一直以来就是一个多思、善思、聪颖的伟大民族，但由于种种原因，近一百多年来曾积贫积弱。然而，随着改革开放，中国迅速发展崛起，一大批潜心钻研、扎实做事的各界人士，包括曹文轩、莫言、屠呦呦等，均脱颖而出。他们秉持着工匠精神，讲述一个个中国故事，这令我们离中国梦越来越近。而在曹文轩身上体现出的众多精神中，工匠精神无疑是最值得人们深刻学习和认真思考的精神之一。秉持工匠精神，讲述中国故事，是如此的相得益彰！

学习探究

观看纪录片《大国工匠》，谈谈你的感悟，并说说你对工匠精神时代价值的理解。

第三节　践行工匠精神

一、践行工匠精神的重要性

（一）树立正确的职业道德观

当今社会，在任何一个职业的发展过程中，树立正确的职业道德观非常重要。它不仅会直接影响我们自身的工作和日常生活，而且还影响着企业的声誉、形象和文化。

职业道德的修养实质上来说就是两种相互对立的职业意识之间的思想斗争，是善与恶、正与邪、是与非之间的思想斗争。它是一个人的头脑中正在进行的不同职业思想的斗争，而不同思想的斗争反映着复杂的职业道德的关系。一个人职业道德的修养可以形象地解释为“内省”。

如何培养正确的职业道德观？首先要认真地学习政治理论知识，树立正确的世界观和科学的人生观。每个人只有自觉树立正确科学的世界观、价值观、人生观，才能坚定不移地把个人的生命意义和价值与自己所从事的职业紧紧地联系在一起，为自己所处的社会事业发展而奋斗和奉献！

其次应深刻理解和遵守职业道德的规范和要求，明辨职业意识的是非，自觉遵守职业道德的规范和要求。将职业道德规范和要求转化为个人心中的价值观和内心信念，自觉地学习和接受职业道德教育。

最后，应当掌握和学习职业社会科学的理论和丰富的科学和文化理论知识，掌握高超的技能和专业技术。

总之，职业道德观的养成是一个循序渐进、逐步提高的过程，既要培养崇高的理想，又必须从自身的根本利益出发，刻苦学习，接受新的磨炼，坚持不懈，日积月累。

（二）提高思政教育的实效性

随着我国思想政治教育的事业不断地发展、改革和创新，通过政治思想的教育引导和培养劳动者的政治思想观念，不仅能够有效地使劳动者逐步形成良好的政治社会规范，树立良好的政治道德品质，而且符合市场经济社会的思想政治实践教育活动的要求。有效地结合时代的要求与发展，构建一个科学完善的政治思想实践教育的体系，进行政治创新的教学，能切实地提高思政教育的实效性。

在移动互联网的时代下，可以有效地应用网络信息技术对劳动者进行网络辅助教学。应用时政网络平台技术构建时政信息交流平台，能够有效占据思想和政治舆情的阵地，引导劳动者积极进行政治观点的表达。应用网络平台正面提高教学效率，优化思政课程的教学方法。网络平台利用和整合了网络的教育资源，能够有效地开展内容多元于一体

的网络教育宣传活动，有效地实现企业和员工之间的互动以及思想政治心理辅导、思政教育宣传等各项的内容。切实做好课程与思政教学的优势互补，能够有效地实现了线上线下教育模式的结合，切实提高思政课堂教学的实效性与教学的趣味性。

随着互联网信息技术的不断发展，劳动者在复杂海量的互联网信息中，必须做到的是始终保持正确理智的思维和判断能力，正确思想和价值观念。通过正确的互联网信息潜移默化的引导，使得劳动者不断地深入思考和反思，切实培养和提高劳动者的思辨能力，从而充分体现和突出思想政治教育和文化教育的实效性。

（三）促进创新能力的形成

在人类认识和改造自然的实践活动中，不同的国家和民族会呈现出明显的文化差异，创新能力和自然认识水平是造成这种文化差异的重要原因。

创新能力是现代人类个体的重要生理物质进化基础和必要的心理物质进化前提。它潜在的独特性决定着人类个体的创新能力的类型、速度和水平。环境是影响个体创新能力的形成和提高的重要因素和条件。实践是衡量个体创新能力形成的基本手段和途径，也是检验个体创新能力的水平和衡量人类创新社会实践活动成果的基本尺度和标准。创新思维规律是个体创新能力形成的重要基础和关键。创新思维的基本规律是：先发散而后集中，最后分析和解决实际问题。

创新能力的独特性是指在掌握和顺利完成人类原有的知识、经验的基础上，个体在创建新事物的各种活动任务过程中表现出来的潜在的独特性和心理品质。现代人类创新能力的基本特征有：综合独特性，在观察和研究创新人物的能力及其构成时，会明显地发现创新人物的能力不是单一的，是几种能力的有机综合，这种能力的综合是独特的；结构的优化性，创新人物的能力构成呈现出明显的结构优化特征，而这种能力的结构优化是一种深层或深度的有机结合，能使人产生出意想不到的思维和创新活动。

学习探究

现在工匠精神已经深入到各行各业，谈谈工匠精神对大学生的影响和作用。

二、培养工匠精神

（一）培养一丝不苟的精神

一丝不苟的精神就是对自己的人生和事业精雕细琢的工匠精神。自古我国就有“差之毫厘，谬以千里”的说法。随着产品和制造的系统、产业的体系、社会和治理的结构日趋复杂，我们已正式进入“零误差”的时代，即使是局部、微小的技术误差和疏忽，也非常有可能铸成大错，甚至导致劳动者事业的重大失败，因而一丝不苟的工匠精神在

“零误差”的时代更加具有现实意义。

对于优秀的劳动者而言，工匠精神意味着劳动者要始终信守自己的工作承诺，做事认真，遵守纪律，因此培养劳动者一丝不苟的精神是我们继承和弘扬工匠精神的基础。通过倡导一丝不苟的工匠精神，努力积极推动企业技术创新，加强人才能力的建设，去培养和发掘优秀人才，让一批批具有工匠精神的人才和劳动者能够成为技术创新和驱动企业发展的重要主导力量。

（二）培养精益求精的精神

精益求精就是把工作做得好上加好，把技术做到极致。这是一种积极的工作态度，是一种崇高的追求，更是敬业精神的表现。精益求精应是每一名劳动者的职业准则。劳动者只有热爱工作，兢兢业业，才可能投入更多的时间和精力，实现工作的创新。如果劳动者对工作没有热情，对任务只是疲于应付，是难以有所突破的。很多发明创造、顶尖技术无不是在劳动者敬业专注、求精求新的精神状态下完成的。

由此可见，劳动者只要把精益求精作为从业的宗旨和追求，在进一步提升产品、技术以及服务的精致度、创新力和可靠性上下苦功，就一定能有突破和创新，有了突破和创新，事业才能进一步取得长足发展。

（三）培养一以贯之的精神

一以贯之就是将一个至简至易的根本道理贯通到万事万物。但凡能够有伟大作为的劳动者在做人做事中，都建立了正确的职业观和人生观，并一以贯之，坚持到底。

一以贯之是贯彻到底，不改变，一以贯之是专注坚持。正如读书学习要结合自己来体会，将自己放到情境中去思考，去行动，去坚持直到滴水穿石。

劳动者要做到一以贯之必须坚持解放思想、实事求是，必须坚持良好的思想政治路线和思想理论学风，必须要时刻着眼于新的政治思想理论、政治工作实践和新的社会发展战略目标。

学习探究 培养工匠精神应从哪些方面着手？

三、如何践行工匠精神

（一）树立平等实干的劳动观念

劳动是深入践行马克思主义实践观、发展观、矛盾观的重要实践基础。人通过劳动才能解放自己，只有深入地理解、正确地劳动，才能真正地理解和把握马克思主义的理论。

劳动者应把劳动观与中国特色社会主义新时代的要求紧密地联系起来，秉持“社会主义是干出来的，新时代也是干出来的”的信念，并且以“劳动最光荣、劳动最崇高、劳动最伟大、劳动最美丽”为目标，实现劳动事实与价值的高度协调统一。劳动赋予了广大劳动群众高尚的人生追求和特殊时代的意蕴，实现了普通无产阶级劳动者的人生价值，展现了中国特色社会主义新时代的价值观。而工匠精神则赋予了劳动新时代的内涵，拓宽了劳动的视界，升华了劳动的社会主义本质。

因此，必须在全社会大力弘扬和发展劳动光荣、知识崇高、人才宝贵、创造伟大的劳动精神新风，推动全社会热爱劳动、爱岗敬业，为推进中国特色社会主义经济事业的持续健康发展而付出宝贵的知识智慧和强大的精神力量。

坚持要通过各种劳动教育政策、措施和各项活动，引导劳动者主动树立热爱劳动的思想、不断养成热爱劳动的良好习惯，为祖国的繁荣发展做出贡献。

劳动，是工匠们保持思想政治优良本色的基本途径，是工匠们保持思想政治性的重要政治经济手段，新时代工匠精神是中国特色社会主义核心价值观的生动展现。新时代工匠精神超越时空、超越时代和地域、超越国家和民族，成为弘扬中国特色社会主义核心价值观的精神桥梁和向导。

在中国特色社会主义新时代，唯有通过劳动，实践和贯彻马克思主义的劳动观，在统筹推进“五位一体”的总体布局、协调推进“四个全面”战略布局中，突出劳动的特殊历史意义和地位，确保中华民族伟大复兴的历史巨轮始终沿着正确的航向破浪扬帆前行，才能真正展现出新一代工匠的崇高人生和境界，谱写新时代的中国特色社会主义的新篇章。

（二）发扬爱岗敬业的劳动态度

在世界经济全球化飞速发展的今天，行业的竞争已经日益加剧，企业要想在激烈的市场竞争中能够得以生存和快速的发展，员工要想在平凡的岗位中能够得以生存和发展，就要求企业员工必须进一步提高自己的素质，弘扬爱岗敬业的工作服务精神。

那么，什么是真正的爱岗敬业呢？爱岗敬业就是一个人热爱自己的职业和工作岗位，热爱自己的本职工作，用一种积极严肃认真的工作态度对待自己的职业和工作，体现在勤勤恳恳、兢兢业业，忠于职守，尽职尽责的工作服务精神和工作作风上。爱岗敬业是对于人们的工作态度的一种普遍要求。热爱本职工作，就是要求职业工作者以正确的工作态度认真对待各种职业劳动，努力培养个人热爱自己所从事的职业和工作。个人一旦真正爱上了自己的工作和职业，他的精神和身心就会很好地融合在工作中，就希望自己能在平凡的工作岗位上，做出不平凡的成绩。每个就业岗位都承担着一定的工作职能，都在社会分工中扮演重要角色。

在当今社会，就业不仅意味着一个获得生活来源，掌握一个职业谋生的手段，而且还在本质上意味着劳动者从此拥有一个能够得到社会普遍承认的正式职业身份，能够更好地履行服务社会的重要职能。只有对自己的职业和工作有兴趣才能努力做好自己的每一份本职工作。每一个工作岗位都需要有人去埋头苦干。因此，企业把人员安排到各个工作岗位上去，或许安排的某个工作岗位并不符合劳动者的工作要求，或许劳动者对这份工作并没有多少兴趣。但是，劳动者应该从符合企业发展需要的整体角度出发，培养自己的兴趣，热爱本职工作，全心投入其中。尤其是对于那些环境艰苦、繁重劳累、地点偏僻、技术性低、重复性大、具有各种危险性、承担压力大的工作，要真正做到爱岗敬业就更不容易了。在这种情况下，企业员工中依然有能够真正做到热爱自己工作岗位，并认真负责地工作，辛勤劳动的人，这些人就是最具有高尚职业品德精神的劳动者，是最值得我们的员工尊敬和学习的。

敬业就是用一种严肃的工作态度认真地对待自己的工作，勤勤恳恳、兢兢业业、忠于职守、尽职尽责的一种工作作风。如果劳动者不能尽职尽责，忠于职守，就可能会严重地影响整个企业乃至社会的正常发展，给劳动者本人及整个企业或社会造成巨大的影响和经济损失。

敬业主要包含两层基本含义：一是为了谋生而产生的敬业。这个层次的敬业中，道德的因素相对较少，个人利益的因素明显增加，有时候会因为个人得失影响自己的工作，这种敬业不应该提倡。二是真正深刻地认识到自己工作的重要性和意义而进行的敬业，这是高层次的敬业，这种内在的敬业精神，才是真正值得我们提倡、发扬的，才是能够鼓舞和激励人们勤勤恳恳，认真负责地学习和工作的强大正能量和动力。在企业中这种敬业的人才才是真正值得学习和推崇的。

爱岗和敬业是一脉相通的，是相互联系在一起的。爱岗是敬业的精神基础，敬业是爱岗的具体表现，不爱岗就很难做到真正的敬业，不敬业也很难说是真正的爱岗。爱岗敬业就是要求每个人干一行爱一行。在加快发展我国社会主义市场经济的背景下，实行的就业方式是求职者与用人单位的双向选择，求职者可以选择自己感兴趣的企业，企业可以根据岗位的要求选择合适的求职者。这种就业方式的好处是能够促使更多的求职者选择从事自己感兴趣的事业和工作，用人单位也能挑选出合适的工作人选。

爱岗敬业不能要求劳动者在同一岗位终身任职，也不可能排斥任何一个人的全面健康发展，只能要求劳动者干一行，爱一行。特别是在行业竞争、企业内部竞争日益加剧的今天，爱岗敬业的要求更严格。劳动者不仅要通过自己的努力干好本职，在一定的程度上和一定的范围内使自己做到全面健康发展，不断地增长专业知识，增长技能和才干，努力使自己成为企业的多面手，而且要根据企业自身发展的要求，做到符合企业所需的各个岗位的本职工作。

我们不能把忠于职守、爱岗敬业片面地理解为职业是绝对的、终生有效的，一生只能从事某个特定的职业。而应该选定一行就真心地爱这行。如果我们没有“干一行，爱一行”的精神，那么就很难干好本职工作，很难真正做到爱岗敬业。

那么，如何才能做到爱岗敬业呢？首先，要在思想上端正工作态度，正确处理个人理想与职业理想的密切关系。即使自己所从事的职业并非最初的职业理想，也应该兢兢业业地干好自己的本职工作。其次，要正确处理企业发展需要与个人兴趣和爱好的密切关系。当企业的需要与个人爱好和兴趣发生矛盾时，应当了解个人的基本意愿，在工作和实践中逐步地培养兴趣。增强个人的全局性和责任意识。再次，要正确处理职业与个人自身物质条件的统一关系。选择所从事职业应根据自身的条件，不能好高骛远。无论在哪一个工作岗位上，工作一天就应兢兢业业地干一天。最后，正确处理所从事的职业与个人自身物质利益的统一关系。正确的职业观点应该是做到热爱本职与人才流动相统一，人能尽其才与物能尽其用相统一。不能以追求高收入的职业为最终目标，任意跳槽。现实生活中有许多年轻人为了取得高的收入而频繁地跳槽，这样就很难真正做到爱岗敬业。

在行业发展和竞争形势日益加剧的今天，企业的管理者十分希望自己的员工爱岗敬业。市场竞争日益剧烈，要想更好地赢得国际市场、获得更大的经济利益，就必然需要广大的企业员工充分发扬爱岗敬业的精神，来帮助企业面对社会和行业间巨大的压力和竞争，发挥企业的核心竞争优势，在不断的创新和竞争中使企业得以突破性的发展，得以快速的发展，使社会和企业能够获得巨大的利益，同时爱岗敬业的劳动者也一定会在竞争中获得巨大的成功和收获，进而实现自己的事业和人生价值。每个劳动者应该从现在的工作做起，热爱自己的企业、热爱自己的工作岗位，做好自己的本职工作，在自己的工作岗位上勤勤恳恳、兢兢业业，忠于职守，尽职尽责，争做爱岗敬业的优秀员工，为自己的企业、为经济社会发展贡献自己的智慧和力量，实现自己的事业和人生价值。

（三）养成自主创新的思维能力

“创新是一个民族的灵魂，是一个国家兴旺发达的不竭动力。”在建设特色创新型国家的总体战略部署下，大学生自觉培养和提高创新能力既是国家实施科教兴国和加快建设特色创新型国家的内在要求，也是培养和提高我国大学生自身的综合能力素质的一条重要途径。在贯彻国家思想和建设特色创新型国家的总体战略部署下，大学生主动地培养和提高创新能力势在必行。

创新意识本身就是一种善于独立思考、敢于标新立异，提出新观点、新方法，解决新问题和创造新事物的创造性意识。创新意识也是个人开展创新活动的基本前提和必要条件。它直接决定着创新活动的产生和发展以及个人创新能力的发挥。马斯洛说：“创造性首先强调的是人格，而不是其成就。”创造性强调的是一个人在性格上的品质，即一切都能够造成这种性格的事物，或者说创造性强调的是一个具有创造性的生活态度的人。

创新能力是指人根据一定的目标和任务，提出新理论、新构想或发明新技术、新产品，从而产生新的发现和解决实际问题的一种能力。创新能力主要包含创新意识、创新逻辑思维、创新知识和技能、创新精神等几个基本方面。我国大学生的创新能力年龄一般在二十岁左右，是其创造活动和发展的重要时期和阶段。

虽然大学生思维敏捷、精力旺盛、思想活跃，但我国青年大学生的思维和创新能力相对较低，具体体现在以下四个方面。一是大学生好奇心强，但是创新思维意识贫乏。

一方面，我国大学生对于知识、经验的积累和技巧掌握非常快捷，已不再仅仅满足于现成的科学结论，具有强烈的兴趣和好奇心，并对于事物的基本因果和自然关系的基本规律性研究和探索越来越感兴趣，独立思考、独立作出判断的创新思维能力也开始逐步地培养和发展。另一方面，青年大学生容易在单纯的好奇上停滞不前，不敢标新立异，提出新观点、新的方法，为解决新的问题和创造新的事物而努力。二是大学生思维敏捷，但往往缺少创新的思维和方法。许多大学生随着知识和实践经验的不断积累，想象力逐渐丰富了起来，思维能力，尤其是逻辑思维的能力也有了很大程度的提高和发展。但由于其知识面窄，学科之间往往缺乏合理的知识整合，思维的方式往往是单一的和直线式的，致使大学生思考问题时往往缺乏灵活性和思维的全面性。三是大学生具有一定的创新思维想法，但缺乏创新技能。一方面，许多大学生对于创新已经具有一定的理解和认识，希望在短期学习中产生新思想与新的理论，积极地寻找新的思维方法。另一方面，许多的大学生经过长期的脑力劳动，在大脑皮层中会留下一些暂时的感觉神经联系，在特定心理因素的诱发和引领下，会在学习中产生一些创新灵感。但由于大学生缺少创新技能，虽然产生了创新的灵感，但往往缺少横向联系，最终创新灵感往往是昙花一现。所以创新技能的缺乏限制了大学生自主创新能力的进一步培养和发展。四是大学生有了创新的热情，但主动创新的精神不佳。一方面，大学生通过自主的活动去学习和接受教师的引导，有了一定的自主创新热情。但由于大学生缺乏广泛的人际沟通和对经济社会的全面深入了解，导致了大学生创新方向和目标不够明确。另一方面，大学生非常缺乏创新精神和毅力。

著名的教育学家陶行知说过“处处是创造之地，天天是创造之时，人人是创造之人。”

当代的大学生应该通过各种途径主动培养自我的创新意识和创新能力。为此，大学生必须进一步树立主动创新的意识，掌握主动创新的方法，培养主动创新的精神，逐步提高自己的创新能力。

根据建设创新型国家的重大战略部署，同时结合自身的多年大学实践观察工作经历，大学生应勤于进行实验观察，树立创新的意识。许多大学生在专业学习中，都安排了实验观察的课程。大学生应该积极地去发现并进行调研、观察和实验，努力去发现并保护自己的好奇心，激发自我求知欲，培养自己的创新意识。好奇心是一种推动人们对新鲜奇异的事物以及纷繁复杂的大千世界环境进行观察和探究的内在心理需求和倾向，是一种能够推动人们主动积极地去观察生活、观察社会的原创性探索思维的内在心理动因。观察过程是一种具有一定目的、有计划的思维和知觉，是思维知觉的高级表现形式，实验过程是培养和锻炼大学生观察能力、培养大学生创新思维意识的最好方法和重要途径。从大学生实验目的的角度上来讲，实验一般意义上可以划分为验证性的实验和探索性的实验两种。对于验证性的实验，应该充分地注重实验过程操作步骤的科学合理性和规范性，培养自己严谨的实验操作态度和作风；而对于探索性的实验，应该充分灵活地运用自己所学的理论和科学知识，对整个实验操作过程的结果进行多层次全方位的观察和预测，对多种条件和因素的影响进行取舍，对实验过程所得的信息和数据进行筛选，有一定全局性的观点并善于随机应变。

大学生应努力学习和强化课程的基础知识，掌握培养创新思维的方法。科学研究表明，人的创新能力主要来源于创新的思维，而创新的思维是基于建立合理的创新思维知识结构之上的。因此，培养大学生的创新能力，必须从构建良好的创新思维知识结构开始。没有扎实的创新思维知识结构，创新就变成了无源之水、无本之木。扎实地学好知识和经验是大学生发展和培养创新力的重要基础。获得的课程知识和实践经验越丰富、越扎实，就越善于观察和发现实际问题，就越容易开阔视野，思路就越宽广，越易于迅速产生创新的灵感，找出各种解决实际问题的途径和办法。

对于公共教育基础课程的学习要全面系统，扎实地掌握基本的知识内容及其原理；而对于大学专业课程的学习，在扎实地掌握课堂知识的基本前提下，大学生应该善于理论联系实际，了解行业的发展趋势，勇于发现、思考并解决实际问题；对于选修课程的学习，大学生应该根据自己的学习兴趣以及对大学学习的规划广泛地参与和展开自主学习，敢于大胆地跳出主要的领域进入其他的专业学科和领域，在力所能及的情况下积极参与校内或校外的选修课程。积极参与相关的科研项目，能锻炼大学生的创新精神和技能。在当今的大学生教育模式下，大学生的基础知识学习和科研实践基本上被认为是一种验证性的科研活动，而积极选择相关的研究课题并积极参与各种科研活动，可以帮助大学生在整个的科研活动中迅速发现问题，进而采用有效的研究方法和途径去解决问题。积极参与科研项目，可以培养大学生的信息加工的能力、动手操作能力、信息技术的综合运用管理能力、创新研究成果的表现能力等各种创新技能，进而帮助其提高创新能力。积极参加各种的竞赛可以培养大学生的创新精神。创新不但是一种需要付出艰苦的劳作，更是一种自我探索、一种自我尝试，是一种“闯”和“试”。积极参加各类教育科技创新竞赛活动，可以充分激发大学生的积极性，培养其自主创新开拓意识，发掘其发展潜力，培养其迎难而上、开拓进取的坚强自信心。

（四）保持脚踏实地的实践能力

“不积跬步，无以至千里；不积小流，无以成江海。”精于工、匠于心、品于行。工匠精神是一种信仰、一份责任、一种力量。在全面建成小康社会，实现中华民族伟大复兴的进程中，我们必须摒弃落伍观念和“精致的物质主义消费倾向”，抵住诱惑，回归宁静；坚决拒绝腐败，坚守初心；不忘初心，事事走心，坚持和发扬工匠精神，促进我国经济社会文明的进步。

弘扬工匠脚踏实地的精神。大国工匠在平凡的工作岗位上，从事着平凡的工作，他们将毕生热情和精力倾注在一砖一瓦、一榫一卯、一凿一斧、一针一线间，专注于每一道操作工序、每一个操作细节，脚踏实地、埋头苦干、执着坚守，数十年如一日，这种精神正是目前快节奏的社会所缺乏的“实”和“静”的精神和品质。劳动者要继承和弘扬中国工匠这种脚踏实地的精神，认真地做好自己的本职工作，不好高骛远，不心浮气躁，不喊空洞的口号，不搞各种形式主义，树立脚踏实地、求真务实的优良工作作风，把各项工作落到实处。

“心心在一艺，其艺必工；心心在一职，其职必举。”中国的工匠对每一个零件、每一道制作工序、每一个产品精心地打磨、专心地雕琢、用心制造都展现着一种工作态度和一种价值理念。在工匠的眼中只有对产品质量的精益求精、对产品制造的一丝不苟、对完美的孜孜追求。其实，无论旗袍上繁复的盘扣，抑或铜锁上质朴的花纹，再或香甜可口的鸡尾酒和茶点，这些其实都包含着中国工匠的心血，更承受了时间的沉淀。

好的产品可以被人们称为“作品”，每一件作品都离不开认真细致专注、一丝不苟、精益求精的价值观和工作态度，离不开工匠对每一道操作工序的严格把关。“精”的品质既是工匠对于产品质量的尊重和追求，也是自身的精神和品质价值的体现：干一行爱一行、专一行精一行。然而，有些人为了完成既定的任务和指标，工作敷衍塞责、草草了事，只求顺利过关，不保证产品质量、不求改进、不求创新，造成了工作疏漏、效率低下，损害了单位和自身的形象。大学生一定要继承和弘扬工匠那种受到别人爱戴的职业精神，不管在何工作单位、居何工作岗位、当何部门的角色、做何领域的工作，都一定要始终地坚持要做就做最好的态度和工作理念。只有以精益求精、高度负责的工作态度认真对待一项工作，把自己的事情做精做细做完美，才能把自己的工作干好、干出特色、干出高水平，才能在工作中找到乐趣、体现价值，才能赢得社会各界的尊重。

时代造就英雄——高级技工张雪松

张雪松，1973 年 2 月 24 日出生，中共党员，回族，技校毕业，机电一体化专业，是唐山市铁路轨道客车有限责任公司的高级技师。1992 年，张雪松在唐山机车车辆技工学校毕业后，进入了唐山市铁路轨道客车有限责任公司，先后从事过铝合金机械钳工、工具钳工、车辆钳工等工作。他本人利用自己的业余时间进修了机电一体化专业的大专课程，还学习了 PIC、CAD、英语等机械钳工相关的知识，写下了几万字的读书笔记和大量的学习心得。随着理论和技术水平的进一步提升，张雪松在生产实践中将理论知识与实际生产工作紧密地联系结合了起来，在技术革新、技术改造、技术攻关中大显身手，为唐山市铁路轨道客车有限责任公司发展带来可观而直接的社会经济效益。张雪松充分发挥自身的专业技术和特长，以点带面，将自己学到的各种制造知识和技术传授给周围的客户和工友。他通过自身的不断努力取得了高级技师的职位和资格，并将在进行磁悬浮 270 公里铝合金车体批量生产和运营中学到的经验和知识，毫无保留地传授给了班组的其他负责人和工友，为 300 公里铝合金车体的批量生产和运营打下了坚实的基础。

张雪松多次参加各级的技术培训和比赛，取得了优异的比赛成绩，被评为“全国技术能手”。2003 年，他获得河北省首届全国钳工技能大赛状元，并代表唐山市和河北省中央企业参加首届中央企业职工技能大赛，获优秀技术选手荣誉称号。2004 年，获首届中央企业职工技能大赛第三名。2006 年，获得河北省首届全国钳工技能大赛状元。同年张雪松代表唐山市和河北省中央企业参加第二届中央企业职工技能大赛，获得钳工第十名。2003 年，被授予河北省五一劳动奖章。2007 年，被授予全国五一劳动奖章。2010 年，被授予全国劳动模范。

学习探究

通过学习本章，说说你对哪位大国工匠印象深刻，从他的身上学习到了什么？结合大学生活，谈谈你将如何践行工匠精神。

Chapter Four

4

第四章

劳动法规与劳动安全

学习目标

知识目标

- 了解与实习就业、劳动安全相关的法律法规。
- 掌握《中华人民共和国劳动合同法》、《全国普通高等学校毕业生就业协议书》的关系、异同和法律效力。
- 在开展校园劳动、社会实践、顶岗实习等劳动活动时，树立劳动安全意识，掌握劳动安全方法，熟悉劳动安全法律法规。

素质目标

- 注重安全意识，提高自我保护能力。
- 学会运用法律武器武装自己。
- 掌握一定的急救技能。

第一节 劳动法律法规与劳动保护

2007年以来，我国陆续实施了《中华人民共和国劳动合同法》《中华人民共和国就业促进法》《中华人民共和国劳动争议调解仲裁法》《中华人民共和国社会保险法》等劳动与社会保障方面的法律，并成为调整劳动关系的重要依据。

《中华人民共和国宪法》《中华人民共和国劳动法》《普通高等学校毕业生就业工作暂行规定》等法律法规和政策明确规定了大学生在就业过程中享有双向选择、自主择业、公平竞争、平等就业、隐私保护等权利。《中华人民共和国民法通则》《中华人民共和国劳动合同法》《中华人民共和国就业促进法》《普通高等学校毕业生就业工作暂行规定》《职业学校学生实习管理规定》等法律法规对大学生在就业过程中所牵连的或者可能出现的法律问题做了规定。其中《中华人民共和国劳动合同法》基本包括了《中华人民共和国劳动法》的内容，其实用性和针对性较强，更便于理解和掌握。

一、劳动法律法规

（一）《中华人民共和国劳动合同法》具体内容

1.《中华人民共和国劳动合同法》的适用范围

《中华人民共和国劳动合同法》第二条规定了该法的适用范围：中华人民共和国境内的企业、个体经济组织、民办非企业单位等组织与劳动者建立劳动关系，订立、履行、变更、解除或者终止劳动合同。

不管是中华人民共和国境内的企业、个体经济组织，还是民办非企业单位，只要与劳动者建立了劳动关系，就应当签订劳动合同。而只要签订劳动合同，都要依照《中华人民共和国劳动合同法》执行。

特别需要注意的是：只有等到毕业后才可以正式签订劳动合同，毕业前参与顶岗实习应签订三方协议。大学生兼职不适用《中华人民共和国劳动合同法》。大学生的主要任务是学习，其本身不算是正常劳动者，其仍属于学校统一管理，不具有出卖人力资源换取报酬的资格，兼职主要是为了增加社会实践经验，一般而言是不签订劳动合同的，只签订实践用工协议或实习协议、勤工俭学协议等，这是属于劳务的一种。原劳动部颁发的《关于贯彻执行〈中华人民共和国劳动法〉若干问题的意见》中第12条规定："在校生利用业余时间勤工助学，不视为就业，未建立劳动关系，可以不签订劳动合同。"

2. 雇佣合同与劳动合同的区别

（1）主体资格不同　劳动合同的主体包括用人单位和劳动者。用人单位是指中华人民共和国境内的企业、个体经济组织、民办非企业单位等组织。在劳动合同中，劳动者与用人单位提供的生产资料相结合，从而实现劳动的社会化，而且劳动者已经成为该经济组织中的一员，与用人单位具有身份上的从属性和依附性，这也是其与雇佣合同最大区别之所在。在雇佣合同中，其主体并不具有上述的限制，雇佣合同主体之间的法律地位完全平等、相互独立，不具有身份上的从属性和依附性。

（2）国家干预的力度不同　劳动合同的建立虽然也体现了当事人的意思，但它更强调国家意志的主体地位。为了规范劳动合同双方的权利和义务，国家的干预贯穿于劳动合同履行的始终。而在雇佣合同中，主体双方是完全平等的，在合同的签订、变更、解除的过程中以当事人的意思表示为主，国家基本不做干预。

（3）争议的处理方式不同　劳动争议的处理受《中华人民共和国劳动法》的调整，而且其处理的程序是仲裁前置，即对于劳动争议须经过劳动争议仲裁委员会的仲裁，对仲裁不服的当事人方可起诉。而在雇佣关系中发生的争议则主要由《中华人民共和国民法通则》进行调整，发生纠纷后当事人可直接诉诸法院，而无需受仲裁前置之限。

（4）合同当事人双方的权利、义务不同　在劳动合同中，劳动法律关系的存在具有相对的稳定性，用人单位负有为劳动者交纳养老保险、医疗保险、失业保险等社会保险的义务；而在雇佣合同中，其稳定性较差，雇主也没有为受雇人缴纳社会保险的义务。

（5）风险负担不同　在劳动关系中，劳动者“在执行职务中致人损害的”，应由用人单位承担民事责任。劳动者若发生工伤，可按《工伤保险条例》的相关规定处理。在雇佣关系中，“雇员在从事雇佣活动中致人损害的”，依《最高人民法院关于审理人身损害赔偿案件适用法律若干问题的解释》第九条，雇主应当承担赔偿责任；雇员因故意或者重大过失致人损害的，应当与雇主承担连带赔偿责任；雇主承担连带赔偿责任的，可以向雇员追偿。而当“雇员在从事雇佣活动中遭受人身损害”的，依《最高人民法院关于审理人身损害赔偿案件适用法律若干问题的解释》第十一条和其他相关条文处理。

3. 签订劳动合同的注意事项

1）已建立劳动关系，未同时订立书面劳动合同的，应当自用工之日起一个月内订立书面劳动合同。

2）劳动合同必须有用人单位和劳动者的相关信息。

3）劳动合同分为固定期限劳动合同、无固定期限劳动合同和以完成一定工作任务为期限的劳动合同。

4）劳动合同或合同附件写明入职后的工作内容和工作地点。有些用人单位的工作内容是另附《岗位说明书》的形式，此说明书作为劳动合同的附件，也具有法律效力。

5）劳动合同或合同附件写明工作时间和休息休假的安排。“工作时间和休息休假的安排”可能会以用人单位规章制度的形式写明，同样也是作为劳动合同的附件，只要不与法律法规冲突，也具有法律效力。

6）劳动报酬和社会保险。有些用人单位会直接在劳动合同上写明劳动报酬，有些用人单位会以录取通知书的方式进行补充，作为劳动合同的附件。

4. 劳动关系的确认

劳动合同依法订立即具有法律约束力，劳动合同的生效时间一般应从劳动合同签订时，双方当事人在劳动合同文本上签字或盖章之日起计算。签字日期与合同约定的日期应是同样的。如果双方当事人在合同中明确约定合同生效的日期，则合同生效日期可以晚于签字日期。对于劳动合同终止的截止日期的计算，应以劳动合同期限终止日期最后一天的24时为准。如果有工作任务超过最后一天24时的，应以完成工作任务的时间作为合同终止的时间。需要注意的是：劳动合同成立并不代表劳动关系成立。《中华人民共和国劳动合同法》第七条规定，用人单位自用工之日起即与劳动者建立劳动关系。所以，劳动关系是从用工之日起才成立。

5. 劳动合同的分类

（1）录用合同　指用人单位在国家劳动部门下达的劳动指标内，通过公开招收、择优录用的方式订立的劳动合同。录用合同一般适用于招收普通劳动者。目前，全民所有制企业、国家机关、事业单位、社会团体等用人单位招收录用劳动合同的特点是：用人单位按照预先规定的条件，面向社会，公开招收劳动者；应招者根据用人单位公布的条件，自愿报名；用人单位全面考核、择优录用劳动者；双方签订劳动合同。

（2）聘用合同　指用人单位通过向特定的劳动者发聘书的方式，直接建立劳动关系的合同，也叫聘任合同。这种合同一般适用于招聘有技术业务专长的特定劳动者，如企业聘请技术顾问、法律顾问等。

（3）借调合同　指借调单位、被借调单位与借调职工个人之间，为借调职工从事某种工作，明确相互责任、权利和义务的协议，也叫借用合同。借调合同一般适用于借调单位急需的工人或职工。当借调合同终止时，借调职工仍然回原单位工作。

6. 劳动合同期限类型

（1）固定期限的劳动合同　指企业等用人单位与劳动者订立的有一定期限的劳动协议。合同期限届满，双方当事人的劳动法律关系即行终止。如果双方同意，还可以续订合同，延长期限。

（2）无固定期限的劳动合同　指企业等用人单位与劳动者订立的，没有期限规定的劳动协议。劳动者在参加工作后，长期在一个企业等用人单位内从事生产或工作，不得无故离职，用人单位也不得无故辞退。这种合同一般适用于技术性较强，需要持续进行的工作岗位。

（3）以完成一定工作为期限的劳动合同　指以劳动者所担负的工作任务来确定合同期限的劳动合同。如以完成某项科研，以及带有临时性、季节性的劳动合同。合同双方当事人在合同存续期间建立的是劳动法律关系，劳动者要加入劳动单位集体，遵守劳动单位内部规则，享受某种劳动保险待遇。

7. 劳动合同的履行与变更

（1）劳动合同的履行　指劳动合同生效后，双方当事人按照劳动合同的约定，完成各自承担的义务而实现各自享受的权利，使双方当事人订立合同的目的得以实现的法律行为。

（2）劳动合同的变更　劳动合同的变更应当采用书面形式。变更后的劳动合同文本由用人单位和劳动者各执一份。变更劳动合同原则：平等自愿、协商一致。劳动合同的变更不得违反法律、行政法规的规定。未对变更劳动合同达成一致意见的，任何一方都不得擅自变更劳动合同。

如果用人单位根据工作需要调整劳动者的工作岗位，可以与劳动者协商一致，变更劳动合同的相关内容；如果因劳动者不能胜任工作而变更、调整工作岗位，则属于用人单位的自主权，用人单位可以根据需要变更劳动合同。

8. 劳动合同的解除与终止

（1）劳动合同的解除　指当事人双方提前终止劳动合同的法律效力，解除双方的权利义务关系。劳动合同解除情形根据《中华人民共和国劳动合同法》的规定，劳动合同解除分为：协商解除劳动合同、劳动者提前通知解除劳动合同、劳动者单方解除劳动合同、用人单位单方解除劳动合同（过失性辞退）、无过失性辞退和经济性裁员。

（2）劳动合同的终止　终止劳动合同是企业劳动合同法律效力的终止，也就是双方当事人之间劳动关系的终结。

《中华人民共和国劳动合同法》第四十四条规定，有下列情形之一的，劳动合同终止：

①劳动合同期满的；

②劳动者开始依法享受基本养老保险待遇的；

③劳动者死亡，或者被人民法院宣告死亡或者宣告失踪的；

④用人单位被依法宣告破产的；

⑤用人单位被吊销营业执照、责令关闭、撤销或者用人单位决定提前解散的；

⑥法律、行政法规规定的其他情形。

因此，当出现《劳动合同法》规定的上述事实之一时，劳动合同即行终止。

（3）终止劳动合同经济补偿问题　《中华人民共和国劳动合同法》第四十七条规定，经济补偿按劳动者在本单位工作的年限，每满一年支付一个月工资的标准向劳动者支付。六个月以上不满一年的，按一年计算；不满六个月的，向劳动者支付半个月工资的经济补偿。劳动者月工资高于用人单位所在直辖市、设区的市级人民政府公布的本地区上年度职工月平均工资三倍的，向其支付经济补偿的标准按职工月平均工资三倍的数额支付，向其支付经济补偿的年限最高不超过十二年。本条所称月工资是指劳动者在劳动合同解除或者终止前十二个月的平均工资。

（二）大学生就业法律常识

大学生在实际的就业过程中总会遇到各种问题，相关的法律常识可以有效地维护大学生的权益。

1. 大学生就业时经常遇到的就业歧视问题

大学生在找工作时，可能会遇到一些就业限制，如仅限“双一流”毕业生；仅限男生等。

在我国的相关法律中，《中华人民共和国宪法》第三十三条规定“中华人民共和国公民在法律面前一律平等”；《中华人民共和国劳动法》第三条规定“劳动者享有平等就业和选择职业的权利”；《中华人民共和国就业促进法》第三章为“公平就业”。虽然我国目前并没有专门的反就业歧视法律，但明确规定了劳动者就业和平等就业的权利。

2. 签订就业协议书时需要注意的法律问题

很多大学生费尽周折找到一份比较满意的工作，但因为缺少一定的法律知识，在签订就业协议时权益受到侵害，例如，节假日休息问题及加班费问题等。

《中华人民共和国劳动法》第三十六条规定“国家实行劳动者每日工作时间不超过八小时、平均每周工作时间不超过四十四小时的工时制度。”同时，第四十四条规定“有下列情形之一的，用人单位应当按照下列标准支付高于劳动者正常工作时间工资的工资报酬：（一）安排劳动者延长工作时间的，支付不低于工资的百分之一百五十的工资报酬；（二）休息日安排劳动者工作又不能安排补休的，支付不低于工资的百分之二百的工资报酬；（三）法定休假日安排劳动者工作的，支付不低于工资的百分之三百的工资报酬。”

3. 签订劳动合同时的注意事项

（1）试用期的相关常识　大学生就业时比较关注的一个问题就是试用期问题。关于试用期问题我国法律是有专门规定的。《中华人民共和国劳动合同法》第十九条规定“劳动合同期限三个月以上不满一年的，试用期不得超过一个月；劳动合同期限一年以上不满三年的，试用期不得超过二个月；三年以上固定期限和无固定期限的劳动合同，试用期不得超过六个月。”

（2）签订劳动合同时的问题　关于劳动合同的签订，《中华人民共和国劳动合同法》第十七条规定“劳动合同应当具备以下条款：（一）用人单位的名称、住所和法定代表人或者主要负责人；（二）劳动者的姓名、住址和居民身份证或者其他有效身份证件号码；（三）劳动合同期限；（四）工作内容和工作地点；（五）工作时间和休息休假；（六）劳动报酬；（七）社会保险；（八）劳动保护、劳动条件和职业危害防护；（九）法律、法规规定应当纳入劳动合同的其他事项。”《中华人民共和国劳动法》对用人单位和劳动者在社会保险和福利问题上也有明确的规定。

2011 年 6 月 18 日，武汉大学 2011 届毕业生朱某、联诚公司与武汉大学签订《全国普通高等学校毕业生就业协议书》，三方约定朱某大学毕业后应聘到联诚公司工作。2011 年 7 月 23 日，朱某入职联诚公司工作至 2012 年 11 月，期间双方未签订书面劳动合同。朱某于 2012 年 12 月 3 日向湛江市劳动人事争议调解仲裁委员会申请仲裁，要求联诚公司支付 2011 年 8 月至 2012 年 5 月的双倍工资 29139. 50 元。2013 年 1 月 6 日，湛江市劳动人事争议调解仲裁委员会作出仲裁裁决：联诚公司一次性支付朱某二倍工资差额 17900 元。联诚公司不服该裁决，遂向原审法院提起诉讼，原审法院根据认定的事实判决联诚公司赔偿朱某二倍工资差额 17900 元。联诚公司不服又提起上诉，理由为：朱某在劳动仲裁阶段提交的就业协议书，可视为劳动合同，首先，该协议是三方对建立劳动关系的真实意思表示，约定的内容包括工作地点、工作岗位、薪酬以及社会保险等，已经具备劳动合同的基本要素；其次，按该协议的第十五条约定，该协议的终止，是在双方签订新的劳动合同之后，而不是朱某所说的，用人单位正式接收后，就业协议就自动终止；最后，该协议在劳动关系存续期间对劳动者和用人单位都具有约束力，不遵守协议的一方，须承担违约责任。法院认为本案的主要争议焦点为：该毕业生就业协议是否为劳动合同，由于劳动者和用人单位在该就业协议书中对劳动合同期限、工作内容和工作地点、工作时间和休息休假、劳动报酬、社会保险、劳动保护、劳动条件等劳动合同的必备条款均没有约定，且该协议明确载明“本协议是联诚公司与朱某在正式确立劳动人事关系前，经双向选择，双方互为确认对方相关信息真实可靠并承诺在本协议规定的期限内建立劳动人事就业关系的依据；联诚公司与朱某订立劳动合同（聘用合同）后，本协议自动终止”。可见，该协议是双方正式确立劳动关系前互为确认对方相关信息真实可靠并承诺在期限内建立劳动关系的协议，而并非属于劳动合同。经审理，法院维持原判。

案例分析：

就本案来看，劳动者和用人单位是否签订劳动合同是案件的核心。因为《中华人民共和国劳动合同法》第八十二条规定“用人单位自用工之日起超过一个月不满一年未与劳动者订立书面劳动合同的，应当向劳动者每月支付二倍的工资。”所以，有无劳动合同对原被告双方的利益影响甚大。用人单位主张就业协议即是劳动合同，其最主要的观点在于就业协议中已具备了劳动合同的基本要素。法院在审理后，认为就业协议中虽然具备劳动合同的基本要素，但该协议本质上是用来核实就业双方信息的真实性，并不是建立劳动关系的依据，所以就业协议并不能作为劳动合同。

案例中所反映的问题在毕业生的就业过程中时有发生。在同类的纠纷案中，几乎所有用人单位的辩解理由与案例中原告所述一样，他们认为“三方协议”（即《全国普通高等学校毕业生就业协议》）中已就毕业生的工作内容、工作范围、劳动时间、薪酬等作出了具体规定，因而可以把“三方协议”视为劳动合同，这明显混淆了三方就业协议与劳动合同的性质。《中华人民共和国劳动合同法》第十条规定“已建立劳动关系，未同时订立书面劳动合同的，应当自用工之日起一个月内订立书面劳动合同。”由于对二者在法律上的区分不足，在常规程序下，用人单位不与毕业生签订劳动合同，这本身就是一种违法行为。

二、劳动关系确立

劳动关系，是指用人单位与劳动者之间，依法所确立的劳动过程中的权利义务关系。《中华人民共和国劳动合同法》第十条规定“建立劳动关系，应当订立书面劳动合同。已建立劳动关系，未同时订立书面劳动合同的，应当自用工之日起一个月内订立书面劳动合同。用人单位与劳动者在用工前订立劳动合同的，劳动关系自用工之日起建立。”

当前我国高校毕业生与用人单位确立录用关系，一般采用两类书面文本：一类采用国家教育行政部门统一核发的就业协议书，由用人单位与毕业生及所在高校一起订立《全国普通高等学校毕业生就业协议书》（以下简称为就业协议），即“三方协议”；一类是由用人单位直接与毕业生签订劳动合同。

（一）就业协议与劳动合同的作用

就业协议是明确毕业生、用人单位、学校三方在毕业生就业工作中的权利和义务的书面表现形式，能解决应届毕业生户籍、档案、保险、公积金等一系列相关问题。就业协议在毕业生到用人单位报到、用人单位正式接收后自行终止。就业协议一般由国家教育部或各省、市、自治区就业主管部门统一制表。

《中华人民共和国劳动法》第十六条规定“劳动合同是劳动者与用人单位确立劳动关系、明确双方权利和义务的协议。”根据这个协议，劳动者成为用人单位的一员，承担一定的工种、岗位或职务工作，并遵守所在单位的内部劳动规则和其他规章制度；用人单位应及时安排被录用的劳动者工作，按照劳动者提供劳动的数量和质量支付劳动报酬，并且根据劳动法律、法规规定和劳动合同的约定提供必要的劳动条件，保证劳动者享有劳动保护及社会保险、福利等权利和待遇。

（二）就业协议与劳动合同的关系

就业协议与劳动合同是用人单位录用毕业生时所订立的书面协议，但两者分处两个相互联系的不同阶段，表现在：

毕业生就业协议是毕业生在校时，由学校参与见证，与用人单位协商签订，是编制毕业生就业计划方案和毕业生派遣的依据。劳动合同是毕业生与用人单位明确劳动关系中权利义务关系的协议，学校不是劳动合同的主体，也不是劳动合同的见证方，劳动合同是上岗毕业生从事何种岗位、享受何种待遇等权利和义务的依据。

毕业生就业协议的内容主要是毕业生如实介绍自身情况，并表示愿意到用人单位就业，用人单位表示愿意接收毕业生，学校同意推荐毕业生列入就业计划进行派遣。劳动合同的内容涉及劳动报酬、劳动保护、工作内容、劳动纪律等，更为具体，劳动权利义务更为明确。

一般来说，就业协议签订在前，劳动合同订立在后，如果毕业生与用人单位就工资待遇、住房等有事先约定，亦可在就业协议备注条款中予以注明，日后订立劳动合同时，对此内容应予认可。

就业协议是毕业生和用人单位关于将来就业意向的初步约定，对于双方的基本条件以及即将签订劳动合同的部分基本内容大体认可，并经用人单位的上级主管部门和高校就业部门同意和见证，一经毕业生、学校、用人单位主管部门签字盖章，即具有一定的法律效力，是编制毕业生就业计划和将来可能发生违约情况时的判断依据。

（三）就业协议与劳动合同的异同

1. 相同点

（1）主要目的相同　二者都是为了让高校毕业生与用人单位通过协商形成有关录用关系的权利与义务关系。

（2）法律关系相同　二者都确立了高校毕业生与用人单位的录用法律关系。高校毕业生拥有和应该履行到签约单位和指定的岗位工作的权利和义务，并获得相应工作条件和约定福利待遇的权利，应该履行提供特定劳动的工作义务；用人单位拥有要求和应该履行签约毕业生到本单位和指定工作岗位工作的请求权和接受义务，用人单位获得签约毕业生提供特定劳动的权利，同时应该履行提供约定工作条件和福利待遇的义务。

（3）基本功能相同　不论高校毕业生与用人单位签订的是就业协议还是劳动合同，高校和教育行政管理部门都认可两种书面文本，都可作为签发就业报到证、统计就业情况以及为毕业生办理户口档案转迁的依据。

2. 不同点

（1）主体不同　就业协议是毕业生、用人单位和学校共同签署的协议，它存在三方主体。劳动合同只有劳动者和用人单位双方主体。

（2）依据不同　就业协议依据的是教育部颁发的部门规章，劳动合同依据的是《中华人民共和国劳动法》和《中华人民共和国劳动合同法》。

（3）内容差异　就业协议可规定毕业生自身情况、就业意向、用人单位同意接收、学校派遣等。而在劳动合同中，必须依法明确劳动合同期限、工作内容、劳动保护和劳动条件、劳动报酬和劳动纪律、合同终止条件、以及违反合同的责任等必备条款。除此之外，双方还可以协商约定其他内容，在具体涉及某项时还可以优先适用本地地方法规和规章。

(4) 劳动报酬不同　就业协议是按等价有偿的市场原则支付，完全由协商确定。但在劳动合同中，用人单位按照劳动的数量和质量及国家的有关规定给付劳动报酬，体现按劳分配的原则。

(5) 签订时期不同　就业协议一般在学生毕业前签订，正式签订劳动合同只有等到毕业后才可以签订。

(6) 效力不同　就业协议只是毕业生在“择业”过程中签订的协议，其效力始于签订之日，终于毕业生与用人单位签订劳动合同之时。劳动合同的有效期，是劳动者与用人单位以合同方式确定的，除法律规定的情形外，双方不得随意变更、中止。对毕业生来说，到用人单位报到后，在双方签订劳动合同之后，原就业协议随之失效。从这点来看，就业协议不能替代劳动合同。

(四) 就业协议与劳动合同中违约金的不同法律效力

1. 就业协议中违约金的法律效力

只要毕业生、用人单位和学校三方签订了就业协议，毕业生和用人单位之间的就业法律关系就随之确立，就业协议即具备了约束力和强制力。如果双方在签订就业协议时约定了违约金，那么如果一方违约，违约方即有给付违约金的义务。如果用人单位不能接受毕业生来单位工作或者不能提供约定的工作条件和福利待遇，需支付给毕业生在协议中约定的违约金。同样，如果毕业生不能到与之签订就业协议的用人单位报到、工作或者对自身的工作能力和专业知识提供虚假信息的，那么毕业生需向用人单位支付违约金。

2. 劳动合同中违约金的法律效力

高校毕业生与用人单位签订劳动合同，除了约定服务期和竞业限制两种情况外，如果双方再根据其他情况约定由高校毕业生承担违约金，则违反《中华人民共和国劳动合同法》的规定，约定对合同当事人双方无约束力，约定无效。如果用人单位违约，根据《中华人民共和国劳动合同法》，用人单位应向高校毕业生支付经济补偿或赔偿金。

2019 年 5 月，河南某大学与某市某企业签订了实习协议，双方约定：该大学向这家企业提供实习学生 58 名，企业对实习学生进行实习教学，实习期限为 2019 年 5 月 8 日至 11 月 7 日。同年 5 月郑某等 3 人被学校委派到该企业实习，从事技术员工作。7 月 1 日，3 位学生在学校正常领取了大学毕业证书，随后 3 人提出，他们已经属于毕业生，而不再是学校委派的实习生，企业应当给予他们正常劳动者的待遇。此要求遭到企业拒绝，学校和企业都认为只有实习期满才能获得正式员工的待遇。9 月 24 日，郑某等 3 位毕业生决定离开该企业，但该企业坚持不向3人发放9月份工资，双方为工资给付等问题产生了劳动争议。10月26日，3人向该市人民法院提起诉讼。受理案件后，办案法官最终使双方达成调解协议。12月27日，郑某等3位毕业生拿到了应得的工资。

案例分析：

本案中，3名大学生从2019年5月到2019年6月30日属于实习生，企业不按正式员工为其发放工资并不违法。但自2019年7月1日3名大学生拿到毕业证之日起，他们就属于毕业生，不再是学校委派的实习生，如果他们继续为企业工作，那企业就必须给予他们正常劳动者的待遇。《中华人民共和国劳动合同法》第七条规定“用人单位自用工之日起即与劳动者建立劳动关系。”《中华人民共和国劳动合同法》第十条规定“建立劳动关系，应当签订书面劳动合同。已建立劳动关系，未同时订立书面劳动合同的，应当自用工之日起一个月内订立书面劳动合同。”

因此，只要企业用工开始，即认为劳动者与用人单位已经确定了劳动关系，不管双方是否签订书面劳动合同，用人单位应向劳动者支付劳动报酬。

典型案例

范某2015年9月起就读广东某大学。自2019年1月14日始，范某到广州某信息科技有限公司（以下简称信息公司）工作，并于2019年4月28日签订了《全国普通高等学校毕业生就业协议书》，约定范某在信息公司从事销售工作，服务期3年，试用期2个月，从2019年5月1日起计，收入为3200元/月，试用期满后收入为4000元/月等。2019年6月28日范某毕业后，继续在信息公司就职，服从信息公司的管理，提供劳动（包括出差），领取报酬。双方没有订立书面劳动合同。2019年7月31日范某离职。

仲裁裁决：一、确认范某与信息公司自2019年6月28日起至2019年7月31日止存在劳动关系；二、信息公司一次性支付范某2019年7月1日至2019年7月31日的工资4000元、经济补偿金2000元、2019年7月28日至2019年7月31日未订立书面劳动合同的工资516.13元。裁决后，范某不服，向一审法院起诉。

裁判结果：一审法院判决，双方自2019年5月1日起至2019年7月31日止存在劳动关系。信息公司向范某支付2019年7月1日至2019年7月31日的工资4000元、经济补偿金2000元、未订立书面劳动合同的工资8000元等。判后，信息公司不服上诉。二审判决驳回上诉，维持原判。

现行法律规定并没有将在校大学生排除在适用主体之外，因此，劳动者的学生身份并不必然成为其作为劳动主体资格的限制。在校大学生为完成学习任务或因勤工俭学到用人单位提供劳动的，双方不构成劳动关系。但如果在校大学生以就业为目的进入用人单位，双方用工关系符合劳动关系实质特征，应认定为劳动关系，不应以大学生尚未毕业而否认双方存在劳动关系。

本案中，范某以就业为目的入职信息公司，范某入职时已满18周岁，双方签订的《全国普通高等学校毕业生就业协议书》明确了岗位、服务期、试用期以及报酬等情况，范某接受信息公司的管理，从事信息公司安排的劳动，信息公司按月向范某支付工资并报销差旅费，双方用工关系符合劳动关系的基本特征，应认定成立劳动关系。

三、劳动争议与仲裁

（一）劳动争议的概念

劳动争议指的是劳动争议双方当事人之间所产生的矛盾及用人单位或用人单位集体与工会之间围绕权利、义务以及相关利益所发生的争议。

（二）劳动争议受案范围

1）因确认劳动关系发生的争议。

2）因订立、履行、变更、解除和终止劳动合同发生的争议。

3）因除名、辞退和辞职、离职发生的争议。

4）因工作时间、休息休假、社会保险、福利、培训以及劳动保护发生的争议。

5）因劳动报酬、工伤医疗费、经济补偿或者赔偿金等发生的争议。

6）法律、法规规定的其他劳动争议。

（三）我国劳动争议的解决途径

现行法律对劳动争议的解决有特殊的规定。首先，《中华人民共和国劳动法》第七十七条规定，用人单位与劳动者发生劳动争议，当事人可以依法申请调解、仲裁、提起诉讼，也可以协商解决。《中华人民共和国劳动争议调解仲裁法》第一条规定，为了公正及时解决劳动争议，保护当事人合法权益，促进劳动关系和谐稳定，制定本法；第三条规定，解决劳动争议，应当根据事实，遵循合法、公正、及时、着重调解的原则，依法保护当事人的合法权益。

《中华人民共和国劳动法》第七十九条规定，劳动争议发生后，当事人可以向本单位劳动争议调解委员会申请调解；调解不成，当事人一方要求仲裁的，可以向劳动争议仲裁委员会申请仲裁。当事人一方也可以直接向劳动争议仲裁委员会申请仲裁。对仲裁裁决不服的，可以向人民法院提起诉讼。

1. 通过劳动争议和解解决劳动争议

劳动争议和解是指劳动者和用人单位之间在双方都自愿的基础上，在没有第三方参与的情况下双方自己就劳动争议通过和平协商的方式来解决矛盾。和解是一种最简单，最和谐，也是解决争议中最具有效率的方式。

2. 通过劳动争议调解解决劳动争议

劳动争议调解指劳动争议双方当事人在由依法在企业内部成立的调解小组的组织下通过调解的方式解决双方之间的矛盾。劳动争议调解委员会的设立目的就是为了在第一时间解决劳动争议，主要由劳动者、企业、工会三方代表组成，是在职工代表大会的领导下开展相应的调解工作，这个组织在进行劳动争议调解工作的时候不受用人单位行政部门的干预，在用人单位中有着相对独立的地位。

3. 通过劳动争议仲裁解决劳动争议

劳动争议仲裁，是指劳动争议仲裁机构以第三方的角色根据相关法律法规的授权或是劳动争议一方或双方当事人的申请，站在中立的角度对争议焦点进行调解并针对矛盾作出符合逻辑的判断和裁决的一系列相关法律活动。劳动争议仲裁是我国处理劳动矛盾的一种基本形式，对解决劳动者与用人单位之间的矛盾具有不可替代的作用。

4. 通过劳动争议诉讼解决劳动争议

劳动争议诉讼是一种司法活动，作为诉讼的一种形式，它必须在当事人对仲裁裁决有异议的情况下提起才能启动程序。它与上述所论述到的和解、调解、仲裁三种解决形式存在明显的差异，具体表现在：劳动争议诉讼依据的是双方当事人的诉讼权利，而民事权利是公民依法所享有的请求国家给予民事诉讼保护的权利，也就是公民请求人民法院依法行使司法权来解决民事纠纷，从而保护自身合法民事权益的权利。

（四）劳动争议仲裁运行的流程（图 4－1）

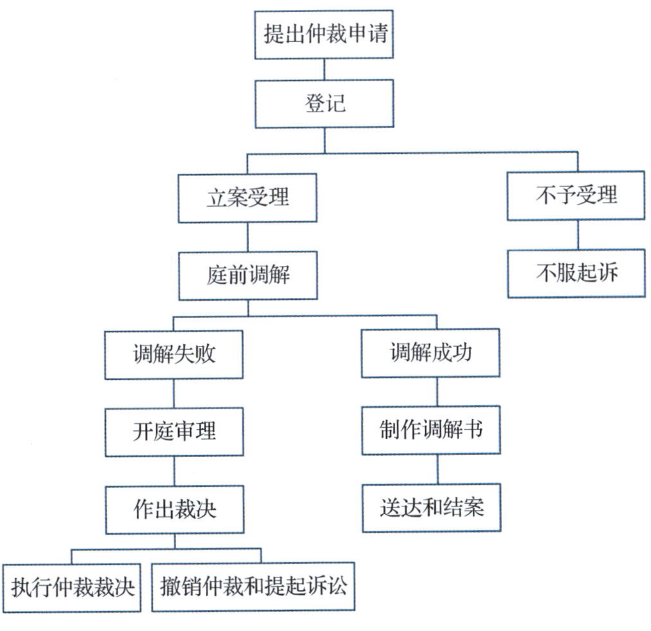

图 4－1　劳动争议仲裁运行的流程

（五）劳动争议仲裁申请时效

《中华人民共和国劳动法》第八十二条规定，提出仲裁要求的一方应当自劳动争议发生之日起六十日内向劳动争议仲裁委员会提出书面申请。仲裁裁决一般应在收到仲裁申请的六十日内作出。对仲裁裁决无异议的，当事人必须履行。

《中华人民共和国劳动法》第八十三条规定，劳动争议当事人对仲裁裁决不服的，可以自收到仲裁裁决书之日起十五日内向人民法院提起诉讼。一方当事人在法定期限内不起诉又不履行仲裁裁决的，另一方当事人可以申请人民法院强制执行。

《中华人民共和国劳动争议调解仲裁法》第二十七条规定，劳动争议申请仲裁的时效期间为一年。仲裁时效期间从当事人知道或者应当知道其权利被侵害之日起计算。

某高校毕业生小张通过参加招聘会找到一份不错的工作，双方签订劳动合同，正式建立劳动关系后，小张发现用人单位并没有依照劳动合同所约定的承诺支付劳动报酬。小张多次与用人单位交涉未果，随后，其与用人单位大吵一顿，甩袖而去。事隔 3 个月后，小张欲通过法律途径维护合法权益，被告之已错失法律的最佳保护时机。

现行法律对劳动争议的解决有特殊的规定。首先，《中华人民共和国劳动法》第七十七条规定“用人单位与劳动者发生劳动争议，当事人可以依法申请调解、仲裁、提起诉讼，也可以协商解决。”其次，《中华人民共和国劳动法》第八十二条规定“提出仲裁要求的一方应当自劳动争议发生之日起60日内向劳动争议仲裁委员会提出书面申请，仲裁裁决一般应在收到仲裁申请的60日内作出。对仲裁裁决无异议的，当事人必须履行。”再次，根据《中华人民共和国劳动法》第八十三条规定“劳动争议当事人对仲裁裁决不服的，可以自收到仲裁裁决书之日起十五日内向人民法院提起诉讼。一方当事人在法定期限内不起诉又不履行仲裁裁决的，另一方当事人可以申请人民法院强制执行。”所以，本案中的小张通过协商、调解的方式与用人单位无法解决因合同的履行而引发的劳动争议，他有权利自劳动争议发生之日起60日内依法提起仲裁申请，但由于欠缺法律常识，小张在3个月后才提起仲裁，已过仲裁时效。

在劳动关系正式确立之后，如果因劳动合同的履行而发生争议，可以通过调解或协商的方式解决。如不能解决，可以从知道或应当知道其权利被侵害之日起60日内，以书面形式向仲裁委员会申请仲裁。不服劳动争议仲裁委员会做出的劳动争议仲裁，可以自收到仲裁裁决书起15日内向人民法院提起民事诉讼。如果出现劳动争议，应该采取法律规定的方式解决，切不可像本案中的小张因为一时的不理智而错失法律保护时效。

四、劳动保护

（一）大学生实习期劳动权益保护

1. 实习权

实习权指每一名大学生都有到用人单位进行实习的权利，学校和用人单位不得因为性别、学校、户籍等因素限制大学生实习的权利，而大学生进行实习时，也可以根据自身所学的专业、自己的性格特点等，自主选择适合自己的实习单位。

2. 劳动报酬权

劳动报酬权是依照劳动法律关系，以按劳分配为原则，用人单位支付报酬的权利。实习的大学生有按照自己提供劳动的数量和质量取得报酬的权利，其内容可以分为劳动报酬协商权、劳动报酬请求权、劳动报酬支配权。劳动报酬协商权指大学生可以与用人单位约定实习的劳动报酬；劳动报酬请求权指实习大学生有按照约定请求报酬的权利；劳动报酬支配权指实习的大学生可以独立支配和管理自己劳动报酬的权利。

3. 休息权

《中华人民共和国劳动法》中明确规定了劳动者享有休息休假的权利。同样，实习的大学生享有休息权，其意义就是使实习生的精力和体力得以恢复，劳逸结合，保持身心的健康，以便于更好地投入到工作当中。

4. 劳动安全卫生权

劳动安全卫生权又称为劳动保护，是对劳动者生命权、健康权的具体保障。大学生实习期的劳动安全卫生权也是保护实习生生命权和健康权的重要措施。其具体包括：具有符合规定的工作环境、接受劳动安全卫生方面的教育、紧急情况下有权采取避险行为，有权要求进行定期体检等。

5. 社会保障权

实习大学生的社会保障权，是大学生实习期劳动权益的重要内容。它可以在实习生遇到一些紧急情况时，通过社会保障来缓解减轻其本人或者家庭的负担。

（二）大学生常见的就业法律风险

1. 非法收取财物

《中华人民共和国劳动合同法》中明确规定了用人单位招用劳动者，不得要求劳动者提供担保或者以其他名义向劳动者收取财物。但一些不法的用人单位往往巧立名目，通过欺诈手段向实习大学生收取如体检费、业务培训费、工作服装费、违约押金等费用。

2. 贩卖学生信息

大数据时代，个人信息及隐私越来越重要，一些人借招聘名义，获取应聘大学生的各类信息贩卖给不法企业，不法企业可能会利用这些信息进行侵权或诈骗等活动。

3. 扣押证件

以查询学历、审核资质等理由非法扣押应聘大学生的身份证、学位证等重要证件，进而胁迫大学生从事非法行为或勒索赎金，如传销。

4. 虚假高薪诱骗

利用虚假高薪吸引应聘大学生，进而对其实施诈骗，或者诱骗大学生从事违法违规工作等。

5. 不签订劳动合同

《中华人民共和国劳动合同法》明确规定，建立劳动关系，应当订立书面劳动合同。已建立劳动关系，未同时订立书面劳动合同的，应当自用工之日起一个月内订立书面劳动合同。但是，一些用人单位在聘用劳动者时，采取口头承诺相关待遇、工作条件、权利义务的方式，拒绝或延迟与应聘者签订劳动合同。不签订书面劳动合同，一旦劳动者与用人单位发生劳动争议，由于缺乏书面证据，劳动者很难按照双方口头约定的条件向劳动仲裁委员会或法院主张自己的权利，导致自身的合法权益无法保障。因此，应聘大学生入职用人单位后一定要有合同意识，积极就劳动合同签订与单位进行有效沟通；对于以各种理由推脱签订的情形，应果断采取相应法律措施，以免自身利益受到更大损失。

6. 劳动合同内容不合法

劳动者与用人单位签订劳动合同，应建立在内容条款合理合法以及遵循诚实守信原则的基础上，双方通过协商达成一致意见，最终形成权利、义务明确的条款，保障双方权益。有两点需要注意：一是签订的劳动合同内容条款必须合理合法。有些用人单位不采用符合国家标准的合同规范，而是自行增加或修改条款，形成有利于企业本身利益的“霸王条款”，如工作期间不得怀孕、无偿加班、高昂违约金等。这些条款违反了国家法律法规，这样的劳动合同是无效或部分无效的，不具备法律效力；二是双方应该遵循诚实守信原则，用人单位不能肆意夸大企业实力，迷惑应聘大学生；应聘大学生也不能伪造毕业证或学习工作经历欺骗用人单位。

7. 延长试用期或多次试用

试用期是劳动者与用人单位双向考核和适应的一个过程。在此期间，双方劳动关系解除限制较小，劳动者报酬相对较少。一些不法企业正是利用试用期的这两个特点对劳动者进行欺诈：如在劳动合同中不明确约定试用期期限、无限延长试用期或多次试用，从而达到长时间用较低的工资雇佣劳动者的目的。《中华人民共和国劳动法》第二十一条规定，劳动合同可以约定试用期，试用期最长不得超过6个月。

8. 违法解聘

违法解聘是用人单位与劳动者双方因某种原因在《中华人民共和国劳动法》约定的合法解除情形之外的解除劳动关系的过程，这类风险往往会涉及违约金。违法解聘有两种类型，一类是用人单位主动解聘。如果劳动者在能胜任工作且无明显过失、未给企业带来巨大经济损失的情况下被解聘，用人单位应根据《中华人民共和国劳动合同法》的相关规定给予劳动者赔偿；另一类是劳动者主动解聘。有些大学生性格自我，在工作中遇到不顺或人际关系处理不善、不能容忍公司风格时，难免产生一走了之的想法。劳动合同是对双方的保护，劳动者虽然是相对弱势群体，也必须按《中华人民共和国劳动合同法》和用人单位相关规定提前递交解聘申请，预留办理工作交接时间。

（三）大学生常见的就业陷阱分析

1. 广告噱头骗人

有些培训机构或培训公司以发布招聘信息为名，通过在招聘信息中撰写具有诱人条件的广告用语，实则为其所谓招聘的岗位所对应的培训课程进行宣传，甚至向求职者推销培训教材及相应的产品。这类单位往往抓住求职者渴望高薪，希望短期即可速成的心理，推出一些销售、创业类的培训课程，将从事这些工作所得报酬进行夸大描述，并配以一些诱惑性的话语，吸引求职者前去培训，以到达收取培训费和推销商品的目的。

某商贸有限公司近日发布了一条岗位名称为“网络销售员”的招聘信息，并在岗位描述中写道：“网络销售的成本相当低，开展的费用又相当小，几乎可以说是没有费用。只要在家有一台电脑即可进行自己的创业之路，很多通过网络致富的人，起初都是白手起家，慢慢地自己就做起了大老板。网络销售不仅仅成本低，而且利润非常丰厚。只要您能坚持正确的发展道路走下去，必然成功！”上文通过分析网络销售的好处，吸引求职者对网络销售员的工作的兴趣，然而，之后的文字便显现出其真实目的：“如果您觉得对自己有信心，网络绝对是让您施展才华的用武之地！我们将为您提供最专业最完善的培训，让您在网络销售过程中更快人一步，解决您在网络销售中的不必要的麻烦。公司还将提供您大量产品，无须您自己进货。”

专家建议：

许多人会为案例中的这样一条极具诱惑力的招聘信息所吸引，对“网络销售”蠢蠢欲动，然而仔细思考便很容易识破这样一个骗局。

1）作为一家商贸公司，对外培训远远超出了其经营范围，如果是一个专业的培训机构，其培训完全是合理合法的，大可通过广告媒体发布培训信息，而不用借助招聘渠道用招聘作为幌子。

2）一眼就能看出招聘和培训都是这家公司诱以赚钱的美丽外壳，求职者涉足其中后，其培训收费可能相当高昂，而且“网络销售”培训的结果无法保证，一旦发生任何问题，求职者或培训学员将无从求助。

3）“公司还将提供您大量产品，无须您自己进货。”这有向求职人员推销商品之嫌。

4）目前，还有部分不法的培训机构，为了拉揽培训生源，通常会和企业人事部门勾结，由企业发布虚假的招聘信息，对应聘的求职者以参加其指定的培训机构的培训作为录用条件，当求职者支付培训费用并参加完培训后，企业再以种种理由拒绝录用。

从以上4点即可看出此类企业并不是以招聘为目的，同样也不会真心实意为求职者传授技能，只是通过招聘渠道进行广告宣传，吸引求职者前去参加所谓的培训，以达到收费和推销物品的目的。求职者在应聘的过程中，要注意辨别分析，切勿盲目相信，以免受骗上当。

如果发现有单位存在此类现象，可拨打劳动保障服务热线12333或前往就近的公共职业介绍机构进行举报。

2. 考察为名，无偿占用劳动力

有些单位以招聘为名，在收集求职者资料和组织面试的过程中，要求求职者提供成果展示，并以此窃取求职者的劳动成果。由于求职者维权意识不强，维权依据往往不足，此类无偿占有求职者劳动成果的情况时有发生。应聘时应具有知识产权保护意识，注意保护个人研究成果，将自己的工作成果向面试单位展示固然重要，但要学会有所保留，以免被别有用心的用人单位利用而造成损失。

典型案例

某软件公司招聘程序员、美工等岗位，公司经营状况良好，工作环境整洁，招聘流程正常，岗位提供的薪酬符合市场价位，一切看似都在常理。应届毕业生小张初试合格后进入笔试阶段。笔试内容为上机编写一段程序，使用规定的编程语言，时间不限，可以上网查询相关资料，但不能相互交流，只要能完成目标。一个教室里，八个求职者，每个人的试题不同，几个年轻人无意中发现，看似八段程序，其实恰巧能整合成一个项目……结果可想而知，八人无一被该公司录用。

专家提醒：

有些用人单位以招聘为幌子，收取简历、组织面试，窃取着求职者的计划书、策划创意和科研成果。求职者丢了无形资产却没得到工作，而用人单位窃取了求职者的劳动成果。

“智力陷阱”是指以招聘为名无偿占有求职者的程序设计、广告设计、策划方案、文章翻译等创意，甚至知识产权。这种堂而皇之地占有他人的劳动成果的行为，性质极为恶劣。

在不能判断招聘单位真实意图，又想取得工作的情况下，需要对自己的劳动成果进行保护。主要方式有以下两种：

1）提交策划案等劳动成果时要准备两份，一份提交，一份自己留存，在留存份上要求招聘单位签字确认，以便将来能够证明劳动成果内容。

2）提交策划案时附上“版权申明”，并要求招聘单位签收。最好申明：“任何收存和保管本策划案各种版本的单位和个人，未经作者同意，不得使用本策划案或者将本策划案转借他人，亦不得随意复制、抄录、拍照或以任何方式传播。否则，引起有碍作者著作权之问题，将可能承担法律责任。”

3. 利用“见习”使用廉价劳动力

求职者在应聘“见习”岗位前必须要理解“见习”的真正含义。见习指组织学员进入企业，在实际工作岗位上进行一段时间的实践性见习，以提高其动手能力，丰富其工作经验，增强上岗适应性，尽快实现就业。见习期内，见习学员与见习单位不建立劳动关系。

发布“见习”岗位的用人单位必须具有见习基地资质，无资质的单位不可发布所谓“见习”岗位。如果单位以“合同制”为诱饵，骗取求职者廉价劳动力后，以“见习”推脱则更为恶劣。

求职者与用人单位签订工作合同时要搞清楚“劳动合同”与“见习协议”的区别，不要被用人单位的一面之词所误导。求职者在签订“见习协议”时要留心这家用人单位是不是具有见习基地资质。

典型案例

姜先生，刚于某高校计算机系毕业，近日应聘了某广告有限公司的网络管理员岗位。该岗位的招聘信息中明确表示月薪800~1500元，且工作性质为合同制，姜先生便欣然前往应聘。姜先生被录用后与单位签订了一份见习协议，在之后的两个月内，该单位每个月均仅支付给他420元的见习补贴，姜先生察觉到可能其中有所问题，立即到劳动部门进行核实，原来该广告公司并非见习基地，原则上不允许招收见习学员，它仅仅是想利用见习名义使用廉价劳动力。

专家建议：

用人单位发布工作性质为“合同制”的招聘信息，却与求职者签订的不是劳动合同，而是见习协议，并将招聘信息中承诺的千元薪资改为420元/月的见习补贴。由于该单位非劳动部门核批的见习基地，原则上不允许招收见习学员，一旦录用求职者，就必须与劳动者建立正式劳动关系。如果不慎应聘了这些所谓的“见习”岗位，要先核实该单位是否为见习基地，若不是，应及时设法脱身，以免被不法企业侵害个人利益。如果出现案例中的情况，可及时向劳动保障部门咨询或反映。

4. 招聘信息做广告，陷入中介陷阱

极少数中介公司，利用发布招聘信息的网络平台，集中发布招聘信息，并且跨过网站审查和监督，要求求职者直接将个人简历发送至该中介公司邮箱，以达到大量收集人力资源信息的目的。有些中介公司甚至在招聘信息中做起了广告。求职者一旦脱离原网络平台进行应聘，中介公司即可向求职人员实施收费。

某人才信息公司，一周时间内在网上发布招聘信息近千条，均为中介信息，并在每条信息的岗位描述中留下了公司邮箱和网址，要求求职者将个人简历直接发送至公司邮箱或登录公司网站应聘。

毕业生方小姐，前不久在网上查询到了该公司的此类招聘信息，记下了该公司的邮箱和网站地址，没有在网上进行应聘，而是将个人简历通过E－mail发送到了该公司。公司约见了方小姐，为其推荐了不少岗位，但要求方小姐对每个岗位支付一定的介绍费用，并且如果面试成功，要支付给该公司首月工资的50%作为中介费用。

专家建议：

求职者切莫被这些中介公司描述的高薪或者高福利待遇所诱惑，这些有问题的招聘信息往往学历要求低，但报酬高，与市场规律不符，但很具有诱惑力。求职者自身也要具有防范意识，对于此类收费行为要坚决予以抵制。一旦发现招聘单位有此类以收集人力资源或借招聘名义宣传公司的行为，可拨打劳动保障服务热线12333或向各职业介绍机构举报。

5. “试用期陷阱”新花招

极少数公司通过不断延长招聘信息有效期，招用新员工替代即将转正的员工，以达

到降低用人成本的目的，此种行为侵犯了劳动者的有关权益。用人单位通过延长招聘信息招“新人”换“旧人”，本质上还是玩着“试用期”陷阱的把戏。

吴先生，于2019年初应聘了某汽车销售服务公司的汽车驾驶员岗位。单位承诺3个月试用期，试用期月薪资为800元，转正后为1800元。经过面试后吴先生被单位录用，录用后发现该单位仍在外进行汽车驾驶员岗位的招聘工作。当吴先生按约定即将工作满3个月，欣喜地以为可以转正时，却接到了单位的辞退通知，理由是招到了更合适的人。失业后的吴先生在查找新的招聘信息时，发现该单位仍然还在招聘汽车驾驶员。

专家建议：

一些用人单位变着法子延长招聘信息有效期，归根到底还是为了打求职者“试用期”的小算盘。“试用期”一满，这些用人单位便辞退先前招录的求职者，用新招的求职者代替。如此循环往复。

试用期，原本是用人单位与求职者建立劳动关系后，双方为了相互了解而协商约定的考察期限。“试用”是双向的，用人单位“试”求职者，求职者也“试”用人单位，谁不满意都可以说“拜拜”。少数用人单位把试用期设置成敲诈求职者的陷阱，非法牟利的“黑心工具”。

专家指出：

“试用期陷阱”一般多发生在一些小型企业。“试用期陷阱”为什么能够屡屡得逞？首先是求职者对国家现行的劳动法律法规不甚了解，一切都以企业经营者的说法为准，这是很危险的。根据《中华人民共和国劳动法》《中华人民共和国劳动合同法》的规定，试用期最长不得超过六个月。劳动者在试用期的工资不得低于本单位相同岗位最低档工资或者劳动合同约定工资的百分之八十，并不得低于用人单位所在地的最低工资标准。即使有的用人单位未与劳动者签订书面劳动合同，但用人单位与劳动者已建立劳动关系，同样受法律保护。

虽然法律同时规定，求职者在试用期间被证明不符合录用条件的，用人单位可以解除劳动合同。但是，这并不意味着用人单位可以在试用期内随意辞退求职者。求职者如果碰到类似的问题，可以向劳动保障部门求助或举报，请求帮助维权。

6. 招聘岗位名称模糊，名不副实

非保险类公司，通过招聘名为“储备人员”的岗位，吸引求职者前去应聘，在面试过程中方告知对方该岗位的实质是保险业务员。此类岗位已经严重超出了该公司本身的经营范围，更有弄虚作假嫌疑。

小方近日应聘了某广告公司的“储备人员”岗位，由于小方在大学学习的是广告设计专业，觉得该岗位应该专业对口，且招聘信息上标注的薪资价位也颇令他感到满意，小方立即向该公司投递了简历。但在面试的过程中，该公司却不断地对其营销方面的能力进行提问，并向其介绍保险方面的业务。最终，在小方的追问下，该公司才承认其实质是代某保险公司招聘保险业务员，招聘信息上标注的薪资也是需要通过业绩提成才能达到的。小方顿感自己受到了欺骗。

专家建议：

有些岗位在求职者中不太受欢迎，一些用人单位为了“掩人耳目”，就用一些名字比较动听、概念相对模糊的岗位名称来吸引求职者，如“养老金发放员”“储备干部”等。

求职者只要在面试时多了解应聘岗位的实际工作内容，就会避免落入一些用人单位的圈套。防范方式有以下几种：

一看用人单位的经营范围。如果用人单位招聘明显超出其经营范围的岗位，则大多有假；

二看岗位的薪资待遇。如果薪资的弹性幅度大，而且对学历要求又低，明显与市场规律不符的，则大多也会“暗藏杀机”；

三看招聘人数。如果该岗位一次性招聘数量众多，如“储备干部”岗位动辄招聘几十人，则也有可能有问题。

7. 学生求职心切，易上当受骗

少数用人单位利用毕业生担心没有工作经验的弱势，在岗位描述中打着无需工作经验的幌子吸引毕业生前来应聘。由于毕业生求职心态迫切，应聘时有可能不对单位的背景等情况进行了解，并对单位提出的要求（包括收费要求）不经考虑便全部应允。提醒广大毕业生求职者，求职心切也需擦亮双眼，不能对用人单位的要求照单全收，以免被不法用人单位利用从而上当受骗。

典型案例

小赵于2020年7月从某网络信息学院毕业，看着周围的同学都已找到了满意的工作，自己几个月来却一直还是处于失业的状态，心中十分着急。他应聘了多家用人单位，用人单位均以没有工作经验为由而婉拒他。他总觉得刚毕业的大学生在劳动力市场有“矮人一截”的感觉。

2020年10月，他看到了某网络公司招聘网络管理员岗位，并在介绍中说明“无工作经验也可”，小赵不假思索地到这家公司填写了登记表，并对招聘公司的背景一概不问，面试人员跟他说什么他都答应。当面试人员在面试过程中提出要收取报名费、培训费等一系列费用时，小赵由于急于想得到这份工作，便交了钱，也没留下任何票据，听从面试人员的话语，回家等消息。但等了一个月，该公司仍然没有给他任何回音，他来到公司要求退钱，但由于拿不出任何凭证，只能无奈走人，工作没找到，连钱也被骗去了不少。

专家提示：

不少毕业生求职心切，疯狂“海投”简历，对于所应聘用人单位的背景资料也不详加了解就盲目前往，甚至不少学生为了表示自己应聘的诚意，对用人单位提出的一些近乎苛刻的要求也照单全收。一些不法用人单位正是利用了应届毕业生这种心理，设下种种圈套。

找工作需要耐心、细心，应聘每一个岗位都要多方面、多渠道详细了解相应用人单位的情况及背景，看看用人单位是否正规，业务是否合法，用人单位是否拥有合法的营业执照等，是否有投诉、不良记录等。了解用人单位情况的方法有很多，在网上搜索查询也是其中的方法之一，如在工商管理部门等网站搜索查看用人单位的有关信息。

第二节 劳动安全

劳动安全是指在生产劳动过程中，防止中毒、车祸、触电、塌陷、爆炸、火灾、坠落、机械外伤等危及劳动者人身安全的事故发生。劳动安全，又称职业安全，是劳动者享有的在职业劳动中人身安全获得保障、免受职业伤害的权利。

典型案例

2015 年 8 月 12 日，位于天津市滨海新区天津港的瑞海国际物流有限公司危险品仓库发生特别重大火灾爆炸事故。本次事件造成 165 人遇难，8 人失踪，798 人受伤住院治疗，304 幢建筑物、12428 辆商品汽车、7533 个集装箱受损，直接经济损失将近 70 亿元。事故原因：硝化棉湿润剂散失，出现局部干燥，在高温环境作用下，加速分解反应，积热自燃，引起相邻集装箱内的硝化棉和其他危险化学品长时间大面积燃烧，导致堆放于运抵区的硝酸铵等危险化学品发生爆炸。

只要人们从事劳动生产，劳动安全问题的发生就不可避免，安全是人类生存与发展的最基本要求，是生命与健康的基本保障。安全生产是保护劳动者安全健康、保证国民经济持续发展的基本条件。

《中华人民共和国安全生产法》第二十五条规定“生产经营单位应当对从业人员进行安全生产教育和培训，保证从业人员具备必要的安全生产知识，熟悉有关的安全生产规章制度和安全操作规程，掌握本岗位的安全操作技能，了解事故应急处理措施，知悉自身在安全生产方面的权利和义务。未经安全生产教育和培训合格的从业人员，不得上岗作业。生产经营单位接收中等职业学校、高等学校学生实习的，应当对实习学生进行相应的安全生产教育和培训，提供必要的劳动防护用品。学校应当协助生产经营单位对实习学生进行安全生产教育和培训。”

一、校园劳动实践安全

随着社会的进步与发展，劳动安全日益受到人们的关注和重视。教育部关于印发《大中小学劳动教育指导纲要（试行）》的通知中提到，劳动教育的总体目标是，准确把握社会主义建设者和接班人的劳动精神面貌、劳动价值取向和劳动技能水平的培养要求，全面提高学生劳动素养，使学生：

树立正确的劳动观念。正确理解劳动是人类发展和社会进步的根本力量，认识劳动创造人、劳动创造价值、创造财富、创造美好生活的道理，尊重劳动、尊重普通劳动者，牢固树立劳动最光荣、劳动最崇高、劳动最伟大、劳动最美丽的思想观念。

具有必备的劳动能力。掌握基本的劳动知识和技能，正确使用常见劳动工具，增强体力、智力和创造力，具备完成一定劳动任务所需要的设计、操作能力及团队合作能力。

培育积极的劳动精神。领会“幸福是奋斗出来的”内涵与意义，继承中华民族勤俭节约、敬业奉献的优良传统，弘扬开拓创新、砥砺奋进的时代精神。

养成良好的劳动习惯和品质。能够自觉自愿、认真负责、安全规范、坚持不懈地参与劳动，形成诚实守信、吃苦耐劳的品质。珍惜劳动成果，养成良好的消费习惯，杜绝浪费。

1. 劳动岗位安全

1）校园校道岗。上岗前应在劳动区域设置警示标识再劳动，同时在岗劳动或值勤时应注意过往车辆，避免发生校园交通事故。

2）学生公寓岗。上岗前应先观察高空是否有悬挂物品，注意高空坠物或高空抛物。如有高空悬挂物品，应及时通知宿舍管理员或学校物业将悬挂物品清除，以防止自己或同学被砸伤。

3）专用教室或实验实训室岗。上岗前应先了解清楚教室或实训室的功用特点，检查设施设备是否断电，在清洁卫生时不要随意移动室内设施设备，防止设备损坏或出现一些不必要的损伤。例如，机电、建筑类实训室的一些油品、气体具有腐蚀性，接触后会对身体造成伤害，应注意做好个人防护。

4）垃圾清运岗。上岗前应先了解和熟悉清运设备，检查清运设备是否完好无损，在清倒垃圾过程中应注意垃圾中的一些碎玻璃、石头等，防止对自己造成伤害。

5）其他岗位。上岗前应先检查劳动工具是否完好，了解所要劳动区域的情况，熟悉劳动工具使用方法，避免劳动过程中因为不合格的劳动工具造成身体伤害或物品损坏。

2. 劳动过程安全

1）劳动前到指定地点有秩序地领取劳动工具，不要哄抢，不要拿劳动工具玩耍打闹，劳动结束后要及时有秩序地按指定地点存放好劳动工具。

2）劳动过程中杜绝玩耍打闹，防止误碰过往人员或损坏物品。

3）劳动过程中注意避让过往人员。有行人经过劳动区域应暂停一下，等行人路过后再清扫。避免把垃圾扫到过往人员身上，造成不必要的矛盾。

4）劳动过程中不要乱倒垃圾，特别是在高楼层劳动时，不能将垃圾扔到楼下，造成二次污染或砸伤路人。

5）擦拭风扇、灯管、计算机等电器设施设备，应事先切断电源，并在电源周边设置安全标识，清洁过程中用润湿擦布或干布擦拭。

6）清洁窗户玻璃，应站在室内，使用擦玻璃专用工具擦拭窗户玻璃，不要站在窗台上擦或将身子探出窗外，以免发生意外事故。严禁学生擦高层教室或实训室的玻璃！

7）清洁教室或实训室大门时，应先把门上锁，防止在门后劳动时，有人突然推门造成伤害。

8）清洁楼梯或台阶时应注意防止踩空，导致摔伤。

3. 非劳动岗位安全

没有劳动课或没有劳动任务的同学，无必要应尽量远离劳动区域，如必须经过劳动区域时，在行走中要注意避让劳动的同学，防止出现不必要的伤害，同时要尊重劳动中的同学。

校园劳动安全操作规程

1）工作前必须检查所用工具、设备是否完好，是否存在不安全的因素。

2）在清扫校园道路时，建议一手握住扫帚一头，另一只手握住扫帚的三分之一处，防止扫帚头伤及过往行人和车辆。

3）在装运垃圾时，应检查装运车辆车轮是否齐全，垃圾箱是否有破损，避免运输过程洒漏和伤及人员。

4）在校园道路巡视保洁时，一定要注意过往车辆，以免发生意外。

5）在超过2米的高处作业时，必须双脚踏在凳子上，不得单脚踏在凳子上，以免摔伤。

6）使用扶梯时，不得少于2人。扶梯要保持大约60度的斜度，并要采取防滑措施。

7）大风天气注意高空坠物。

8）雷雨天气避开开阔地露天作业，不要在树下避雨，以防雷击。

9）高温天气注意防暑。

10）在劳动中需要喷洒清洁剂或相关清洁药物时，要戴好口罩、手套，并站在上风向操作。

11）清洁宣传玻璃时，小心不要划伤手。

12）劳动工具不得放在妨碍车辆、行人通行的地方，应放置到指定地点。

13）劳动过程中应严格遵守防火制度，不得焚烧垃圾或有其他动用明火的行为，以免发生火灾。

14）在清理垃圾时一定要检查垃圾内有无燃烧的烟头，有的话要及时熄灭，以免发生火灾。

15）在劳动过程中，一切操作以安全为重。

二、社会实践安全

社会实践活动是大学生在大学期间利用课余时间接触、认识社会的一项有意义的活动。通过参加社会实践，可以了解国情、认识社会、增长才干、锻炼毅力、培养品格。在大学里，社会实践活动一般有：勤工助学、社会调查、志愿服务、“三下乡”活动、支农、支教等。在社会实践活动过程中要加强安全意识，树立“预防为主、安全第一”的观念，将安全意识牢固树立在心中。

社会实践前应认真学习《学生伤害事故处理办法》（教育部令第 12 号）以及关于外出实践活动安全方面的书籍，参加相关社会实践安全培训，做好各项安全防范措施。

1. 交通安全

遵守交通规则，树立交通安全观念，乘坐有合格营运资质的交通工具，在乘车过程中要严格遵守各项安全乘车规定，服从工作人员的管理。外出前请留意当地天气预报，道路状况，火车、汽车、飞机等交通工具的营运信息变化，如遇恶劣天气，尽可能减少出行或不出行，以确保人身安全。到达目的地要及时与亲友和老师保持联系，中途因事改变社会实践地点也应及时向亲友和老师告知动向。

2. 预防溺水

不到陌生水域附近逗留玩耍，不到不熟悉的水域游泳，不到无安全设备设施、无救援人员的水域游泳。未做泳前充分准备或无救生设备时，不要轻易下水游泳。不熟悉水性、不擅长游泳的同学不要轻易下水嬉戏或者下水施救。外出社会实践前学习“心肺复苏”“倒挂排水”等溺水急救方法，如遇同伴溺水可在医护人员到来前及时救治。

3. 财物安全

外出社会实践，不应随身携带过多现金，尽量使用网络支付。保管好银行卡、支付宝、微信等的支付密码，勿向身份不明人员透露个人信息。个人证件不外借，对通过短信、电话、网络、传单等形式进行的汇款、转账、押金交付、退票、低息或无息贷款、奖/助学金下发、消费分期等要注意识别，以免上当受骗。在车、船上过夜时，要将贵重物品放在自己的贴身处。如果不幸被电信、网络诈骗或物品被盗窃，应立即向当地公安机关报案，并积极配合公安机关开展侦破工作。

4. 住宿安全

入住管理规范、信誉高、口碑好的酒店或宾馆。入住后及时检查所住房间是否非法安装监控设备，检查所住房间配备的用品（卫生间防滑垫等）是否齐全、有无破损，如有不全或破损，应立即告知酒店服务人员。了解酒店安全须知，熟悉酒店消防通道、安全出口、安全楼梯的位置及安全转移路线，如若发生意外可及时疏散。贵重物品可存放于酒店服务总台保管或自行妥善保管，外出时尽量不要放在房间。不要将自己住宿的酒店和房间号随便告诉陌生人，出入房间要锁好房门，睡前关好门窗，不要让陌生人随便进入房间。如遇紧急情况不要慌张。发生火灾时不要搭乘电梯或跳楼逃生，应及时联系酒店服务人员或根据情况选择合适的逃生方式。大火封门无法逃出时，可采用浸湿衣物披裹身体、浸湿被褥堵门缝或泼水降温等办法等待救援，并在窗前摇动色彩鲜艳的衣物呼唤救援人员。

5. 饮食卫生安全

社会实践出行中，尽量前往具有合格经营资质的餐厅就餐，要注意饮食安全，不购买“三无”食品。不随便接受陌生人提供的食品，不轻易答应陌生人的邀请约会。

6. 野外安全

有些社会实践活动需要到野外考察。在野外常见的自然灾害有：雪崩、山体滑坡、山体塌方、泥石流、洪水等，最容易遇到的危险是：跌落、砸伤、溺水、雷击、迷路等。因此，如果参加野外考察等社会实践活动，在外出前要学习相关野外生存技能，掌握一些基本的救生技能，具备一定的野外活动相关知识，学会使用地图、指南针、北斗等定位及导航工具。

7. 其他

参加社会实践的同学，要将去向及实践单位的联系方式告知亲友和老师，并保持通信畅通。要充分了解自身能力，寻找正规合法的社会实践单位和安全的社会实践地点，尽可能地了解实践工作内容、时间、强度、报酬、支付方式等，避免产生争议。对工作轻松、高薪资、低投入高回报等类似工作要注意甄别，保持高度警惕，避免被骗。社会实践过程中如遇自身权益遭受侵犯或工作争议，应尽量避免直接冲突，及时与亲友和老师沟通并寻求帮助，通过合理合法途径解决问题。

心肺复苏术的操作方法

心肺复苏术主要分为三个步骤：意识判断和打开气道，口对口吹气，以及人工循环。

步骤一：意识判断和打开气道

1）意识判断。当发现一个倒地的患者，首先必须判断其是否失去意识。有以下几种方法：

①喊话并拍其肩膀，如图4-2所示；②呼救，即请现场的人或附近的人协助抢救，打120急救电话或通知就近的医疗单位；③调整患者体位，即当患者呈俯卧状态时，应先将患者双手上举，再将外侧（远离抢救者侧）下肢膝盖弯曲后架在内侧（靠近抢救者侧）肢体上，然后一手护着患者的颈部，另一只手置于患者的胸部，小心、平稳、慢慢地将患者转为仰卧位，并将其双上肢放在躯干两旁。另一个方法是先将患者内侧下肢交叉在外侧肢体上，再将外侧上肢抬肩伸直靠于头侧，一手绕过患者内侧的上肢托肩，另一手置于患者髋关节处，将其整个地翻为仰卧位，并将其双上肢放在躯干两旁。

2）打开气道。患者心跳呼吸停止、意识丧失后，全身肌肉松弛，口腔内的舌肌也松弛，舌根后坠而堵塞呼吸道，造成呼吸阻塞。在进行口对口吹气前，必须打开气道，保持气道通畅。打开气道可采用仰头抬颌法，如图4-3所示。操作者站或跪在患者一侧，一手置患者前额上稍用力后压，另一手用食指置于患者下颌下沿处，将颌部向上向前抬起，使患者的口腔、咽喉轴呈直线。再通过看（胸廓有无起伏）、听（有无气流呼出的声音）、感觉（面部感觉有无气流呼出）三种方法检查出患者是否有自主呼吸。如无呼吸应该立即进行口对口吹气。

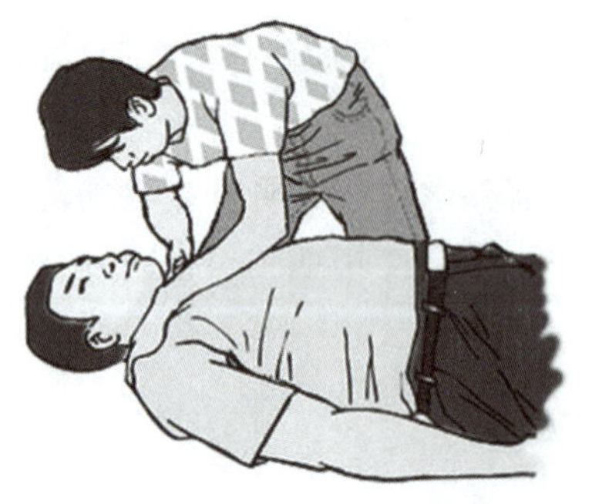

图4-2 意识判断

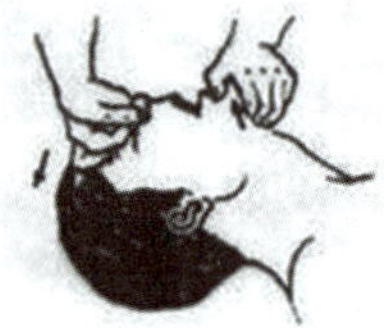

图4-3 打开气道

步骤二：口对口吹气

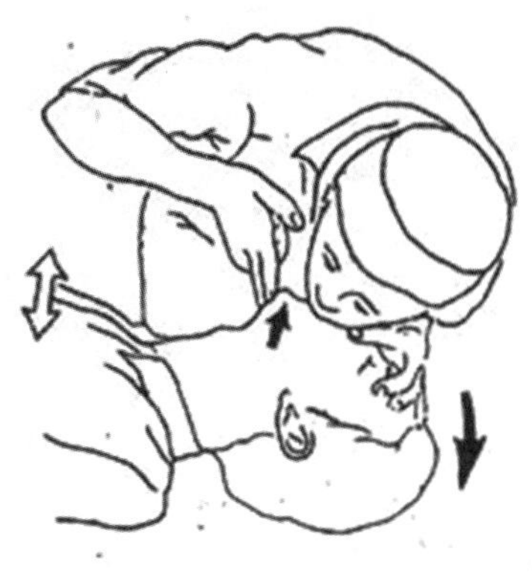

图 4－4 口对口吹气

口对口吹气是向患者提供空气的有效方法。操作者置于患者前额的手在不移动的情况下，用拇指和食指捏紧患者的鼻孔，以免吹入的气体外溢，深吸一口气，尽力张嘴并紧贴患者的嘴，形成不透气的密封状态，以中等力量，每 1～1.5 秒向患者口中吹入约为 800 毫升的空气，吹至患者胸廓上升。吹气后操作者即抬头侧离一边，捏鼻的手同时松开，以利于患者呼气。如此以每分钟 12 次的频率反复进行，直到患者有自主呼吸为止，如图 4－4 所示。

步骤三：人工循环

人工循环是通过胸外心脏按压形成胸腔内外压差，维持血液循环动力，并将口对口吹气后带有氧气的血液供给脑部及心脏以维持生命。方法如下：

1）判断患者有无脉搏。操作者跪于患者一侧，一手置于患者前额使头部保持后仰位，另一手以食指和中指尖置于喉结上，然后滑向颈肌（胸锁乳突肌）旁的凹陷处，触摸颈动脉。如果没有搏动，表示心脏已经停止跳动，应立即进行胸外心脏按压。

2）胸外心脏按压，如图 4－5 所示。

第一步：确定正确的胸外心脏按压位置。将双手掌根部重叠于胸骨中下三分之一交界处。

第二步：施行按压。操作者前倾上身，双肩位于患者胸部上方正中位置，双臂与患者的胸骨垂直，利用上半身的体重和肩臂力量，垂直向下按压胸骨，使胸骨下陷 4～5 厘米，按压和放松的力量和时间必须均匀、有规律，不能猛压、猛松。放松时掌根不要离开按压处。按压的频率为每分钟 80～100 次，按压与口对口吹气的次数比率为：单人复苏 15:2，双人复苏 5:1。

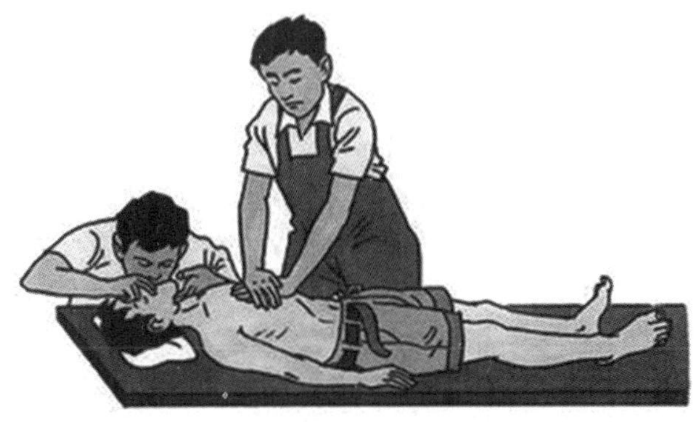

图 4－5 胸外心脏按压

常见灭火器使用方法

在学校的宿舍、教室、实训室等室内场所都放置有灭火器，如图 4-6 所示。灭火器可扑灭一般火灾，还可扑灭电器、油、气等燃烧引起的初期火灾。下面介绍使用方法。

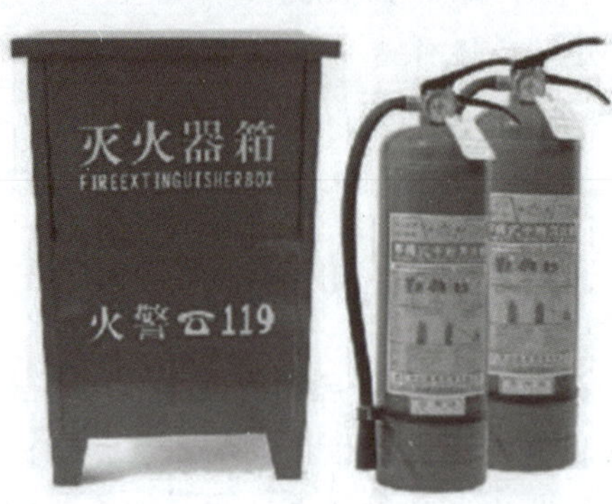

图 4-6 灭火器

步骤一：检查灭火器是否在正常的工作压力范围，如图 4-7 所示。灭火器压力表分为三个颜色区，黄色表示压力充足，绿色表示压力正常，红色表示欠压。

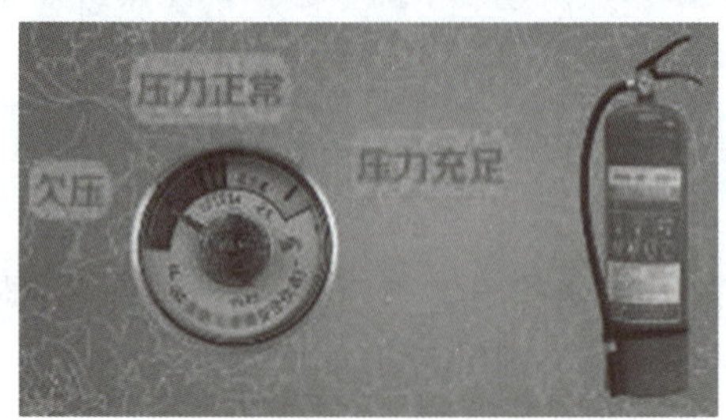

图 4-7 检查灭火器的工作压力范围

步骤二：右手握住灭火器把手，左手拖住瓶底，上下晃动几下，使瓶内干粉松动。

步骤三：拔掉铅封，拉出保险销，如图 4-8 所示。

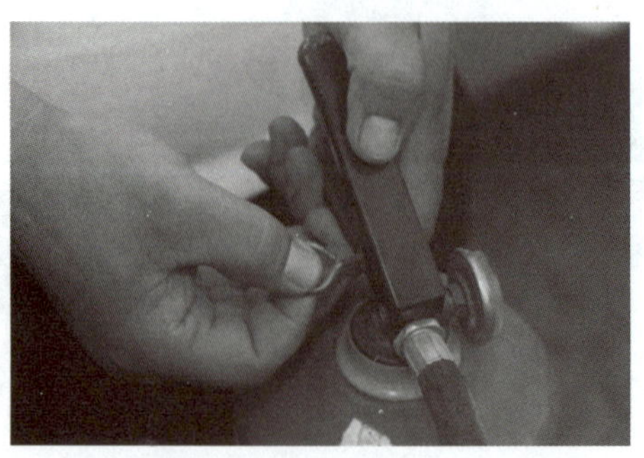

图 4-8 拉出保险销

步骤四：在火源上风口，保持安全距离（距离火源约2～5米），右手握住把手，左手扶喷管。左手将喷嘴对准火焰根部，右手用力压下压把。对准火焰根部喷射，直至火焰熄灭。

三、顶岗实习安全

顶岗实习是职业院校学生在基本完成专业理论知识学习和专业教学实习，初步具备到相应实践岗位独立工作的能力后，相对独立参与实际工作的活动。顶岗实习是每一个职业院校学生都应该拥有的一段宝贵经历，它是对每一位学生掌握的专业知识的一种检验，可以使学生在实践中了解行业、在实践中巩固知识。顶岗实习让学生可以学到很多在课堂上接触不到的专业知识，既开阔了视野，又增长了见识。顶岗实习是学生走向工作岗位的第一步，也是学生成为一名合格劳动者必经的道路。在顶岗实习过程中，要树立“安全第一”的意识，遵守实习单位劳动纪律和各项安全操作规程，保障个人和实习单位人员生命安全和财产安全，为实习单位营造安全生产的良好工作氛围。

（一）生产岗位安全（以机电类专业为例）

1）“安全生产，人人有责”。认真贯彻执行“安全第一，预防为主”的方针，严格遵守安全技术操作规程和各项安全生产规章制度。

2）对不符合安全要求的厂房、生产线、设备、设施等，操作人员有权向上级报告。遇有直接危及生命安全的情况，操作人员有权停止操作，并及时报告领导处理。

3）操作人员未经三级安全教育或考试不合格者，不准参加生产或独立操作。电气、起重、车辆的驾驶、锅炉、压力容器、焊接（割）、爆破等特种作业人员，应经专门的安全作业培训和考试合格，持特种作业许可证操作。

4）进入作业场所，必须按规定穿戴好防护用品。要把发辫放入帽内；操作旋转机床时，严禁戴手套或敞开衣袖（襟）；不准穿脚趾及脚跟外露凉鞋、拖鞋；不准赤脚赤膊；不准系领带或围巾；尘毒作业人员在现场工作时，必须戴好防护口罩或面具；在能引起爆炸的场所，不准穿能集聚静电的服装。

5）操作前，应检查设备或工作场地，排除故障和隐患；确保安全防护、信号和联锁装置齐全、灵敏、可靠；设备应定人、定岗操作；对本工种以外的设备，须经有关部门批准，并经培训后方可操作。

6）工作中，应集中精力，坚守岗位，不准擅自将自己的工作交给别人；两人以上共同工作时，必须有主有从，统一指挥；工作场所不准打闹、睡觉和做与本职工作无关的事；严禁酗酒者进入工作岗位。

7）凡运转的设备，不准跨越、横跨运转部位传递物件，不准触及运转部位；不得用手拉、用嘴吹切屑；不准站在旋转工件或可能爆裂飞出物件、碎屑部位的正前方进行操作、调整、检查、清扫设备；装卸、测量工件或需要拆卸防护罩时，要先停电关车；不准无罩或敞开防护罩开车；不准超限使用设备机具；工作完毕或中途停电，应切断电源，才准离岗。

8）检修机械、电气设备前，必须在电源开关处挂上“有人工作，严禁合闸”的警示牌。必要时设专人监护或采取防止意外接地的技术措施。警示牌必须谁挂谁摘，非工作人员禁止摘牌合闸。一切电源开关在合闸前应细心检查，确认无人检修时方准合闸。

9）一切电气、机械设备及装置的外露可导电部分，除另有规定外，必须有可靠的接零（地）装置并保持其连续性。非电气工作人员不准装、修电气设备和线路。

10）发生生产安全事故要及时抢救，保护现场，并立即报告领导和上级主管部门。

（二）人身安全

1）实习之前必须接受顶岗实习安全教育，在顶岗实习工作中要遵守企业安全生产制度，作业应当按要求做好必要的安全措施。按操作规程、规范操作，杜绝安全事故发生。

2）尽量减少外出，因特殊情况需外出，要至少三人结伴而行，便于相互照应。禁止在外逗留或到人烟稀少、偏僻的地方行走。按规定时间出入实习单位。

3）不要和陌生人讲话，不要轻信他人，外出时，碰见主动博得你同情的人要提高警惕，防止上当受骗。遇到有人向你兜售手机、笔记本式计算机等物品时，请不要搭理，更不要贪图小便宜，谨防上当受骗。

4）严禁私自到江、河、海边等地游玩，严禁下海、河、塘、堰等洗澡。

5）遇到突发事件，要以生命为重，设法机智报警。夜间不要单独到偏僻的地方行走，遇到抢劫、抢夺等事件时应避免正面冲突，攻心感化作案人，拖延时间伺机逃跑，或在有人路过时大声呼救。

6）消除快速成功的心理，不轻信传销人员哄骗，学会用《禁止传销条例》保护自己，杜绝非法传销渗透的空间。如不慎误入传销陷阱，应尽快脱身，防止越陷越深。

7）严禁酗酒、拉帮结派、打架斗殴；严禁参与任何形式的赌博，不得进出不健康的娱乐场所，不得参加不健康的活动。

8）不要将个人联系方式（手机号码、家庭电话、亲友电话）轻易告诉别人。不要透露有关老师及同学的联系方式及其他情况。

9）定期与亲友和老师联系。

10）积极预防不法侵害以防危及人身安全。

①预防抢劫。注意观察，及时识别；选好外出行走路线；不在陌生人面前暴露自己的行踪；在行车途中及住地附近保持警惕；遇到抢劫时沉着冷静应对，应及时报案。

②预防滋扰。慎重处置；依靠集体力量，积极制止违法犯罪行为；注意策略，防止事态扩大；自觉寻找证据，用法律保护自己。

③预防性侵害。正确识别性侵害；注意自身的言行举止；尽量避免在开放性场所独处；学习相关知识，增强性自卫能力；遭遇性侵害时，要沉着冷静对待，努力消除性侵害成功的机会和条件；加强性侵害过程中的自身防卫；及时报案，提供证据。

（三）财产安全

1）外出时锁好宿舍和办公室的柜子和抽屉。

2）外出时关好门窗。

3）不要留太多的现金和贵重物品在宿舍和办公室，身上也不要放过多的现金。

4）不要将贵重物品随意放置。

5）妥善保管银行卡及密码。将个人银行卡、存折等与密码分开存放，密码的设置注意不要轻易被人看（猜）到。坚持在任何情况下不要向外人透露密码，包括自己的亲朋好友。发现泄密的危险时，及时更换密码。新开的银行卡要立即更改初始密码。

6）如发现银行卡丢失或被盗，应及时向发卡银行进行挂失，对银行卡、存折共同使用同一账户的，应分别对银行卡、存折挂失。

7）办理银行业务输入密码时，可用手掌、身体适当遮挡。在自动取款机取款时，不要轻信“好心人”。不要随意拨打自动取款机旁粘贴的非机具所属银行的电话号码。

8）妥善保管好交易单据，不要随意丢弃。

9）使用银行卡在自动取款机取款时，如密码输错次数超过银行规定次数（一般为3次）也会造成吞卡或账户自动锁定，所以请妥善保管好密码，最好将其牢记心中。如果在自动取款机上操作完毕后忘记取卡，30秒钟后将自动吞卡，所以在办理完交易后应及时取卡。

10）在办理汇款时，一定把账号及对应姓名记正确，以免汇款失败或汇错账户。

（四）职业卫生与工伤安全

1）职业卫生是指为了保障劳动者在生产（经营）活动中的身体健康，预防职业病和职业性多发病等职业性危害，在技术上、设备上、医疗卫生上所采取的一整套措施。

2）工伤是指在工作时间因为工作关系而发生的与工作有关的伤亡事故。当发生工伤时，应找医务人员进行临时处理，及时联系指导教师或辅导员，在医院就诊要保留相关票据。

3）不吃生、冷食物，不喝自来水和未经消毒的生水。不吃已过保质期和已变质的食物。不到没有卫生许可证的餐馆就餐。

4）身体有异样的同学，需要自觉注意个人卫生，在就餐、洗漱等环节更需要谨慎。

（五）防诈骗

诈骗的套路有合同诈骗、“我是你领导”诈骗、“借口帮忙”诈骗、吸毒贩毒违法诈骗、“中大奖”诈骗、“碰撞丢钱”诈骗等。针对大学生的诈骗主要是“求职陷阱”，包括试用期陷阱、收费陷阱、工资陷阱、智力陷阱等。预防诈骗应当做到：

1）多观察。

2）不贪钱财，不图便宜。

3）保护个人信息安全。

4）慎重交友，不感情用事。

5）多与亲友和老师商量。

6）慎重对待他人的财务交易请求。

（六）防传销

传销，是指组织者或者经营者发展人员，通过对被发展人员以其直接或者间接发展的人员数量或者销售业绩为依据，计算和给付报酬，或者要求被发展人员以交纳一定费用为条件取得加入资格等方式牟取非法利益，扰乱经济秩序，影响社会稳定的行为。预防传销应当做到：

1）消除快速致富的心理。

2）正确对待就业困难。

3）学会用《禁止传销条例》保护自己。

4）杜绝非法传销渗透的空间。

5）尽快脱身，防止越陷越深。

6）主动配合打击。

（七）防网络犯罪

1. 互联网对犯罪心理形成的影响

1）色情信息容易导致性犯罪。

2）暴力游戏容易促生暴力犯罪。

3）互联网的虚拟性容易导致诈骗犯罪。

2. 预防互联网对人身和财产安全可能造成的危害

1）树立正确的互联网使用意识。

2）慎交网友。

3）建设网络文明。

4）不登录色情网站，不下载色情软件，不观看色情信息，不到不规范网吧。

5）举报互联网违法犯罪。

（八）交通事故的预防

1. 提高交通安全意识

发生交通事故最主要的原因是交通安全意识淡薄。若没有交通安全意识，很容易为生命安全带来风险。

2. 自觉遵守交通法规

除提高交通安全意识、掌握基本的交通安全常识外，还必须自觉遵守交通法律法规，才能保证安全。以下三点是大家必须掌握并要在日常生活中严格遵守的：

1）在道路上行走，应走人行道，无人行道时靠右边行走。走路时要集中精力，“眼观六路，耳听八方”；不与机动车抢道，不突然横穿马路、翻越护栏，过马路走人行横道、过街天桥；不闯红灯，不进入标有“禁止行人通行”“危险”等标识的地方。

2）乘坐交通工具。乘坐市内公共交通时，等车停稳后，依次上车，不挤不抢，车辆行驶中不得把身体伸出窗外。乘坐长途客车、中巴车时不能贪图便宜，乘坐车况不好的车，不要乘坐“黑巴”“摩的”，因为乘坐这些车辆，安全没有保障。乘坐火车、轮船、飞机时必须遵守车站、码头和机场的各项安全管理规定。

3）驾驶交通工具须具备相应驾驶证，严禁无证驾驶机动车辆，严格遵守相关交通法规。

3. 发生交通事故的处理办法

1）及时报案。一旦发生交通事故后，首先应及时报案，这样有利于事故的公正处理，千万不能与肇事者“私了”。

2）保护现场。事故现场的勘查结论是划分事故责任的依据之一，若现场没有保护好，会给交通事故的处理带来困难，造成“有理说不清”的情况。切记，发生交通事故后要保护好事故现场。

顶岗实习安全法律知识（节选）

一、《中华人民共和国安全生产法》中的规定

第四十九条　生产经营单位与从业人员订立的劳动合同，应当载明有关保障从业人员劳动安全、防止职业危害的事项，以及依法为从业人员办理工伤保险的事项。生产经营单位不得以任何形式与从业人员订立协议，免除或者减轻其对从业人员因生产安全事故伤亡依法应承担的责任。

第五十条　生产经营单位的从业人员有权了解其作业场所和工作岗位存在的危险因素、防范措施及事故应急措施，有权对本单位的安全生产工作提出建议。

第五十一条　从业人员有权对本单位安全生产工作中存在的问题提出批评、检举、控告；有权拒绝违章指挥和强令冒险作业。生产经营单位不得因从业人员对本单位安全生产工作提出批评、检举、控告或者拒绝违章指挥、强令冒险作业而降低其工资、福利等待遇或者解除与其订立的劳动合同。

第五十二条　从业人员发现直接危及人身安全的紧急情况时，有权停止作业或者在采取可能的应急措施后撤离作业场所。生产经营单位不得因从业人员在前款紧急情况下停止作业或者采取紧急撤离措施而降低其工资、福利等待遇或者解除与其订立的劳动合同。

第五十三条　因生产安全事故受到损害的从业人员，除依法享有工伤保险外，依照有关民事法律尚有获得赔偿的权利的，有权向本单位提出赔偿要求。

第五十四条　从业人员在作业过程中，应当严格遵守本单位的安全生产规章制度和操作规程，服从管理，正确佩戴和使用劳动防护用品。

第五十五条　从业人员应当接受安全生产教育和培训，掌握本职工作所需的安全生产知识，提高安全生产技能，增强事故预防和应急处理能力。

第五十六条　从业人员发现事故隐患或者其他不安全因素，应当立即向现场安全生产管理人员或者本单位负责人报告；接到报告的人员应当及时予以处理。

二、《中华人民共和国道路交通安全法》中的规定

第六十一条　行人应当在人行道内行走，没有人行道的靠路边行走。

第六十二条　行人通过路口或者横过道路，应当走人行横道或者过街设施；通过有交通信号灯的人行横道，应当按照交通信号灯指示通行；通过没有交通信号灯、人行横道的路口，或者在没有过街设施的路段横过道路，应当在确认安全后通过。

第六十三条　行人不得跨越、倚坐道路隔离设施，不得扒车、强行拦车或者实施妨碍道路交通安全的其他行为。

第六十五条　行人通过铁路道口时，应当按照交通信号或者管理人员的指挥通行；没有交通信号和管理人员的，应当在确认无火车驶临后，迅速通过。

第六十六条　乘车人不得携带易燃易爆等危险物品，不得向车外抛洒物品，不得有影响驾驶人安全驾驶的行为。

三、《普通高等学校学生安全教育及管理暂行规定》中的规定

第二十一条　学生在教学、实习过程与日常生活中，因学校或有关单位责任发生死亡、重伤或残疾，由学校或有关单位承担责任，做好处理及善后工作。

在教学、实习过程与日常生活中，学生因不遵守纪律或不按要求活动而发生意外事故，学校不承担责任。

四、《中华人民共和国消防法》中的规定

第五条　任何单位和个人都有维护消防安全、保护消防设施、预防火灾、报告火警的义务。任何单位和成年人都有参加有组织的灭火工作的义务。

第二十八条　任何单位、个人不得损坏、挪用或者擅自拆除、停用消防设施、器材，不得埋压、圈占、遮挡消火栓或者占用防火间距，不得占用、堵塞、封闭疏散通道、安全出口、消防车通道。人员密集场所的门窗不得设置影响逃生和灭火救援的障碍物。

第四十四条　任何人发现火灾都应当立即报警。任何单位、个人都应当无偿为报警提供便利，不得阻拦报警。严禁谎报火警。

Chapter Five

5

第五章

公寓劳动

学习目标

知识目标

- 掌握公寓垃圾分类的标准、原则和投放要点。
- 熟悉达标宿舍的建设要求和文明宿舍的建设标准。
- 了解公寓公共环境维护的意义，掌握共建无烟宿舍和维护公寓环境秩序的方法。

素质目标

- 在公寓生活中做好垃圾分类引领者，争创建文明宿舍示范者和维护公共区域环境践行者。
- 从我做起，从小事做起，养成公寓劳动的好习惯。

第一节 做好垃圾分类

学生公寓是大学生住宿、学习和生活休闲的重要区域，实施生活垃圾分类，有利于改善住宿和生活环境，倡导简约适度、绿色低碳的生活方式，大力推进学生宿舍区生活垃圾减量化、资源化、无害化，构建节约型绿色文明公寓社区，促进资源回收利用。

一、垃圾分类新时尚

“垃圾是放错了地方的资源。”垃圾分类就是将垃圾分门别类地投放，并通过分类地清运和回收，使之重新变成资源。习近平总书记在上海市考察时指出，垃圾分类工作就是新时尚。大学生参与公寓垃圾分类，具有以下几个方面的意义。

（一）减少垃圾处置量

2019 年，柳州市填埋处理 70 万吨垃圾。其中不乏可以降解的厨余垃圾和可回收的垃圾，更有不适宜进行填埋处理的有害垃圾。生活垃圾中有些物质不易降解，使土地受到严重侵蚀。垃圾分类，去掉可以回收的、不易降解的物质，减少垃圾数量可达 60% 以上。生活垃圾分类减少了进入填埋和焚烧等最终处置设施的垃圾量，减少了不利于填埋或焚烧处置的物质，提高了垃圾堆肥的效果，有利于生活垃圾处理处置设施的正常运行和污染控制。

（二）便于回收利用垃圾中的有用物质

我国 2019 年使用塑料快餐盒达 40 亿个，方便面碗 5 亿 ~ 7 亿个，一次性筷子数十亿双，这些占生活垃圾的 8% ~ 15%。1 吨废塑料可回炼 600 公斤的柴油。回收 1500 吨废纸，可免于砍伐用于生产 1200 吨纸的林木。1 吨易拉罐熔化后能结成 1 吨很好的铝块，可少采 20 吨铝矿。生活垃圾分类能够减少可回收物质的污染，提高可回收物质的纯度，减少可回收物质分选的工作量。

（三）最大限度地减少污染

目前，我国的垃圾处理多采用卫生填埋甚至简易填埋的方式，占用上万亩土地，并且虫蝇乱飞，污水四溢，臭气熏天，严重污染环境。土壤中的废塑料会导致农作物减产。

抛弃的废塑料被动物误食，导致动物死亡。混合收集容易造成生活垃圾中高含水率易降解厨余垃圾和有毒有害物质的混入，分类后可以按照不同种类垃圾的性质对收集容器和后端处理进行严格要求，能够减少环境污染。

学习探究

垃圾分类为何能成为“新时尚”？

垃圾都去哪儿了？怎么处理的？

习近平总书记在国内考察调研过程中，不止一次问起这个问题。垃圾处理，这件生活中的“小事”，总书记为何如此牵挂？

“环境就是民生，青山就是美丽，蓝天也是幸福”“保护生态环境就是保护生产力、改善生态环境就是发展生产力”。在垃圾处理的背后，是党和政府执政方略的“为民情怀”，是富有远见的新发展理念和生态文明思想。

走进新时代，推动形成绿色发展方式和生活方式，正成为社会各界的共识，更是对国家将生态文明建设摆在治国理政新高度的广泛认同。从倡导光盘行动，到推动低碳生活，再到推广垃圾分类，一个个时尚的生活理念，获得了老百姓的广泛认可和积极参与。健康、环保、文明的举措不断推出，“十个手指弹钢琴”有序推进，让看得见的变化折射出美丽中国建设的和谐乐章！

“在北京天桥东边有一条有名的臭沟，沟里全是红红绿绿的稠泥浆，夹杂着垃圾、破布、死老鼠，气味让人从老远闻见就要作呕。”这是作家老舍在小说《龙须沟》中的一段描述，给人留下最直观的印象是垃圾遍地，生活环境恶劣。作品引起轰动并感动了几代人，很重要的原因之一是它取材于真实的历史。

伴随70多年来我国发展的历程，各地的“龙须沟”“垃圾街”被治理成老百姓傍晚散步的花园、游客流连忘返的景区和消费者穿梭往来的美食街。垃圾治理、回收再利用，给街容市貌带来了显著的改变。这不仅是看得见的整洁卫生，更是百姓生活观念潜移默化的转变。

这样的生活体会不少人都经历过：刚扔到楼下的废纸箱、旧衣服、瓶瓶罐罐，一会儿便会“自动消失”。原因很简单，它们都尚有价值，对它们进行分类、回收的是穿梭在大街小巷中最熟悉的“陌生人”——废品回收者。不少人对垃圾回收现象的认知，也是这样萌发的。

老赵是个“老北京”，他的印象里在物资匮乏的年代，母亲总是会将牙膏皮、废纸张、碎玻璃等分门别类整理好，积攒到一定数量就让他拿去废品站换钱。在老赵的记忆里，母亲常念叨：“将废品分出来，都是钱，被人收去了还能利用上。”

但随着物质生活的极大丰富和消费需求的快速增长，在“买买买”同时也伴随着“丢丢丢”，生产生活产生的垃圾量快速增长。我国是垃圾产生大国，据《广州日报》报道，全国每人每天平均要产生1公斤垃圾，三分之二的城市正在遭遇垃圾围城的困局。

据中华人民共和国生态环境部发布的《2018 年全国大、中城市固体废物污染环境防治年报》，经统计，全国大、中城市生活垃圾产量为20194.4 万吨。前10 位城市产生的生活垃圾总量为5685.8 万吨，占全部信息发布城市产生总量的28.2%。

如何提高垃圾处理的效率、控制垃圾增长的速度，成为社会发展亟待思考的话题。

2018 年11 月，习近平总书记在上海考察。市民驿站里，来自居委会、企业的几位年轻人正在交流社区推广垃圾分类的做法。习近平总书记十分感兴趣，仔细询问有关情况。一位年轻人介绍说公益活动已经成为新时尚。习近平总书记强调，垃圾分类工作就是新时尚!

2019 年7 月，上海市如火如荼开展垃圾分类活动。实施伊始，“垃圾分类”就跻身“超话”、喜提热搜，在网上网下掀起浪潮般热议。话题从让人煞费一番苦心的干湿垃圾之辨，到移风易俗的习惯之变；从“怎么分”，到“谁来管”；从运输成本，到处理闭环；为什么推广垃圾分类了，还要进行垃圾焚烧……热烈讨论的背后代表着民众在思考，愿意付之以行动。

一份食用完的外卖丢进垃圾桶分几步?“食用后的外卖丢进垃圾桶并不难，只需要三步就可以”，上海长宁区居民廖偲岑说，“第一步，把餐盒里没吃完的汤汤水水倒进下水道；第二步，将食物残渣单独扔进湿垃圾；第三步，把外卖的餐盒、一次性餐具、包装袋扔进干垃圾。”

上海市绿化市容局发布数据显示，截至2019 年8 月底，上海市可回收物回收量达到4500 吨/日，较2018 年底增长了5 倍；湿垃圾分出量已达9200 吨/日，较2018 年底增长了130%。垃圾分类的效果初步显现，居民们逐渐接受了这件“麻烦事”。

“这几年，咱们小区也在做垃圾分类，大家的习惯正在养成”，北京市劲松街道劲松五区居民王阿姨说，“我家里常备两个垃圾箱，将干垃圾和厨余垃圾分开放。像果皮菜叶、残茶剩饭等都属于厨余垃圾，一般都扔到小区内指定投放点，每天下午5 点会专门有人来收。”

王阿姨介绍，居民家中废报纸、塑料瓶等可回收垃圾，都会送往“绿馨小屋”，这样既实现了垃圾分类，又可以攒积分兑换奖品。“我住在高层上下楼不方便，靠参与垃圾分类积累下来的积分，兑换了一辆手推车，现在想搬点什么东西都不费劲了。”

1 公斤废旧报纸积累10 分，1 公斤厨余垃圾积累2 分，200 个积分折算15 元，能够兑换洗手液等生活日常用品，或选择家政保洁等社区服务……在北京市劲松街道劲松五区，居民们在“绿馨小屋”前排队，分类丢弃垃圾成了一道风景线。

这道风景线的背后，源于居民们的生活素养随着时代潮流的转变不断提升，更加认可节约适度、绿色环保的生活方式。“低碳出行”“自带餐具”“垃圾分类”等，成了居民推崇的时尚。

“现在推行垃圾分类的氛围很浓厚，同学们都争着学习垃圾分类知识，谁要是不知道垃圾怎么分类，那就真是‘Out’了”，华东政法大学学生温若旋说，“垃圾分类不仅可以提高垃圾的资源价值和经济价值，还能让环境靓丽起来，减少污染，何乐而不为呢?”

一提到垃圾分类，人们往往会想到美国、日本等国家，少有人知道的是，在1957年1月4日和2月28日，《人民日报》就在第一版刊登了《利用废料和代用品》和《应该充分回收废弃物资》两篇社论。引导民众垃圾分类、推广废旧物资循环利用理念的过程，不会一蹴而就，需要伴随社会发展循序渐进。

清华大学环境学院教授、固体废物控制与资源化教研所所长刘建国做客人民网强国论坛时表示，我国现在大致将垃圾分为四类，可回收垃圾、厨余垃圾、有害垃圾和其他垃圾，不同垃圾处理的方法不同。“只有在前端提高垃圾分类的纯度，才能在后端提升后续处理、再利用和焚烧的效率，进一步降低对环境带来的影响。”

在垃圾分类的背后，一个新的蓝海产业正在浮现，有些市场参与者进入环卫设备制造、垃圾分拣、垃圾回收归类、餐余垃圾处置等领域，参与循环经济，“掘金”垃圾堆。

家住北京市昌平区城北街道东关南里小区的徐女士，拿着手机预约回收干垃圾上门服务。“邻居们现在用APP、小程序、电话等方式预约上门回收垃圾的服务，干垃圾每公斤能卖到0.8元，也可以兑换积分，在社区超市、菜店都可以使用。我家小朋友现在也知道垃圾是可以回收的，屋里的易拉罐瓶、旧书报、旧衣服都被孩子拿去换环保金买零食了。”

记者梳理发现，垃圾分类还催生了新的业务，饿了么、支付宝等平台陆续推出代扔垃圾、垃圾回收等新服务；在电商平台上，带有分类标识的垃圾桶热销，有些网店卖到断货。一场关于垃圾分类的行动，正悄然在社会上拉开大幕。

用最少的资源环境代价，获取最大的经济社会效益，全民共识正在形成，社会实践付之行动，后续环节的产业支撑也尤为重要。

在北京市朝阳区，坐落着一座环境优美的循环经济产业园，常有拍摄婚纱摄影的年轻人来这里“打卡”。但它真正肩负的使命是朝阳区垃圾资源化的最后一站，集固废处理、再生资源循环利用、环保科教功能于一体的示范园区。

园区管理中心主任皮猛介绍，焚烧中心采用机械炉排炉焚烧技术和先进的烟气净化处理工艺，日处理能力1800吨，年发电上网量2.26亿度；焚烧烟气排放指标，特别是二噁英的排放量优于国标和地标指数；餐厨厂的预处理工艺、水处理工艺及除臭系统，均处世界先进水平，实现了“固、液、油”三相分离。

垃圾除杂过程中，厨余垃圾是个难点。广州一家生物质综合处理厂主要负责处理餐饮垃圾、厨余垃圾，每天运进来的是成吨的垃圾，送出去的是由垃圾变成的“宝贝”。据工作人员介绍，通过高压压榨分选技术，可以实现厨余垃圾的干湿分离。产生的沼气可转化为电能，沼渣脱水后加工为生物肥料原料。

《再生资源回收体系建设中长期规划（2015—2020年）》提出，到2020年，将在全国建成一批网点布局合理、管理规范、回收方式多元、重点品种回收率较高的回收体系示范城市，大中城市再生资源主要品种平均回收率达到75%以上。这有利于推动垃圾分类的效率，提升循环经济的社会价值。

技术创新、公众意识培育等一系列变化，推动了垃圾分类从理念走向实践、从探索迈向了推广，让垃圾“有家可回”成为再利用的资源。垃圾分类倒逼人们在产生垃圾时有所顾虑，第一步是要分类处理，更重要的是后一步，推动城市垃圾减缓增加或不再增加。

垃圾分类是不可阻挡的时代潮流。如何助力这场轰轰烈烈的垃圾分类行动，在神州大地上推得动、行得远？

循序渐进、试点推广。早先，通过在46个重点城市先行先试，由点到面、逐步启动，初步积累了可复制、能推广的经验；从2019年起，全国地级及以上城市全面启动生活垃圾分类工作；到2020年年底，46个重点城市将基本建成垃圾分类处理系统；到2025年年底，全国地级及以上城市将基本建成垃圾分类处理系统。

再将目光回到上海。这里并非首个为垃圾分类专门立法的城市，但这部地方性、经大数据调查分析的条例，所激发出的上海市民乃至全国人民的参与热情，超越了大家最初的预期。

过去“盼温饱”，现在“盼环保”；过去“求生存”，现在“求生态”。老百姓的观念在讨论中悄悄转变，在行动中凝聚共识。垃圾分类的制度体系也在紧锣密鼓谋划，与老百姓的需求紧密结合。

2019年6月，在提请全国人大常委会审议的法律草案中，就有一项《固体废物污染环境防治法》。这部1995年出台的法律，近几年来历经频繁修订，突显了生态文明建设的紧迫性与重要性。此次修订法律，拟将现行法律中“生活垃圾污染”一节扩充为专章，并明确国家推行生活垃圾分类制度。

党和国家围绕生态文明体制改革总体方案打出的“组合拳”持续发力。由中华人民共和国国家发展和改革委员会、中华人民共和国住房和城乡建设部制定，于2017年出台的生活垃圾分类制度实施方案，计划在2020年年底前，在直辖市、省会、计划单列市及首批生活垃圾分类示范城市中先行实施强制分类，并达成基本建立垃圾分类相关法律法规和标准体系的目标。

龙头牵引、四轮驱动，绿色家园建设的马车吱呀起步、隆隆向前。地方垃圾分类制度制定、出台、验收按下快进键。厦门、西宁、广州、重庆、太原、邯郸、长沙、黄山……数十个城市生活垃圾分类地方性法规或规章见诸报端；更多城市立法规划正在火热推进。

没有可全然照搬的路径，需要“一城一策”探索创新。近年来，北京在前端垃圾投放上探索出的人工引导、智能投放、积分奖励、上门回收等模式，有望以法律形式“固定”并推广。《杭州市生活垃圾管理条例》将垃圾分类宣传教育上升为法律条文，并把违反条例行为作为不良信息，记入个人、单位的信用档案。

2019年6月，习近平总书记对垃圾分类工作作出重要指示，推行垃圾分类，关键是要加强科学管理、形成长效机制、推动习惯养成。要加强引导、因地制宜、持续推进，把工作做细做实，持之以恒抓下去。

这是一场深化改革的会议，获得了社会各界的广泛关注。2019年9月，中央全面深化改革委员会第十次会议提出简约适度、绿色低碳的生活方式，倡导按照系统推进、广泛参与、突出重点、分类施策的原则，以开展节约型机关、绿色家庭、绿色学校、绿色社区、绿色出行、绿色商场、绿色建筑等创建行动为举措，推动绿色消费，促进绿色发展。

当前，垃圾分类的绿色发展之路，正越走越宽。未来一年内，全国46个推行垃圾分类的重点城市，将针对垃圾分类的“考卷”下一番功夫进行作答。

垃圾分类仅是一个具象缩影，投射出的是国家对循环经济发展、生态文明建设的谋篇布局，是新中国成立70多年来环境保护、可持续发展、生态文明建设的鲜活映现。同时，这也是一个城市管理能力和市民素质的综合体现，是提升社会文明水平的重要标志。

（资料来源：人民网 http：//politics. people. com. cn/n1/2019/0918/c429373 –31359519. html）

二、垃圾分类标准

2019年11月15日，中华人民共和国住房和城乡建设部发布了新版《生活垃圾分类标志》，同年12月1日起正式实施。新标准将生活垃圾分为可回收物、有害垃圾、厨余垃圾和其他垃圾四大类，其对应标志如图5－1所示。

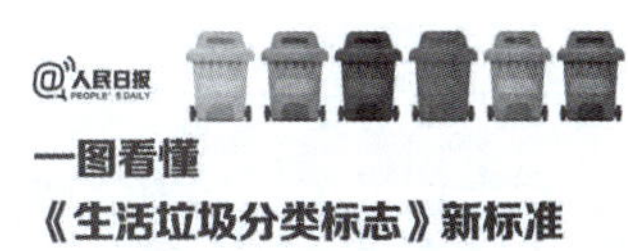

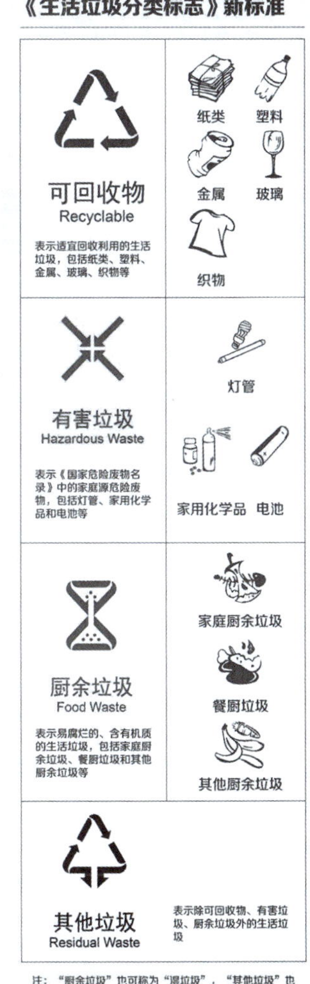

图5－1 生活垃圾分类标志

注：图片来源：人民日报。

三、垃圾分类操作

（一）分类原则

垃圾分类，关键要掌握分类原则：可回收物记材质，玻、金、塑、纸、衣；有害垃圾非常少，主要是废电池、废灯管、废药品、废油漆及其容器；湿垃圾看是不是很容易腐烂，是不是容易粉碎；其他的就都是干垃圾了。当发现有混淆模糊不能准确判断类别的垃圾时，也可以把它按干垃圾分类。

（二）投放要点

1. 可回收物

可回收物主要包括废纸、塑料、玻璃、金属和布料五大类。

废纸：主要包括报纸、期刊、图书、各种包装纸等。但是，要注意纸巾和厕所纸由于水溶性太强不可回收。

塑料：各种塑料袋、塑料泡沫、塑料包装（快递包装纸是其他垃圾/干垃圾)、一次性塑料餐盒餐具、硬塑料、塑料牙刷、塑料杯子、矿泉水瓶等。

玻璃：主要包括各种玻璃瓶、碎玻璃片、暖瓶等（镜子是其他垃圾/干垃圾)。

金属：主要包括易拉罐、罐头盒等。

布料：主要包括废弃衣服、桌布、洗脸巾、书包、鞋等。

这些垃圾通过综合处理回收利用，可以减少污染，节省资源。如每回收1吨废纸可造好纸850公斤，节省木材300公斤，比等量生产减少污染74%；每回收1吨塑料饮料瓶可获得0.7吨二级原料；每回收1吨废钢铁可炼好钢0.9吨，比用矿石冶炼节约成本47%，减少空气污染75%，减少97%的水污染和固体废物，如图5-2所示。

2. 有害垃圾

有害垃圾主要包括：废充电电池、扣子电池（镉镍电池、氧化汞电池、铅蓄电池等)，废荧光灯管（日光灯管、节能灯，不包括LED灯管)，废温度计，废血压计，废药品及其包装物，废油漆、溶剂及其包装物，废杀虫剂、消毒剂及其包装物，废矿物油及其包装物废胶片及废相纸等，如图5-3所示。

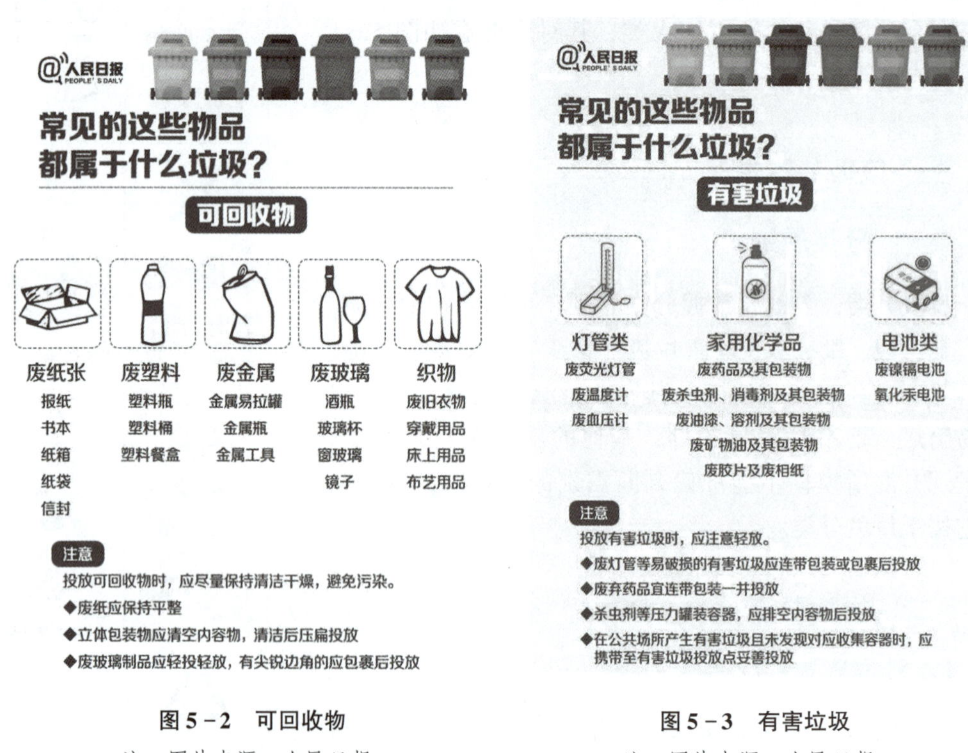

图5-2 可回收物

注：图片来源：人民日报。

图5-3 有害垃圾

注：图片来源：人民日报。

3. 厨余垃圾

厨余垃圾主要包括：厨余垃圾、餐厨垃圾和其他厨余垃圾，如果壳类（如果皮、瓜子壳、花生壳等）、残渣类（如茶渣、咖啡渣、中药渣等）、硬壳类（如蛋壳、贝壳、蟹壳、虾壳等）、水果类（未食用的水果及食用后的果核等）、蔬菜类（如菜叶、根茎类蔬菜皮等）、米面肉类（未食用及食用残余的米饭、面条、麦片、豆制品、鸡、鸭、鱼、肉、动物内脏、肉干及动物骨头等）、零食类（如各类饼干、糖果、巧克力等）、罐头食品类（各式罐头食品内容物）、调味类（如果酱、辣酱、炼乳等调味料）、其他类（各式过期食品、宠物饲料以及室内盆栽废弃的树枝、叶等），如图5－4所示。

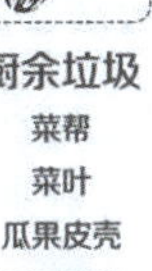

图5－4　厨余垃圾

注：图片来源：人民日报。

4. 其他垃圾

其他垃圾主要包括废弃的卫生巾、纸尿裤、餐巾纸、卫生纸、面巾纸、湿纸巾、烟蒂、陶瓷制品、玻璃纤维制品（如安全帽），及污损严重的海绵、旅行袋、球类、花盆、地毯、踏垫、浴巾、毛巾、帽子、棉被、枕头、床单、床罩、布料（含碎布）、衣服、鞋类、袜子、窗帘、桌布、围裙等。

学习探究

近九成大学生支持垃圾分类 半数对分类标准模糊

“支持垃圾分类，晚餐加个鸡腿。”上海市实施垃圾分类的第2天，同济大学环境科学与工程学院的王俊童发了一条朋友圈，他将平时用不到的书本、纸壳等可回收物投放到学校设置的回收贩卖机中，拿到了27.9元的奖励。

回忆一年前的经历，王俊童表示，虽然自己就读的专业与环境相关，但是垃圾分类政策实施之初，相关的分类常识还是给了他一个“下马威”。除了需要自主学习分类常识，寝室门口分类明确且稍具规模的垃圾站，也影响着王俊童和身边同学的一言一行。

2020年5月1日开始，新版《北京市生活垃圾管理条例》正式实施。截至目前，全国已有46个重点城市实施垃圾分类条例，未来将实现垃圾分类的全域实施。在垃圾分类实施趋势下，大学生如何看待垃圾分类？他们在垃圾分类实施过程中遇到了哪些难题？又有哪些疑问希望得到解答？

近日，中青校媒面向全国900名大学生发起问卷调查。调查结果显示，87.4%的大学生支持垃圾分类，希望所在城市实施垃圾分类措施。

近九成大学生支持垃圾分类 但仅半数能正确辨别

尽管垃圾分类条例在当地实行已将近一年，但家住西安的大二学生范梦珂对垃圾分类标准的掌握依旧不足，“分类时会犹豫，判断全凭直觉。”

中青校媒调查发现，调查对象中43.9%的大学生在处理垃圾时会有意识地进行分类。但完全掌握垃圾分类标准的仅有4.6%，42.3%能分辨大部分，43.4%表示部分能分辨，9.7%表示基本不能分辨。

在中青校媒发起的垃圾分类常识调查中，“穿过的袜子”“花蛤壳”“猫砂”“过期巧克力”，都是大学生较为感兴趣的题目，但能正确分类的大学生并不多。“这是我填过最难的问卷了。”山西农业大学大一学生徐萌在参与问卷填写后这样说道。

垃圾分类条例实施之初，各地垃圾分类各有各的说法，网上流传的科普文章、段子让人眼花缭乱。在一次吃粽子时，家住上海市嘉定区的许婧文一家很纠结——不知粽叶到底是湿垃圾还是干垃圾。一番搜索后，他们发现尽管粽叶属于能腐烂的生物质废弃物，经过处理后最终能变成土壤肥料、有机介质，但在实际处置过程中，粽叶质地相对较硬且有韧性，大量进入处置设备可能会损伤设备，影响设备正常运转，所以粽叶应被视为干垃圾处理。

同济大学环境科学与工程学院博士生导师何品晶介绍，现行标准下可将垃圾大致分为四类：有害垃圾、可回收垃圾、厨余垃圾和其他垃圾。“各地叫法不一样，但分类方法大体相同。以厨余垃圾为例，上海叫湿垃圾，北京叫厨余垃圾，还有的地方叫生物可降解垃圾，或者可烂垃圾。”

尽管一些小程序、科普文章对许多垃圾类型进行了细分，但落实到生活中，人们处理垃圾还是会面临一些问题。中青校媒调查发现，59.0%的受访大学生认为处理垃圾很麻烦，68.7%的大学生所在社区没有相应的垃圾桶配置，63.0%的大学生认为身边人垃圾分类意识不强，57.9%的大学生认为需要时间适应垃圾分类。

同济大学的吴廷炜遇到的第一个问题，是频频错过投放时间。垃圾站有固定的投放垃圾时间，如果赶上有课，宿舍里专门放置可回收垃圾的桶，就只能再勉强“坚持”一天。垃圾分类实行以后，点外卖也有了“后顾之忧”。如果剩下食物，要和包装分开处理。有些包装清洗后可以作为可回收物处置，但几乎没人会洗餐盒。

住在上海的大二学生张甜甜一度感到不适应。垃圾回收不仅要定时定点，还有人工监督，有时监督员还要打开垃圾袋查看，让他担心自己的隐私会被侵犯。

卫生安全问题也曾引发张甜甜的顾虑。每次投放湿垃圾时，都需要打开塑料袋，把垃圾扔进湿垃圾桶，再把塑料袋扔进干垃圾桶，“这样不仅麻烦，有时候还可能会弄脏手。”好在后来社区在垃圾投放点旁边安装了水龙头，倒完垃圾就能及时洗手，打消了张甜甜的顾虑。

47.2%大学生自发加入推广队伍

虽然还没有完全适应垃圾分类，但大学生对待这件事大都很用心。中青校媒调查发现，86.1%的大学生会有意识地学习垃圾分类知识，44.6%的大学生能够严格执行垃圾分类标准，47.2%的大学生主动向身边人传递相关知识。

许多大学生能够意识到垃圾分类对于环境保护的必要性。大连理工大学环境学院博士生导师李爱民说，实施垃圾分类后，原本难以回收的垃圾可以通过不同的处理方式进行回收利用。“比如厨余垃圾可制成有机肥、甲烷等。”而有害垃圾的分类处理，则避免了垃圾混合处理时可能导致的地表水污染和土壤污染。

“实施垃圾分类是很好的保护环境手段。从社会、工业和产业的角度来看，垃圾分类对终端处理是很有好处的。”科班出身的吴廷炜不仅十分支持垃圾分类的实施，还曾参与同济大学包括教学区在内的多个区域的垃圾分类方案制定。

“大学生执行垃圾分类条例的成效应该较其他群体更为明显。”李爱民认为，大学生在自身做好垃圾分类的同时，应主动加入到垃圾分类的宣传和推广中。

家住张家港市的大二学生吴奕蕾对当地垃圾分类条例的实施充满期待。在垃圾分类正式开始实施之前，她所在的社区就已经通过手机短信、推送、广告墙滚动投屏、科普手册等形式展开宣传。“垃圾箱旁边设置二维码，每次正确分类投放垃圾之后，居民都可以得到相应的‘红包’奖励。”这种模式让吴奕蕾觉得新鲜。

“我觉得当大家都这么做的时候，如果只有你不好好分类，就会很奇怪。”有一次，在垃圾站看到小区其他居民将垃圾丢错时，一向害羞的许婧文忍不住提醒对方。对于王俊童而言，虽然家乡并没有正式开始执行垃圾分类条例，但他还是会提醒朋友扔垃圾时分类投放。

在吴廷炜看来，大学生应该加强参与垃圾分类的自主意识，不仅自己做好垃圾分类，还可以参与到垃圾分类相关知识的宣传、推广中。“通过科普讲座等形式让更多人了解垃圾分类的过程、意义及影响。同时可以多观察、多思考，发现问题后及时反馈给相关的职能部门，促进垃圾分类系统的建设和运营。”

华东师范大学研究生三年级的颜悦晨在宿舍桌上放了一个小型垃圾桶，用来收集湿垃圾，而原本的垃圾桶用来盛放干垃圾，“还找了一个纸箱专门收集可回收垃圾。”她将垃圾分类查询界面放在手机最容易单击的位置，“丢弃之前先确认每件废弃物该扔到哪个垃圾桶里。”

“垃圾房也会张贴一些分类的方法，收垃圾的叔叔也会在垃圾房检查提醒。”颜悦晨说，“大部分学生都能够自觉地正确投放垃圾。”

网上曾流传着一个段子：奶茶如果喝不完，液体要倒入下水道，珍珠要扔到湿垃圾桶，奶茶杯则要扔到干垃圾桶。这样的情况颜悦晨还真遇到过。因为路边的垃圾桶大都只收干垃圾和可回收垃圾，她一路上拿着一杯没有喝完的奶茶，辗转坐公交、地铁、走路，回宿舍才扔掉。

专家建议：做好垃圾分类从消费环节做起

在没有放置湿垃圾回收桶的区域，有吃不完的馒头该如何处理？何品晶给出的答案是：“吃下去！”听到这个答案，同学们都笑了。

在何品晶看来，“垃圾分类不应该仅仅从投弃环节做起，还应从消费环节、甚至生产环节做起。”

点的饭菜都吃完，杯中的奶茶、饮料都喝光，从消费源头开始减少垃圾的产生，尤其是湿垃圾的产生，是何品晶给大学生的建议。他也曾向同济大学有关部门提出建议，可否专门为一些女生供应小分量的食物。“在垃圾分类背景下应更加注重‘不产生不该产生的垃圾’。”

“通过垃圾分类，食品安全也得以保障。将饭店、食堂等公共消费场所产生的厨余垃圾进行分流，首先是解决地沟油问题，可以避免餐桌上剩下的东西再回到餐桌。另外要避免公共消费产生的厨余垃圾喂猪，避免‘垃圾猪’的出现。”

吴奕蕾直言，在上海生活时，她越来越不想点外卖。分类过程的烦琐令她感到苦恼，“吃完外卖如果有剩就还需要一样一样倒出来，分类处理，甚至吃完的水果也需要进行细分。”她因此少点的外卖，也确实少产生了许多不必要的垃圾。

此外，在李爱民看来，垃圾分类方式应当因地制宜。“要根据当地的实际情况进行垃圾分类。不同规模的城市应当综合当地情况，分别进行相关条例制定。”

何品晶举了一个例子，“我们理念中玻璃瓶具有回收价值。但由于玻璃瓶较重、体积大、价值低，而运输、储存的成本很高。一线城市人口密度高、土地资源紧缺、土地价值高、人力成本高，在这种情况下，类似的低值可回收物利用就显得较为困难。可回收物和有害垃圾分类，恐怕是‘后端’决定‘前端’。”

在何品晶看来，垃圾分类是日常工作，而不是应急工作，需要重视其可持续性。同时他强调，面对垃圾分类，大学生不仅要以实际行动加入其中，还应该对垃圾分类有更为科学的理解和认识，才能让垃圾分类行稳致远。

资料来源：中国青年报，2020-6-8（8）。

第二节 创建文明宿舍

一、文明宿舍建设要求

宿舍是学习、生活、休息的重要场所，宿舍文明环境建设直接体现精神面貌和个人素质，直接关系身心健康。大学生应将维护整洁文明宿舍环境内化为自觉要求，外化为自觉行动，达到以下要求。

文明宿舍环境卫生标准总体概述为：叠好被子，清扫地面，书柜整齐，书桌洁净，杂物有序，厕所清新。具体要求如下：

1. 床铺

1）床上用品经常清洗，保持干净、卫生、整洁。

2）被子叠好统一放于床一侧，床单平整。
3）蚊帐不使用时整理齐整，保持通风卫生。
4）床头不挂排插、衣物、杂物和挂件。

2. 桌面

1）书籍按竖排整齐放于书柜中，常用书籍可放桌上。
2）保持计算机清洁，电源线及网线束放整齐。
3）个人化妆品、小装饰品等物品整齐放置。
4）凳子不用时推进书桌下。
5）排插放置桌上，电源不用和出门时应及时断电、关电。

3. 衣柜

1）衣物叠放整齐。
2）衣柜外不要悬挂衣物。
3）关紧柜门。

4. 地面

1）地面干净，阳台、卫生间干净整洁。
2）墙面无蜘蛛网、无人为损坏、无涂鸦。
3）玻璃、窗框无积尘。
4）床下鞋子整齐摆放。

5. 杂物

1）行李箱、纸箱可放行李架上，或放在衣柜与墙之间的空隙处，摆放整齐。
2）洗漱台上的洗漱用品摆放规整、毛巾挂放整齐。
3）窗台外不得违规搭建晾晒衣物等物品，以免坠落。
4）扫把、垃圾铲等清洁工具整齐放置，垃圾桶套袋日产日清。
5）地面上不要堆放废弃纸箱等杂物，及时清理。

6. 厕所

1）厕所内无杂物及异味。
2）便池无积垢。

7. 一票否决情况

1）寝室成员在宿舍区有喝酒行为的。
2）寝室成员有在使用违规电器（煮食物）的。

3）私拆蚊帐架在阳台搭建架子的。

4）寝室成员有在宿舍区销售物品的。

5）寝室成员有在宿舍区养宠物的。

6）寝室成员在宿舍区有抽烟行为的。

7）在学生公寓公共区域存放垃圾的。

毕业班学生文明离校接力清洁寝室

毕业班学生文明离校是我院的优良校风和光荣传统，展现我院大学生良好的精神风貌，每年7月份我院都会开展毕业班学生“文明接力·清洁寝室”活动。

一、参与对象

外出实习毕业班学生。

二、具体要求

毕业班学生在离校前自觉开展寝室清洁活动，将一个干净整洁的“家”留给下一年级的学弟学妹，做到：

1）按时将所有个人物品搬离寝室，房间内无垃圾和废弃物，墙壁上无杂乱张贴物。

2）地面、洗脸池、台面整洁干净，卫生间地面无固体垃圾。

3）寝室门口、楼道不堆积垃圾，将垃圾打包放入楼下垃圾桶内。

4）公共设施设备齐全，蚊帐架恢复原状，所有柜子门打开，如图5－5所示。关好阳台玻璃门，关闭水源、电源。

图5－5 毕业班离校清洁宿舍标准

5）配合宿舍验收工作，公物如有人为损坏，照价赔偿；钥匙移交至宿管员处，在规定时间内搬离宿舍。

6）把文明寝室建设的金点子和小窍门留在寝室，供新生发扬传承。

二、特色寝室建设标准

特色寝室宣扬的是一种文化，是一种相互影响、彼此照应、和谐共进的良好氛围，对文化修养、综合素质等方面的提高有很大的促进作用。

要建设特殊寝室，首先要考虑寝室大部分人的性格、喜好、价值观等，然后再依此为方向营造出别具一格的“特色”文化。如果寝室大多数人都喜欢学习，便可以考虑建设学习型寝室；如果寝室大多数人喜欢运动，便可以考虑建设运动型寝室；如果寝室大多数人都对环保有一定兴趣，便可以考虑建设环保型寝室；此外，还有创业型寝室、自强型寝室、友爱型寝室、社团达人寝室等。

在建设特色寝室时，可参照以下标准：

1）全体寝室成员共同参与特色寝室建设，共同商议并确定特色寝室建设方向。

2）在干净整齐的基础上按照主题特色布置寝室。呈现出的效果符合指定特色，简单、大方、美观，别具匠心、新颖独特、让人眼前一亮。

3）寝室布置含有若干个小设计，以彰显个性，传递寝室文化。

4）有与寝室文化对应的“行为习惯养成计划”“寝室团建活动安排”等。

三、寝室美化设计与实操

（一）美化原则

1）简洁、大方。寝室空间有限，不适于摆放过多物品装饰，否则会显得太杂乱。

2）温馨、舒适。寝室是放松休息的场所，在美化时应当考虑烘托一种温馨、舒适的氛围，让室内充满家的温暖气息。

3）突出文化气息。寝室除了作为放松休息的地方，有时还充当学习的场所，在美化时，要从色彩、风格上考虑这个因素，营造一个安静、适宜学习的空间。

（二）整理实操

1. 定期清理

在宿舍里，很多东西是不需要的，如多余的床垫、过时的衣物鞋子（可以捐给学校的爱心社团）、用过的废纸、广告单页、别针、橡皮筋以及过期的化妆品……总之，应定期清理这些物品。

2. 学习收纳

（1）衣物收纳　大学宿舍里，铁皮柜一般是立式的，可考虑增加空间分层，使空间利用更合理、充分。利用“魔力片”、分隔抽屉或者其他的收纳盒子都是不错的选择，增加了衣柜的存储量。最好要根据衣服大小来选择收纳盒，T 恤、衬衫等夏天的衣物和内衣适合浅色收纳盒，牛仔裤、毛衣等秋冬的衣物适合深色收纳盒，如图 5－6 所示。

图 5－6　利用分隔抽屉收纳

衣服最好折叠成小块，这样比普通的叠法更节省空间，拿取也更方便，如图 5－7 所示。

摆放方式也有讲究，能立或卷起来，就不要上下叠放，如图 5－8 所示。衣物立起来的好处有：

1）同样的空间，能存储更多的衣服。

2）一目了然，能准确地把需要的衣物拿出来。

3）不会在找衣物时，把其他的衣服翻乱。

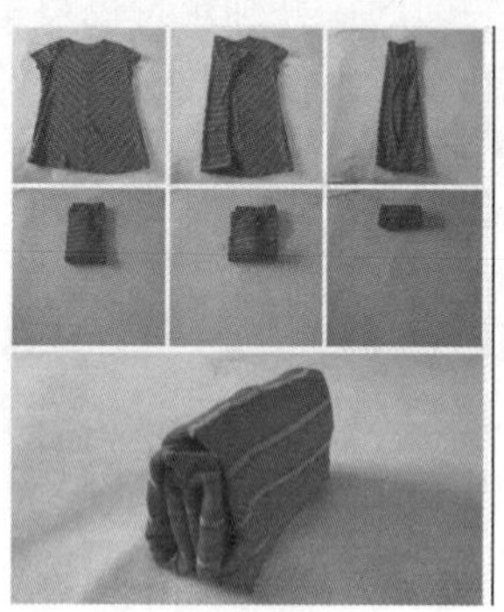

图 5－7 衣服折叠成小块，节省空间又方便拿取

图 5－8 竖放衣物的好处

换季的衣服和被子最好买一个压缩袋，轻松收纳蓬松厚重的衣物，还防潮防生虫，如图 5－9 所示。

（2）床底收纳　床底下可放置各种不常用的东西，一般是纸箱、旅行箱或鞋子。对于不常用的纸箱或鞋子，可以在箱子外面贴上标签。可以用透明鞋盒存放鞋类，如图 5－10所示。在找东西时，可避免将床底翻得乱七八糟。

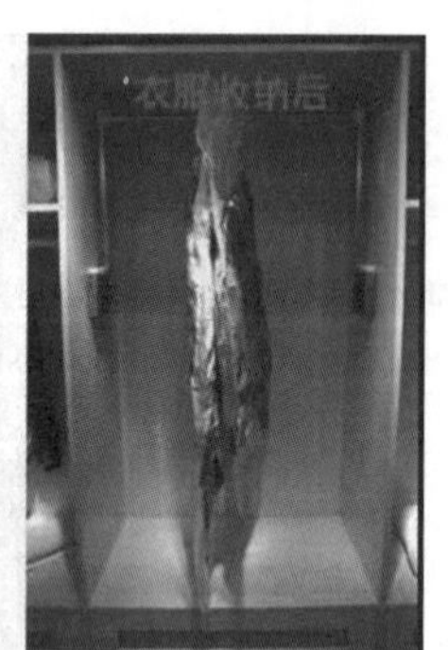

图 5－9 用压缩袋收纳衣服

图 5－10 鞋类存放

（3）书桌收纳　作为一名大学生，书桌上的物品有书籍、护肤品及其他杂物，东西虽多但也可以整齐有序。如图 5－11 所示。

书籍按照类型进行分区摆放，并根据使用率，将常用书籍放在外侧。收纳时可使用书立作为辅助。

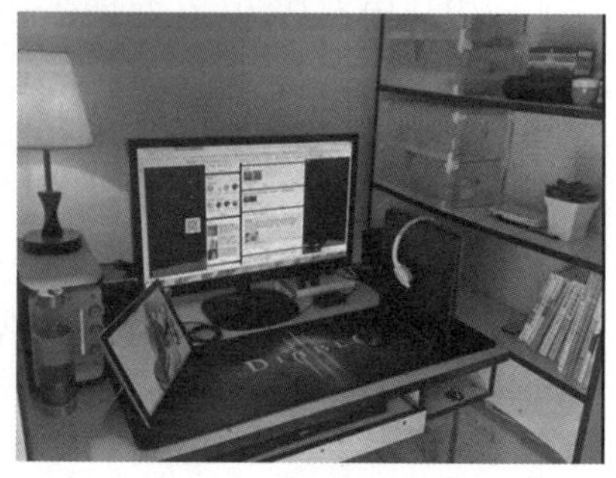

图 5－11 书桌物品摆放

工科男将寝室变天空之城 被赞“最美男生宿舍”

走进重庆大学松园一栋355寝室，当灯光亮起，被蓝色覆盖的屋顶折射的光，让整个房间犹如置身海洋一般，大海之蓝，清澈夺目。一颗颗黄色的五角星化作了夜空中最亮的星……

该寝室的主要设计者是吴康杰，来自浙江，是土木工程专业的大一学生。从小住在临海地区的他，经常见到蓝色的大海。他说，设计灵感来源于重庆的天气。“来到重庆后，阴雨天气不少，蓝天白云很少见，夜空的星星更是几乎没见过，所以希望将蓝色的天空搬到寝室里来。”

除了对蓝天的渴望，吴康杰选择蓝色为寝室装扮的主色调，还有一番用意。他解释道：“每个颜色都会带给人不一样的情绪反应。蓝色，带给人一种深邃、平静的力量，能帮助人在喧闹的生活中静下心来。”他认为，大学生在日常生活中都比较活泼，但寝室是用来供学生学习和休息的，因此希望借助大量的蓝色，帮助寝室同学回归平静安宁的心理状态。

这个寝室的设计主题为“天空之城”。《天空之城》是吴康杰最喜欢的一部电影作品，所以用了这个名字。虽然寝室的具体装饰与电影没有多大关系，但整体风格和给人的舒适感觉与电影一样。

4人熬夜纯手工制作 约300元打造梦幻寝室

设计阶段完成后，寝室4个人开始动手，先从材料的购买和制作开始。

巨大的工作量难住了4位小伙子。“我们只买了几种颜色的海绵纸和卡纸，星星等图案都打算自己动手剪，但后来发现工作量太巨大了。”寝室长王强说。压力之下他们本想放弃自己动手的想法，去网上购买成品粘贴，“但成品花费过高，后来我们开会商量，决定坚持一下，手工制作试试看，哪怕不能成功也不留遗憾。”

寝室成员朱飞说，由于工作量太大，每周几乎天天满课的他们，只能牺牲中午和晚上的休息时间，在一周之内完成了所有装饰，有时为了赶进度还熬到半夜两点多。寝室从设计到装扮完成，仅花费了约300元。

装饰这个寝室有难度吗？有！最大的工作量和难度都来自屋顶蓝色卡纸的粘贴。由于高度问题，他们向宿管阿姨连续借了两天梯子，由一名成员爬上梯子，抬头望着屋顶将卡纸牢固粘贴在屋顶上。据了解，每张纸仅有A3大小，为了完整地覆盖整个寝室的屋顶，他们一共用掉了近50张卡纸。

此外，悬挂在蓝色天空之下的10多个小星星，也让4个大男生细心钻研了一番。吴康杰说：“本来我们只想单纯用海绵纸剪成五角星，后来发现不够美，讨论出了另一套制作星星的方案。”先将蓝色的海绵纸剪成大五角星作为底板，然后用黄色和白色海绵纸依次剪出两个更小的五角星，分别粘贴在蓝色底板星星的正反两面。这样一来，悬挂起来的星星显得更有立体感。

获奖后陆续被围观 女生称干净漂亮“胜过女寝”

因为干净整洁和别具匠心的设计风格，松园一栋355寝室在重庆大学优秀学生之家的评选活动中摘得“五星级寝室”称号。

此后，同一栋公寓楼里不断有其他同学陆续来到他们寝室参观，曾有一名女生因社团活动需要进入他们寝室，看到寝室装饰后称赞说：“第一次看到男生寝室如此干净整洁，比我们女生寝室还漂亮！”

此次装饰寝室，对吴康杰和他的室友来说，是一次加强沟通、促进情感交流的难得机会。“大一进来时寝室关系还好，后来慢慢变得有些冷淡，交流也不像以前那么多。趁着装饰寝室的机会，我们4个人的沟通比以前更多了，关系更亲近了。”王强说道。

下一步，他们将在保持整体装饰不变的基础上，根据个人特点，一起设计各自书桌前的墙面布置，让寝室更有家的感觉。

资料来源：人民网 http：//sc. people. com. cn/n/2015/0428/c345515 －24666576. html。

第三节 参与公寓公共区域环境维护

一、公寓公共区域保洁

1. 清洁范围

清洁范围为楼道楼梯、扶手、墙面、消防栓、消防管道、楼道门窗、楼道灯开关及公共设施（配电设备除外）。

2. 清洁作业程序

1）备扫把、拖把、垃圾铲、垃圾筐各一个（把），从底层至顶层清扫楼道楼梯，将果皮、纸屑、烟头收集于垃圾筐然后倒入垃圾车；在拖把清洁槽洗净拖把，拧干拖把上的水，用拖把从顶层往下逐层清洁，拖抹过程中应清洗拖把数次。

2）备抹布一块，胶桶（用于装水）一个，自下而上擦抹楼梯扶手及栏杆，擦抹过程中应清洗抹布数次。

3）清洁消防栓、管时，使用扫把打扫消防管上的灰尘和蜘蛛网，再用湿抹布擦拭消防栓和玻璃，然后用干抹布擦抹玻璃一次，按上述程序逐个清洁。

4）清洁窗户玻璃时，备玻璃刮，清水一桶，玻璃清洁剂，按以下作业程序清洁：①先用铲刀铲除玻璃边缘上的污垢；②将玻璃清洁剂按1:5的比例加清水稀释；③把浸有玻璃水的毛巾裹在玻璃刮上，然后适当用力按在玻璃顶端，从上往下垂直刮；④除掉毛巾，用玻璃刮刮去玻璃上的水分；⑤一洗一刮连贯进行，当玻璃的位置与地面较接近时，可以将刮横向移动；⑥用无绒毛巾抹去玻璃框上水珠；⑦用拖把抹净地面上的污水；⑧清洁高处玻璃时，可把玻璃刮套在伸缩杆上；⑨玻璃水用后不要轻易倒掉，沉淀后倒入新水桶，以备后用。

5）每小时巡视检查楼道内外卫生一次，将各类垃圾清扫干净，目视楼道，无烟头、果皮、纸屑、蜘蛛网、积尘、污痕等。

6）清洁工具放置，清洁筐、拖把、扫把、垃圾桶等清洁工具使用完毕放回原位，不得随处乱丢。

名人故事

霍启刚带儿子下厨做饭

霍英东集团副总裁霍启刚在社交平台上晒出了一组亲子互动照片，照片中明显可以看到，霍启刚带儿子下厨做饭，小女儿在一旁围观，场面十分温馨。

霍启刚还分享了其他照片，如儿子、女儿想要奖励主动擦车，还有全家人一起到香港二奥村体验插秧等。这些照片反映出霍启刚夫妻平常很注重对孩子的教育，并没有过多地宠溺孩子。

霍启刚带儿子下厨做饭的时候，可以看出是以合作的方式完成的，但在现在大部分家庭中，家长怕孩子做不好，从不带孩子下厨，有些孩子甚至连一些自理能力都有所缺失。想要教育好孩子，一定要在平时锻炼孩子的自理能力，还要培养孩子的独立性。另外，经常和孩子共同做一件事情，也有助于亲子关系的加深。

父母是孩子的第一个老师，父母的一言一行，孩子都会看在眼里，记在心里，那么父母一定要树立好榜样，让孩子可以学到好的一面，例如，面对问题的时候不退缩，让孩子学会承担责任，拥有敢于面对困难的勇气。

二、公寓控烟行为规范

1）学生公寓控烟区域为公寓楼内任何区域，包括寝室内、阳台、卫生间、走廊、楼梯、大厅和学生公寓楼周边区域。

2）吸烟存在火灾隐患。日常生活中随意乱丢的未熄灭的烟头，就像“流动火种”，潜伏着巨大的火灾隐患。香烟在燃烧时中心温度可达到 700 ~ 800 度，一支香烟的燃烧时间长达 4 ~ 15 分钟，可以说整个吸烟的过程都是火灾发生的潜伏期。烟头和火星掉到可燃物上，极易引发火灾。

3）吸烟危害健康。吸烟可引发肺、喉、口腔和食道等部位肿瘤，以及慢性支气管炎、慢性阻塞性肺病、缺血性心脏病、不孕等其他疾病。“二手烟”含有高浓度的一氧化碳、尼古丁等刺激性物质。这些物质除了刺激眼、鼻和咽喉外，也会明显地增加非吸烟者患上肺癌和心脏疾病的机会。

4）个人控烟要求。宿舍内做到无烟味、无烟头，无烟盒、烟灰缸、打火机、火柴等烟具。做到自己不吸烟，给身边的人创造一个安全、文明、健康的学习生活环境。行动起来，保护自己的安全，维护自己的权益，共同劝阻、抵制、举报学生公寓楼内吸烟（包括电子烟）的行为。

三、公寓环境秩序维护

为维护良好的公寓生活秩序，营造一个文明、整洁、健康、高雅的公寓环境，建设平安公寓、和谐公寓，根据《高等学校校园秩序管理若干规定》，应遵循以下宿舍文明行为规范：

1）着装整洁得体，仪容端庄。

2）行为举止高雅，谈吐文明。

3）爱护公寓绿植，节约用水用电。

4）上下楼梯遵守秩序，注意先后顺序，相互礼让。

5）遵守宿舍环境卫生的有关规定，保持宿舍环境卫生，不随地吐痰、不乱扔杂物。

6）文明如厕，保持卫生间清洁，爱护水龙头、浴霸、洗漱台等洗漱公共设施。

7）不在宿舍及宿舍公共区域大声喧哗。

8）爱护宿舍饮水机、电吹风、洗衣机、售卖机等公共设施，合理有序使用。

9）进出宿舍，主动服从宿舍管理人员现场管理，遵守秩序。

10）自觉遵守宿舍各项规章制度，尊师爱友，团结和睦，共同营造绿色健康的学习氛围和积极向上的公寓环境。

11）遵守网络信息管理的法律法规和有关规定，维护微信群安全和秩序，自觉抵制不良信息，不传播网络谣言。

学习探究

大学宿舍公约参考标准

一、遵守学校作息制度，按时起床、就寝，积极参加体育锻炼。

二、坚持卫生值日制度，每天有值日，每周大扫除，保持寝室内务整洁。做到：地面干净，无痰迹、果皮、纸屑、积尘；墙壁、门窗、天花板清洁，无涂刻、积尘、蛛网；床铺、被子叠放整齐，被单整洁，床下鞋子摆放整齐。室内装饰大方、健康、美观、简洁，书桌、书架等处物品放置定位整齐，排列有序。

三、自觉维护宿舍环境卫生。按时清扫垃圾，不随地吐痰，不乱倒杂物、垃圾、污水，不从窗口乱扔废纸、果皮等废弃物。按要求承担宿舍安全卫生值日，认真负责。

四、讲究个人卫生，服饰整洁，勤洗衣物。勤俭节约，合理消费，节约粮食。

五、爱护公物。不损毁和私自拆装宿舍设备，不在宿舍内打球，节约用水用电，不违章使用电器。

六、注意安全防火，认真搞好安全值班。寝室无人时应做到：锁好抽屉、箱子，关好门窗。不留宿外人，不在室内燃烧废纸，不燃放鞭炮等易燃物品，不私接电线。

七、自习期间认真学习，不做与学习无关的事。保持寝室安静，不聊天、喧哗、吵闹，不抄袭作业。

八、不赌博，不打麻将，不酗酒，不散播不良网络信息，不从事封建迷信活动。

九、尊敬师长，尊重他人。同学之间团结友爱，互相学习，互相帮助，互相关心。

实践活动1

互联网＋垃圾分类回收

在第20届中国环博会上，展会第一次专门为智能垃圾分类开辟展区，“互联网＋垃圾分类回收”成为热点。“互联网＋垃圾分类”正在多地推进。在北京的多个居民社区就有各种智能垃圾分类回收机，也有不少居民参与到这种垃圾分类模式中来。

请查阅相关资料，以班级或专业为单位，利用小程序（或APP），组织1～2栋宿舍楼尝试为期一个月或一个学期的“互联网＋垃圾分类回收”。

【过程记录】

活动开展计划：

活动开展关键点：

活动开展难点及解决方案：

心得体会：

【结果评价】

可参考表5－1对各成员参与“互联网＋垃圾分类回收”活动的情况进行评价。

表5－1 “互联网＋垃圾分类回收”活动评价表

评价标准	分值	分数小计	评价
参与活动全过程	30分		
积极主动，献计献策	20分		
出色完成任务	20分		
促进活动关键点的推进	10分		
有创新意识	10分		
能合理调配资源	10分		

实践活动2

改善寝室面貌，提升文明品味

寝室是在校大学生日常生活、学习、交流的重要场所，从某种意义上讲，学生寝室是反映学生精神境界和校风校貌的重要窗口。对于来自五湖四海、性格各异、兴趣不同的大学生，在寝室中营造干净整洁的环境、创造和谐的人际关系、营造文明温馨的寝室氛围、塑造独特的寝室文化，对于大学生的成长益处良多。

以寝室为单位，自主设定主题、设计方案，寝室成员共同参与改善寝室面貌、提升寝室的文化格调、彰显寝室的独特文化。

【过程记录】

主题选定：

设计要点：

实施难点及解决方案：

心得体会：

【结果评价】

可参考表5－2对各宿舍参与“改善寝室面貌，提升文明品味活动”的情况进行评价。

表5－2 “改善寝室面貌，提升文明品味活动”评价表

评价标准	分值	分数小计	评价
参与活动全过程	30分		
积极主动，献计献策	20分		
出色完成任务	20分		
促进活动关键点的推进	10分		
有创新意识	10分		
能充分发挥集体优点	10分		

实践活动3

宿舍是我家，美化靠大家

宿舍是大学生活动的主要场所，美丽整洁的宿舍环境会让人不自觉地拥有好心情。

请以宿舍为单位，组织一次“宿舍是我家，美化靠大家”的宿舍美化活动，它既可以是文明宿舍创建活动，也可以是宿舍绿化维护活动，还可以是宿舍楼周边志愿服务活动……

【过程记录】

活动要点：

活动难点及解决方案：

心得体会：

【结果评价】

可参考表 5 – 3 对学生参与“宿舍是我家，美化靠大家”活动的情况进行评价。

表 5 – 3　“宿舍是我家，美化靠大家”活动评价表

评价标准	分值	分数小计	评价
参与活动全过程	30 分		
积极主动，献计献策	20 分		
出色完成自己的任务	20 分		
促进活动关键点的推进	10 分		
有创新意识	10 分		
能合理调配资源	10 分		

Chapter Six

6

第六章

勤工助学与校园劳动实践

学习目标

知识目标

- 掌握校园劳动的分类、含义及地位。
- 了解《高等学校学生勤工助学管理办法》。
- 掌握劳动的技巧，科学有效地完成劳动实践。

素质目标

- 培养劳动光荣、劳动伟大、劳动平等的观念和热爱劳动人民的情感。
- 增强自立自强、吃苦耐劳和艰苦奋斗的优良品质。
- 提高文明素养和综合素质水平。

第一节 勤工助学

勤工助学（Work-Study Program）是指在学校的组织下，学生利用课余时间从事合法劳动取得的合法报酬，用以改善学习和缓解家庭经济的一项社会实践活动。我国的勤工助学是贯彻国家教育体制改革和素质教育的一项经济活动，它的实践不仅体现了中华民族自强不息、艰苦奋斗的传统美德，还有利于帮助当代大学生树立正确的劳动观念和态度，是高校培养人才的新模式。

一、勤工助学发展历程及政策

高校勤工助学的发展可以分为两个阶段，一是留法俭学运动的酝酿、平稳和发展阶段；二是勤工助学的发展。

1. 留法俭学运动的酝酿、平稳和发展阶段

我国勤工俭学的历史要追溯到二十世纪的留法勤工俭学运动。

1919 年之前，为了鼓励青年学生到法国学习，吴稚晖、李石曾、张静江、齐竺山等人在北京成立了“留法俭学会”。随后他们帮助学生赴法留学，人数超过了官费生。为了能使更多的学生赴法留学，1915 年他们又在巴黎成立了“留法勤工俭学会”，其宗旨是“勤以做工，俭以求学，以进劳动者之智识”。之后他们回到北京成立了“华法教育会”和“留法勤工俭学会”。“华法教育会”先后在北京、上海等地成立了分会，并创办了各种类型的留法预备学校。在他们的宣传鼓动和直接组织下，迅速掀起了赴法勤工俭学的高潮。学生在抵法之初，求学、做工等相关事宜也由“华法教育会”负责安排。“华法教育会”成了留法勤工俭学运动的领导机构，这种局面一直持续到 1921 年年初。

1920 年年末，有 20 批约 1700 名来自全国各地的学生乘坐不同的邮轮到法国留学。这次大规模的留学潮被称为“留法勤工俭学运动”，它是由原北京大学校长蔡元培和留法勤工俭学前辈李石曾组织的。他们通过自己创办的“华法教育会”来推动留法学习工作。

1934 年毛泽东把“教育与劳动联系起来”作为文化教育总方针的组成部分，为以后各个历史时期实行教育与生产劳动相结合开创了先河。

1958 年 1 月，共青团中央印发《关于在中学生中提倡勤工俭学的决定》（以下简称《决定》），明确指出勤工俭学是劳逸结合的有效方式，也鼓励了更多青年学子走上勤工俭学的道路。多种形式的劳动方式能为广大贫困学子提供迈进校园的机会。学生在劳动中不仅能扩充知识，也能取得一定的经验。《决定》的印发也得到了教育部的支持。同年 2

月，教育部向全国各地教育行政部门发出通知，积极配合该项决定。

1979 年勤工俭学进入了一个新局面，教育部、财政部、国家计划委员会和有关负责同志参加了在吉林省长春市召开的勤工俭学经验交流会，并且邀请各省教育厅、财政厅的负责人参加了会议。1979～1982 年，教育部曾多次召开全国中小学勤工俭学工作座谈会，1982 年 8 月，教育部、国家计划委员会、国家经济贸易委员会（现已撤消）、财政部在北京召开了全国中小学勤工俭学工作会议。1983 年 2 月，国务院批准颁布《全国中小学勤工俭学暂行工作条例》（以下简称《条例》）。《条例》指出，开展勤工俭学活动，实行教育与生产劳动相结合，是坚持马克思主义教育思想，全面贯彻党的教育方针，培养德、智、体全面发展的有社会主义觉悟的有文化的劳动者的有效途径之一，是学校教育工作的组成部分。通过劳动实践对学生进行教育，可以培养吃苦耐劳的优良品质。同时，理论结合实践开展教学，使学生具备一定的生产知识和生产技能，给各个学校办学提供一定的条件。

1990 年，国家教育委员会（1998 年更名为教育部）颁布《普通高等学校学生管理规定》（以下简称《规定》），明确指出学生可以依照学校和工商行政管理规定，参加学校组织的各类勤工俭学活动。学校提倡和支持学生开展勤工俭学活动，依法保护学生以诚实劳动和服务获得的收入。学生勤工俭学活动的主要内容是，与专业学习相结合的科学技术和文化服务、有利于培养劳动观点和自立精神的劳动服务。学生应树立劳动观念，虚心向工、农、兵学习。学校提倡学生积极参加公益劳动、生产劳动和假期社会实践活动。

2. 勤工助学发展

近代中国，有志之士为寻找救国救民之路到国外求学。他们在多年工读实践的基础上，把“俭学”与“以工俭学”结合起来，正式提出了“勤工俭学”的口号。虽然工读思潮没能也不可能完成我国社会民主革命的任务，但它在继承我国“勤俭求学”“勤俭办学”光荣传统的基础上，提出了“工读互助”的思想，并首次提出了“勤工助学”的概念，为勤工助学理论的发展做出了重要贡献。

“勤工俭学”和“勤工助学”的区别在于：“俭学”是利用学习以外的时间做工，把所获得的酬劳作为学习的费用；“助学”则是指学生利用业余的时间，通过生产实践接触社会、增长才干，劳动期间所获得的收益作为学习期间的经济补助。“俭学”是学生的自发行为，与学校没有直接联系，“助学”是学校或企业设立岗位，学生自愿申请去做。

1993～1994 年，国家教育委员会联合财政部相继下发文件，对勤工助学的地位、内容、基金管理等进行了纲要性的规定。但是这一规定过于笼统，教育部又于 2005 年 4 月讨论修改并通过新的《规定》。新《规定》中明确指出，学生依法享有参加社会服务、勤工助学、在校内组织参加学生团体及文娱活动的权利。新《规定》跟以前的相比，不仅注重了学生的行为规范，还重点依法保护了学生的基本权利。2007 年，为了规范管理高校勤工助学工作，促进勤工助学活动健康、有序开展，保障学生的合法权益，帮助家庭经济困难学生顺利完成学业，国家教育部、财政部联合印发《高等学校学生勤工助学管理办法》（下列简称《办法》），共9章31条。《办法》进一步完善了高校勤工助学的各项活动，并明确了勤工助学岗位设置、薪酬标准和法律责任。学校需依《办法》规定设置勤工助学岗位，按每个家庭经济困难学生月平均上岗工时不低于20小时为标准，测算出学期内全校每月需要的勤工助学总工时数（20小时×家庭经济困难学生总数），统筹安排、设置校内勤工助学岗位。设置的岗位数量既要满足学生的工时需求，又要保证学生不因参加勤工助学而影响学习。学生参加勤工助学的时间原则上每周不超过8小时，每月不超过40小时。对于校外勤工助学活动，必须由学校学生勤工助学管理服务组织统一管理，并注重与学生学业的有机结合。校内固定岗位按月计酬，酬金在原则上不低于当地政府或有关部门制定的最低工资标准或居民最低生活保障标准，可适当上下浮动。校内临时岗不低于8元/小时，校外勤工助学酬金标准不应低于学校当地政府或有关部门规定的最低工资标准。

2018年，为了贯彻落实党的十九大精神，不断健全完善学生资助政策，根据当时学生勤工助学工作的现状和需要，教育部、财政部对《高等学校学生勤工助学管理办法》进行了修订。修订后的《办法》共9章33条，围绕以学生为中心的理念，积极搭建勤工助学全程育人、全方位育人的有效平台，培养学生自立自强、创新创业精神，增强学生的社会实践能力。

我国勤工助学的发展是一个不断完善、规范的过程，通过学校给贫困学生提供的勤工助学岗位平台，他们可以边读边工，不再因贫困而放弃学业。高校勤工助学不仅能解决学生在经济上的困难，更是实现资助育人、培养高素质人才的重要途径。

二、勤工助学岗位要求

（一）勤工助学岗位设置原则

勤工助学是学院学生资助工作的重要组成部分，是提高学生综合素质和资助家庭经济困难学生的有效途径。很多学院都成立了学生资助管理中心或其他机构，主要负责学院学生资助以及校内勤工助学工作。勤工助学活动坚持“立足校园、服务社会”的宗旨，按照学有余力、自愿申请、信息公开、扶困优先、竞争上岗、遵纪守法的原则，由学院在不影响正常教学秩序和学生正常学习的前提下有组织地开展。

勤工助学岗位设置以培养学生自主自强、吃苦耐劳、创新创业精神，增强学生的社会实践、自我管理能力为目标，帮助家庭困难的学生顺利完成学业，鼓励大学生积极参加社会实践活动，做到理论与实践相结合，实现“三全育人”。

（二）学生资助管理中心介绍

学生资助管理中心全面贯彻落实国家助学贷款的政策，完成宣传、组织申报和贷后管理工作；国家奖助学金、社会资助、困难补助的评审与发放工作；“绿色通道”的开通与管理工作；学生城镇居民医疗保险的信息报送、费用缴纳和管理工作；家庭经济困难学生的信息管理、思想教育、感恩教育工作；各学院资助管理工作的指导、管理和考核工作。学生资助管理中心设立了多个勤工助学岗位，满足来自各地经济困难学生的需要，帮助他们顺利完成学业。勤工助学岗位的设置不仅能帮助贫困大学生顺利地自主完成学业，更能培养正确的劳动观，提高自身的综合素质，积累一定的工作经验，为未来的就业奠定基础。

（三）校内主要勤工助学岗位要求

勤工助学岗位分为固定岗位和临时岗位。固定岗位是指持续一个学期以上的长期性岗位和寒暑假期间的连续性岗位；临时岗位是指不具有长期性，通过一次或几次勤工助学活动即完成任务的工作岗位。校内勤工助学岗位的设置应以校内教学助理、科研助理、行政管理助理和后勤服务等为主；学院相关部门调整出适合学生参与管理和服务的岗位，为学生提供更多的勤工助学机会。

1. 教学楼、实训楼管理员岗位要求

1）是本学年认定的贫困生，工作要认真负责、吃苦耐劳、积极主动。

2）教学楼和实训楼实行 6S 管理，即整理（SEIRI）、整顿（SEITON）、清扫（SEISO）、清洁（SEIKETSU）、素养（SHITSUKE）和安全（SECURITY）。要具备良好的团队精神和做事能力。

3）负责教室门的开关、教学设备的开关工作，保障教学活动正常有序进行。

4）课后做好教室保洁，将桌椅摆放整齐。

2. 图书馆管理员岗位

图书馆作为广大学生获取更多知识的一个活动场所，在图书馆设立勤工助学岗位更能使学生参与到图书管理的工作中去，让他们更有效地使用图书馆内的资源，为他们今后撰写论文和有效查找文献提供了一个平台。

1）图书馆管理员应严格执行图书管理的规章制度。

2）本学年认定的贫困生，经应聘、面试合格后由图书馆安排培训，培训合格后方可上岗成为图书管理员。

3）每天按时值班，做好读者的图书出借和阅读工作，不断改进工作方法，简化借阅手续，提高图书流通率。

4）工作期间认真履行职责，定时巡查管理区域，对存在不良行为的同学进行制止，发现有在图书上乱涂乱画、污损行为的，及时向图书馆老师汇报。

5）协助图书馆老师对藏书分类编目，将新买的书刊及时分编上架、投入流通、不积压。

6）爱护图书、定期查库、清算账务，经常保持图书馆、阅览室和资料室的整洁通

风，做好防虫、防潮、防灾、防盗等安全保护工作。

7）定期做好报纸、杂志的装订和保管工作，及时修补损坏的书籍和杂志。

8）闭馆后将桌椅摆放整齐，清扫馆内垃圾，保证图书馆的干净整齐。

3. 大学生资助管理中心办公室助理岗位

1）负责协助老师进行档案和文件的送达、整理、数据处理、资料查找和录入等工作。

2）负责办公室的日常卫生工作、文件复印工作等。

3）协助老师做好相关会场的安排工作。

4）接听办公电话，接待来访人员，解答相关咨询。

5）完成老师分配的其他工作任务。

4. 学生公寓管理员助理岗位

学生公寓是学生日常生活与学习的重要场所，是课堂之外对学生进行思想政治教育和素质教育的重要阵地，是校园文明建设的重要窗口。学院设立学生公寓管理中心，由学生工作处和后勤与保卫处按工作职责共同协调、指导、监督学生公寓的管理和服务工作。提高学生公寓的服务水平、优化育人环境是教书育人、管理育人、服务育人的重要内容。

1）热爱本职工作，能吃苦耐劳。

2）认真执行《公寓管理制度》，配合老师做好卫生保洁、安全检查、纪律抽查等有关管理工作。

3）协助老师做好每月“文明宿舍”的评比和复查工作。

4）完成老师分配的其他工作任务。

5. 学院办公室文印员、宣传部新闻中心助理岗位

1）思想品德良好，吃苦耐劳，勤学好问。

2）工作态度端正，认真负责，具有良好的沟通协调能力和一定的团队合作精神。

3）普通话标准，熟悉计算机操作，能熟练使用 Word、Excel 等办公软件。

4）对计算机、投影机、功放等多媒体设备有简单了解。

6. 爱心服务队队员岗位

1）吃苦耐劳，耐心、勤快、干练。

2）工作态度端正，认真负责，具有良好的沟通协调能力和一定的团队合作精神。

3）完成老师分配的其他工作任务。

三、勤工助学实践过程

勤工助学活动是一项经济教育活动，是大学生利用课余时间参加校内实践来获得劳

动报酬，用以缓解家庭经济的一个重要途径。大学生通过参加勤工助学，树立正确的劳动观，传承吃苦耐劳、自立自强的优良品质，养成良好的生活习惯。它给学生带来的不仅是金钱，更重要还有技术。

（一）勤工助学实践范围

1）教学楼教室。主要包括桌椅、门、窗、计算机设备等教室卫生的打扫工作，可个人打扫或小组打扫。

2）实训室。主要包括实训室的桌椅摆放，门、窗、实训设备等实训室卫生的打扫工作，以小组的形式进行。

3）学生公寓。主要包括宿舍内务、违规电器等的检查工作，汇总成表格交给相关老师。

4）图书馆。主要包括图书馆室内卫生的打扫工作，以及秩序维持、新书上架、桌椅摆放等工作。

5）食堂。主要包括秩序维持、餐具收拾等工作，有时也需要帮忙搬菜到厨房。

以上是比较常见的一些勤工助学的工作范围，也是在勤工助学岗位中人数占比比较多的岗位。

（二）勤工助学岗位申请流程

下面以柳州城市职业学院为例，其勤工助学岗位申请流程图如图 6－1 所示。

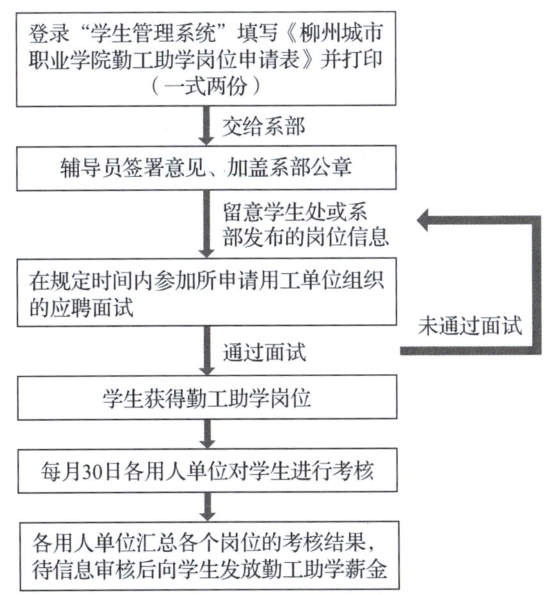

图 6－1　柳州城市职业学院勤工助学岗位申请流程图

（三）勤工助学活动分类

1. 校内有偿勤工助学活动

高校勤工助学工作是学生资助的一项重点工作，要制定公平公正的管理规范，把握好适度原则。校内的勤工助学活动可分为有偿型和无偿型。每学期开学，各个部门提交需要设立的勤工助学岗位申请，申请通过后即可面向当年被认定为贫困生的学生发布应聘通知。学生和部门之间可以进行双向选择，学生在面试通过后即可上岗。学生正式上岗工作后，应遵守岗位职责，完成工作内容，遵守学校的相关规定。学生参加勤工助学的时间原则上每周不超过 8 小时，每月不超过 40 小时。酬金在原则上按照柳州市或柳州市属各县的居民最低生活保障标准，并根据学院的实际情况适当上下浮动。

2. 校内无偿勤工助学活动

校内无偿勤工助学岗位是指校内学院及职能部门根据自身工作需要而设立的适合学生从事、有利于学生成长、社会实践性质的、无偿型的助学岗位。开学初各院系设立无偿勤工助学岗位。获得国家助学金的同学，每月需要做公益义务劳动 8 小时，通过校园文明督查、校园义务劳动、志愿服务等各类社会实践公益活动来回馈国家、社会和学校。此举也有助于培养学生自立自强的品质。

学校在不断探索更多的勤工助学岗位，以满足更多学子的需求，创造更多勤工助学的机会。其目的是为了让贫困学子顺利毕业，为今后的就业积累工作经验，提高学生自身的综合素质。

第二节 校园劳动实践简介

一、劳动工具的使用

校园劳动实践的基础是劳动工具，了解和掌握劳动工具是开展劳动实践的关键。在日常的生活、学习中，我们有很多接触到劳动工具的机会，并且在家庭、学校都有过使用劳动工具的经历。

在日常的劳动实践中，最常见的几类劳动工具有扫把、拖把、簸箕、抹布、垃圾桶等。近年来，随着劳动实践科学技术的不断发展，不断涌现出新兴的保洁工具，这些保洁工具创新、实用，正在逐渐成为日常劳动实践中的新常用工具。下面将对有特色、有特点的劳动工具进行简要介绍。

（一）扫把

1. 简介

扫把，又称扫帚，是一种最常见的清洁工具，在世界各地都有广泛的使用。我国相传在夏朝时就已有成形的扫把，当时古人用鸡毛捆绑在一根长竹柄上，用于掸扫灰尘，因此“鸡毛掸子”也被认为是扫把的原型。如今，扫把的制作工艺已经相当成熟，制作出来的扫把坚固耐用、清扫效果好，并且根据清扫环境的不同，制作出了大、中、小不同类型的扫把。

2. 使用方法

1）不同扫把的使用方法不同，对于大、中型的扫把，常见的使用方法是“握法”，用一只手的大拇指按在扫把的上端并用其他手指握住，起到稳定的作用，另一只手握在扫把的中间部位并发力清扫。对于小型的扫把，一般用一只手握住顶端，单手发力清扫。

2）在使用扫把清扫地面时，要做到扫把面不离地，在挥动扫把时，要稍微将扫把往下压，既可以防止扬尘，又可以保证清扫干净。在使用扫把时，要注意与簸箕等工具的配合，及时将清扫的垃圾倒入簸箕中。

3）在使用扫把的过程中，应采用“向前”的方向进行清扫，从后面向前面清扫，从窄处向宽处清扫，从边角处向中间处清扫，这样可以保证最大的清扫效率。

3. 注意事项

虽然如今扫把的大多数工艺已经比较成熟，扫把的质量和耐用程度得到了大幅度提高，但是在使用和保管时，还是要注意爱护扫把，不要拉、拽、扯扫把的扫把面，对于尼龙材质的扫把，不要用于清扫草木灰、未燃尽的纸屑等。

（二）拖把

1. 简介

拖把，又称墩地抹布，是一种常见的用于擦洗地面的清洁工具。我国传统的拖把由一根粗长柄的圆木和几束吸水性能好的布条捆绑制作而成。拖把在我国有着极其广泛的使用，它和扫把共同组成了最基本的清洁工具。目前，拖把的制作工艺已经相当完善，制造商根据清洁需求的不同，分类制作了可换头拖把、胶棉拖把、曲柄拖把等多种类型的拖把，大大丰富了劳动实践工具的种类。

2. 使用方法

1）使用拖把时，首先要做的是将拖把头浸湿，并在浸湿的过程中尽量将拖把头清洗干净，拖把头的干净程度影响着使用拖把清洁的效果。

2）拧干拖把头的水分，在使用时采用“握法”，一只手握在拖把的上端起到稳定的作用，另一只手抓住拖把的中间位置发力拖动，在拖动过程中，保持拖把头在地面上，形成拖动的摩擦力。

3）与使用扫把时类似，采用“向前”的方向进行清扫，从后面向前面，从窄处向宽处，从边角处向中间处，保证拖扫的效率。

4）在完成拖扫后，将扫把头清洗干净，拧干水分后，在干燥、清洁的环境中存放保管。

3. 注意事项

在使用拖把之前，应先用扫把清洁地面，将杂物、硬物等先清理干净，拖把主要用于清洁地面的污迹、灰尘等。在清洗拖把时，注意要使用流动的水，以保证最佳的清洗效果，保证在使用前拖把头的干净卫生。

（三）簸箕

1. 简介

簸箕，又称畚箕，是一种用于收纳垃圾的铲状物，有木质、竹质、铁质等种类，通常在铲状盘上安装着一个长柄，方便手持使用。古代的簸箕常用木片和竹片编制而成，用于盛装粮食或者垃圾等物品。目前，簸箕作为与扫把搭配使用的劳动工具被广泛使用。

2. 使用方法

1）为了方便使用，大部分的簸箕都安装了长柄，因此在配合扫把使用时，只需将垃圾、杂物扫入簸箕即可。

2）在使用扫把扫入垃圾时，应注意将簸箕紧紧贴合地面，保证灰尘、纸屑等细小的垃圾也能顺利扫入簸箕中，在扫完后注意观察细小垃圾进入簸箕的情况，如果还有残余，则应再次清扫。

3）清扫完成后要及时清理簸箕中的垃圾，如果其中有细小的纸屑、灰尘等时，在倾倒时应注意压住簸箕口，避免垃圾扬出、掉落等。

3. 注意事项

在保管簸箕时，应尽量选择放在干燥、卫生的地方，尤其是铁质的簸箕，应避免其在使用的过程中生锈、损坏。

（四）抹布

1. 简介

抹布，顾名思义是用于抹擦器物的一种布。相传在明朝时期，抹布是宫廷内官服佩的一种，后来被逐渐用于百姓的日常生活。现在抹布是最常见的卫生清洁工具之一，广泛用于清洁劳动中。随着社会的发展，抹布制造商还制造了专门用于高精度除尘用的无尘抹布、用于擦汽车的汽车抹布、用于厨房中擦拭油烟的一次性厨房抹布等。

2. 使用方法

1）通常是干抹布和湿抹布同时使用，先使用湿抹布擦拭需要清洁的台面，主要擦除台面上的灰尘和污迹，再使用干抹布把台面擦拭过程中的水渍擦干，做到干净整洁。

2）使用湿抹布前，先在水中淘洗抹布，用水浸湿抹布，反复搓洗，保证抹布干净卫生，根据需要可以使用消毒液或者清洗剂淘洗抹布，然后拧干。

3）在使用抹布擦拭的时候，用整个手掌面盖住抹布，手掌发力擦拭台面，擦拭的过程中应保持一个方向，或采用“Z 字型”的方法擦拭，保证台面的各个角落都能被擦拭到。

4）完成清洁后，及时将抹布淘洗干净，并在通风、干燥的环境中晾晒抹布。

3. 注意事项

因为抹布大多用于擦拭灰尘较多、积垢较深的地方，这些地方的细菌多，不易清除干净。尤其是在使用湿抹布时，需要用水浸湿，更容易滋生细菌，因此要对抹布经常消毒、杀菌，保证抹布的干净卫生，延长使用寿命，保证清洁的效果。

（五）现代保洁工具

1. 吸尘器

作为清洁仪器，吸尘器已经越来越多地进入人们的视野，不少家庭、单位都开始使用吸尘器。吸尘器成为代替扫把和簸箕等传统清洁工具的先进保洁工具。按照结构的不同，吸尘器可以分成立式和握式，为了方便使用，近年来吸尘器生产商还推出了更加方便的便携式吸尘器，深受消费者的喜爱。吸尘器的工作原理是通过电动机使内置的叶片高度旋转，进而产生强大的吸力，吸取地面、台面上的灰尘和杂物。灰尘、杂物进入封闭式的器体后会被过滤，并在收纳盒中统一存储。使用时只需将电源插上并按动开关按钮，就可以实时地进行清洁，之后定期将脏污收纳盒清理就可以了。吸尘器的使用非常方便快捷，这也使其受到越来越多家庭和单位的青睐，尤其是高校的一些精密实验室，对灰尘的清扫要求很高，而吸尘器凭借其强大的吸力和方便的功能，成为这些实验室清扫卫生的首选工具。

2. 全自动洗地机

目前，许多高校在建设大型场馆（如体育馆、图书馆、地下停车场等）时，普遍采用了自流平地面的工艺，自流平地面对保养要求较高，传统的拖扫极有可能损坏自流平地面而造成损失，因此全自动洗地机成为不少单位的首选。洗地机可以集扫地、拖地于一体，方便快捷，只需要驾驶洗地机在相关场所的地面上行驶，就可以完成对地面的拖扫工作。而且由于智能化程度高，经过洗地机拖洗过的地面，不但干净，而且对地面的损害小，起到了保护地面的作用，尤其是对保养要求高的地面环境，全自动洗地机可以发挥巨大的作用和效益。

3. 甲醛净化仪

随着室内空气污染造成的问题越来越多，室内空气环境卫生逐步被人们所重视，成为卫生清洁的新兴话题。尤其是近年来许多高校建设新校区、建设新教学楼等，教室、实验室等重点区域的空气环境卫生状况更多地被教职工和学生所关注。甲醛净化仪，其本质是空气净化器的一种，通过电动机带动风叶转动而使空气流动，然后通过空气的循环流动并采用过滤的方式来净化室内空气。甲醛是一种无色无味的气体，对人体有非常大的危害，通常在装修材料、家具中广泛存在，因此，除甲醛成为一个新兴的热门话题。甲醛净化仪就是以空气净化器为雏形，通过在净化器中增加吸附、静电、集尘等祛除甲醛的装置，从而达到去除甲醛、净化室内空气的作用。

二、校园公共区域卫生清洁

（一）主要内容

校园公共区域的卫生清洁关系到校园整体环境的整洁和卫生。在校园劳动实践中，公共区域的清洁重点在运动场所（如篮球场、足球场、健身房等）、公共卫生间、公共活动区、绿化带、草坪、花坛、校园公共道路、教学楼内走廊、楼梯扶手以及楼道护栏等。这些区域是公共活动区域且大多数在室外，因此成为卫生清洁的重点区域，需要经常维护清洁，以保持干净、整洁、卫生。

（二）重点区域的劳动技巧

1. 球场

篮球场、足球场等球场是校园重要的公共活动场所，因为这一类的露天公共区域使用频率高、使用人数多、使用时间长，很容易沾染灰尘，产生空水瓶、包装袋、纸屑果皮等垃圾。在对这一类区域进行清洁时，要及时、正确、精准。卫生清洁的劳动技巧如下。

1）在使用完场地后，应立即进行清理打扫。针对室内场所，可使用吸尘器或者大拖把及时清扫垃圾，针对室外场所，要清理草坪、地面上的脏物以及树叶等杂物。

2）炎热天气时，可采用水淋的方式对场地地面进行有效降温，从而起到保护场地地面的作用，同时使清扫工作凉爽舒适。

3）在草坪或地面出现口香糖之类难以清理的污渍时，可以将氟利昂喷射在污迹处形成小块后再进行残渣清理，或者等口香糖凝结成坚固的块状物后，再将其从草坪、地面的表面剔除。

4）在足球场、篮球场周围经常设置的看台区，要注意及时清理看台座椅下的死角，这是容易被忽视的“藏污纳垢”的地方，要及时清理垃圾和杂物。

5）在此类使用频繁、使用人数较多的公共活动区域，适当增加垃圾桶、垃圾袋的数量，并且在进场时、活动进行时，适当提醒运动员和观众随身带走垃圾，不要乱扔垃圾。

6）对于经常使用的场地，在清洁卫生的过程中应及时关注场地地面以及看台区是否有设施损坏，对于损坏的地面或者设施应及时报修，避免小的损坏变大。

2. 公共卫生间

卫生间是最容易产生和沉积污迹、杂物的地方，因此公共卫生间是校园公共区域卫生清洁的重点和难点，学校公共卫生间的干净、整洁情况，一定程度上代表了这所学校的整体卫生状况。校园公共卫生间卫生清洁的劳动技巧如下。

1）公共卫生间的清洁一般按照“由内而外”的顺序进行，先对卫生间的各个器具进行清洁，放水冲刷坐便器、小便槽、蹲坑等，将槽、坑内的脏污冲洗干净，再进行细致的清理打扫。

2）用夹钳、带柄刷子等工具对槽、坑进行清理，对于个别难以冲净的脏污，使用洁厕灵等清洁剂进行仔细冲刷；对于槽、坑内的硬物（如烟头等），可使用夹钳将其夹出，避免其冲进管道后形成堵塞。

3）及时更换公共卫生间的垃圾袋，收集散落在垃圾袋以外的废弃物，清扫地面垃圾，及时清理垃圾桶，做到每天或定期更换，避免因时间长而产生异味。

4）先用湿抹布清洁盥洗台的台面，擦完后拧净抹布再擦洗一遍，做到台面不留水渍；对于面盆中常见的毛发不要直接冲进管道，避免堵塞，可用夹钳夹出后放进垃圾袋收纳。

5）如果盥洗台有镜面，应先用湿抹布进行擦洗，再拧净抹布擦洗。

6）公共卫生间的洁具、地面多为陶瓷制品，在使用清洁剂时，应避免使用碱性清洁剂，避免对陶瓷的洁具、地面产生损坏。

7）在使用夹钳、带柄刷子以及清洁剂时应注意做好防护，及时带上橡胶手套，这样既可以保护双手皮肤，又可以做到干净卫生。

8）衡量公共卫生间干净、整洁程度的重要标准之一是是否有异味，因此在清洁公共卫生间时，可以及时打开门窗进行通风换气，并且在拖地、清洁台面时，使用洗衣粉、清洁剂等芳香气味用剂，增添室内香气。在完成清洁后，视情况用熏香、樟脑、芳香剂等清除异味，保持公共卫生间的清洁干净。

3. 绿化带

校园绿化带是校园环境的“肺”，不仅可以减少校园内的有害气体，还可以营造清洁、优雅、美丽、绿色的校园生态环境，因此校园绿化带的卫生清洁显得尤为重要。校园绿化带卫生清洁的劳动技巧如下。

1）校园内较大的乔木、灌木、竹类等大型植物以及草坪、人造景观的修剪、养护，一般交由专业的绿化公司。学生在劳动实践中可以重点关注周边是否有纸屑果皮、包装袋等杂物，一经发现要及时清理，保证绿化带及周边的干净整洁。

2）秋冬季节是部分植物产生落叶较多、枝叶枯死掉落的时节，在这个阶段需要及时清理落叶、枯死掉落的树枝等。

3）学校在“五一”“十一”以及校庆等重要节点时，通常会将花坛重新装饰，摆出图案或者造型以烘托气氛，在清理卫生、保持整洁的同时，也要注意维护相关图案、造型的完整。

4）在对乔木、灌木、竹类、草坪、人造景观等专业绿化公司养护的绿化带进行清洁时，如果发现上述植物出现病虫害、枯死等前兆，要及时向管理部门及养护公司反映，及时消除病害。

4. 公共道路

公共道路清洁是校园卫生清洁的重点之一。公共道路的占地面积、建筑面积较大，高校的公共道路，如人行道、车行道、自行车道等使用频率高，如果不及时养护、清洁，很容易变得脏乱。公共道路卫生清洁的劳动技巧如下。

1）定期对公共道路进行清理，首先清除道路上的瓜皮纸屑、包装袋以及道路缝隙处生长出来的杂草，让道路干净整洁。

2）在清理完路面的杂物、杂草后，可用水喷洒道路，把路面喷湿后，用大扫把对道路进行集中清扫。这是为了避免在清扫时产生扬尘，形成空气污染。

3）在完成用大扫把进行的集中清扫后，换用小扫把、夹钳等工具对道路路面再次进行细致的清理，尤其是要注意在道路产生开裂或者凹陷的缝隙处，用小扫把和夹钳清扫在其中沉积的灰尘和杂物。

4）针对路边种有大型景观植物如银杏、梧桐的道路，因为部分院校是将其作为“落叶大道”的景观用，所以在清扫落叶前，应事先请示学校有关部门，再决定是否对其进行清理。

5）部分院校为方便骑自行车的教职工及学生，会专门设立自行车道，而在自行车道旁、人行道边上会设置自行车停放区，在对公共道路清洁整理时，应及时关注乱停乱放的自行车，以及长期占用停车道而又无人认领的“僵尸车”，应协调有关部门对其妥善处理。

6）大部分院校的公共道路都有专门的部门或者委托社会公司进行专业的养护，因此在劳动实践过程中，如果发现道路出现损坏、损毁、塌陷等问题，应及时通知有关部门进行处理。

5. 楼梯扶手、护栏

目前，大多数高校的教学楼、实验楼等主要建筑物都是钢筋混凝土的多层结构，楼梯扶手和护栏往往采用不锈钢材质。因为未被引起足够的重视，这些扶手和护栏往往成为卫生死角。此外，个别高校的历史较久、近年来未翻修的教学楼中，还有不少扶手、楼梯是木质材料，因此在卫生清洁维护时需要区分开，因质而异。校园楼梯扶手、护栏卫生清洁的劳动技巧如下。

1）清洁楼梯扶手和护栏时，可以先用干毛巾或者扫帚清除表面沉积的灰尘，这里一定要用干毛巾，如果用湿毛巾会导致灰尘清理不净。

2）在清理不锈钢材质的楼梯扶手和护栏时，不要使用砂纸，因为砂纸会在扶手和护栏的表面留下刮痕，很难修复，最好使用干、软的抹布。如果使用栏杆、扶手的清洁剂，一定要在使用前了解用途和注意事项，避免在使用过程中对扶手、护栏造成损坏。

3）对于木质扶手、护栏，在卫生清洁时需要更加注意，不能过于用力，也不要用摩擦性太高的洁具。因为大部分的木质扶手、栏杆都刷有油漆，在选择清洁剂时，需要注意是否对油漆有溶解作用。

三、教室、实训室卫生清洁

（一）主要内容

作为高校主要的教学活动开展场所，教室和实训室的清洁卫生尤为重要。干净、整洁、卫生的教室、实训室环境不仅有利于课堂教学的开展，还能体现一所学校的教学风貌和严谨的学术态度。在卫生清洁的过程中，针对教室、实训室的具体情况，清洁的主要内容有门窗、墙地面、讲台、黑板、桌椅板凳以及投影仪、音箱、实训设备等教学设备。

（二）重点区域的劳动技巧

1. 门窗

教室、实训室的门窗往往是呈现其是否干净的“门面”，因此在清洁卫生的过程中，应当将门窗作为重点。门窗的卫生清洁的劳动技巧如下。

1）人们进出教室、实训室门的时候，鞋子往往会不经意地触碰到门的底部，因此教室、实训室门的底部往往最脏，但又经常会被忽略。在清洁门窗时，要把门的底部作为重点，不留脚印、泥灰等污渍。

2）在擦拭窗户时，需要注意窗户玻璃内外都要擦拭。在冬季，因为干燥、风大的缘故，灰尘常常落在窗户外，外侧窗户往往更容易沉积灰尘，因此要作为窗户清洁的重点。对于一层或者有阳台的教室、实训室，可以由两人内外同时擦拭，而对于没有阳台的高层，在擦拭窗户时可选择专业的擦玻璃工具或者旧报纸，对内侧和外侧的玻璃都进行清洁，同时要注意安全。

3）在擦拭窗户的同时要注意清洁窗台，窗台也是容易沉积灰尘的重要区域。可以先用扫把或者拖把整体完成一遍清洁，然后再用湿抹布仔细擦拭。

4）及时清理在门窗上乱贴乱挂的杂物，除学校或者授课需要的宣传、告示等内容外，未经学校、教师同意而悬挂的所有张贴内容均要及时清除。

5）在完成教室、实训室的清洁后以及平常的上课过程中，注意提醒师生在离开教室、实训室时及时关闭门窗，并且注意在进门时不要有踢门甚至踹门等不文明行为。

2. 墙地面

墙地面是指教室、实训室内的地面以及房间内、外的墙面。由于不同的教室、实训室的功能不同，在墙面、地面的建设布置也不同。例如，在有机房的教室、实训室中，地面安装的是机房静电地板，在清洁时应当引起注意，按照规范要求来进行。目前大多数院校的外墙面都是白墙，也有个别独立的教室、实训室外墙贴的是瓷砖，室内墙面大多是白墙。墙地面卫生清洁的劳动技巧如下。

1）针对教室、实训室的普通地面，在卫生清洁时，可以先洒水、后扫地，避免产生扬尘。在扫地的过程中，尤其注意课桌、板凳下面的清扫，这是灰尘和杂物容易沉积的重点区域。

2）在进行常规教室、实训室的地面清洁时，要多拖几次地，这样才能更好地清扫地面，提高清扫质量。

3）在完成地面拖扫后，及时打开门窗通风换气，不仅有利于教室、实训室的空气流通，还有利于地面快速干燥，保证清洁的效果。

4）对于机房级别的静电地板的清洁，应严格按照机房静电地板的清洁标准。条件允许时，应在专业人员的指导下开展清洁工作，不要擅自对专业机房的地板进行常规方式的清洁，避免对静电地板造成不可逆的损坏。

5）教室、实训室的内墙面要干净整洁，定期组织对墙面的乱画、乱涂进行清理。对白墙面可以使用粉笔或者墙面清除工具进行清理，对于墙面乱张贴的宣传画或者其他资料要及时清除干净。

6）对于教室、实训室的外墙面，应根据实际情况进行清洁，如果是白墙面，应注意清理乱画、乱贴的污渍，并重点对墙面底部容易沾染泥灰、脚印等污渍的区域进行清理；如果是瓷砖墙面，可以使用软抹布和洗涤剂擦洗。

3. 讲台

讲台是教师授课的地方，一般来说可以分成常规讲台和多媒体讲台。常规讲台多为木质材料制作而成，用于教师在上课时摆放书籍、资料和粉笔等办公用品。多媒体讲台除了上述功能以外，还是操作多媒体教学设备的“中控台”，内置了计算机或者其他操控设备。讲台的清洁重点在于保持整洁，一方面要把讲台上的各种教学用具归置整齐，另一方面要保持讲台的干净卫生，方便教师授课。讲台卫生清洁的劳动技巧如下。

1）常规讲台作为教师以常规方式授课时最常用的工作台，最容易形成粉笔灰的沉积，因此对粉笔灰的清理是讲台清理的重点。在清理粉笔灰时，可以先使用干抹布或者扫把把粉笔灰扫除，再用湿抹布对讲台进行重点清洁，之后再用干净的干抹布将水渍擦干，最大程度保证讲台整洁。

2）对于多媒体讲台要注意清洁的方式，因为多媒体设备是电子设备，不能让太多灰尘进入电子设备中，这会导致电子设备故障。因此要直接用湿抹布进行清理，最大程度避免粉笔灰尘进入电子设备。

3）在完成讲台的清理后，要将讲台上的物品摆放整齐。对于多媒体讲台，因为涉及的电子设备较多，电源线、连接线多，要将这些线头进行归置，这样既安全、方便使用，又保证了讲台的整洁。

4. 黑板

尽管大多数学校已经普遍实行电子化的多媒体教学，但作为传统教学工作的核心工具，黑板还是在教学活动中起到至关重要的作用。但是黑板也不再只是“黑色”，从保护学生视力以及提高学生注意力的多重考虑出发，许多学校将黑板换成了绿色。一块干净的黑板，会对教室、实训室的整体干净、整洁程度起到促进作用。黑板卫生清洁的劳动技巧如下。

1）擦黑板时，可以先用黑板擦将黑板上的粉笔字迹擦除，再用未完全拧干的湿抹布对黑板进行擦洗，在粉笔字迹较深的地方，可以多擦洗几次。

2）用干抹布对黑板上的水渍进行擦除，如果干抹布不方便使用，可以将废旧报纸揉成纸团来进行擦除，效果也很好。

3）完成擦除后，应开门窗通风，让黑板快速干燥。

4）日常擦黑板用的黑板擦应及时更换，保证擦除效果。

5. 桌椅板凳

教室、实训室的其他主要物品还有桌椅板凳，这是学生上课所需要的也是最常使用的基本学习用具，在过去的教学实践中，桌椅板凳也是损坏率最高的学习用具。针对桌椅板凳的卫生清洁，一方面是对灰尘、杂物的清理，另一方面要注意保持教室、实训室内桌椅板凳的整齐，这是最能体现教室、实训室整洁程度的标志。桌椅板凳卫生清洁的劳动技巧如下。

1）抓住重点区域，如桌面、桌仓、桌椅下，及时清理上述区域的杂物，尤其是桌仓内，因为部分高校上课的教室、座位并不固定，因此同一个座位一天中有多名学生使用，所以桌仓内极易被摆放杂物，在清理的过程中，对于遗失在桌仓内的书本或其他物品，可以交至失物认领处。

2）要及时清理桌面的污渍。对于个别学生在桌面进行刻画涂写的地方，可以清理掉的要及时清理；无法清理掉的，要在教室、实训室内贴出相关公告，提醒学生爱护学习环境。

3）在清洁桌椅板凳卫生的同时，应当及时注意桌椅板凳的损坏程度，对于严重损坏的，要及时通知有关部门进行修理更换，避免学生及教职工在使用的过程中出现意外。

6. 教学设备

在高校的教学实践中，教学设备扮演着十分重要的角色，这里的“教学设备”是一个泛指，既可以是多媒体教学中的投影仪、投影布、音箱等设备，也可以是实训室中用于实训教学的专业设备、机床、实验仪器等。教学设备的特点主要有价格高、精密程度高、维护的专业性强等，因此教学设备的卫生清洁应该被高度重视。教学设备卫生清洁的劳动技巧如下。

1）对于常规的教学设备，如投影仪、投影布、音箱等，按照相关设备的维护要求，定期做好卫生清洁工作。这些设备要求无灰尘，因此在选择卫生清洁工具时，要使用无尘布或者专门的镜头清洁布等。

2）对于多媒体教学中经常使用的投影仪、投影布，在使用完后要尽快收回，并放在专门的保管装置内规范保管，避免发生损坏等意外。

3）对于专门的实训设备、实验设备，部分高校在采购时就对采购商提出了后期维护的要求。在日常的卫生清洁中要严格按照专业规范，必要时应在专业人员的陪同、指导下开展清洁工作。

4）在对教学设备进行卫生清洁的过程中，应同时关注教学设备的使用情况，对有损坏、损毁情况的，应及时向有关部门的教职工反映，及时报告隐患，降低发生意外的风险。

四、校园环境维护

（一）相关背景

对大多数人来说校园环境是一个并不陌生的词汇，但是此处还是要对“校园环境”一词的概念进行界定。首先是“环境”一词，环境是一个很复杂的系统，它有着相当广泛的内容和内涵，在不同的研究中，“环境”有不同的标准和研究视角，因此在概念上也有着不同的划分。在某些资料中，“环境”一词被定义为“围绕着人群的空间及其中可以直接、间接影响人类生活和发展的各种自然因素的总和”。在不同的研究领域以及不同的学者眼中，环境分成“物质环境”和“精神环境”，还可以分为“社会环境”“文化环境”“地缘环境”等。通过以上分类可以看出，环境具有系统性、差异性、动态性等特征，而“校园环境”可以看作校园内所有物质环境和文化环境的总和。从本章的研究角度和重点来说，“校园环境维护”主要指校园内物质环境的维护，这是对校园环境维护研究之前，应当先厘清的基本概念。

（二）校园环境维护的内容和特点

本章的“校园环境”指的是“校园的物质环境”，校园物质环境即校园内对学生、教职工以及校外人员在学习、生活、素质发展等多角度产生影响的物质条件的总和。从这个角度来讲，校园物质环境包括了校内建筑物、教学设施设备以及校园内的生态环境等。每所学校的物质环境都不尽相同，而这些物质环境集中形成了一所学校的校容校貌，并或多或少地对在校师生产生潜移默化的影响。

1. 校内建筑物

校内建筑物即学校建筑，学校建筑是为了使人们达到特定的教学目的而兴建的教育活动场所。一般来说，幼儿园、中小学以及高等学校的校内建筑物是不同的，在上述几类学校中均会出现的建筑物有教学楼、食堂、教师办公楼以及运动场所等，而在高等学校中，除了教学楼的分类更细、种类更全外，还多了许多生活区，如学生宿舍、体育馆等。

2. 教学设施设备

顾名思义，教学设施设备就是指在教学活动中，为开展或方便开展正常教学工作而使用的设施和设备。一般来说，设施通常包含硬件设施和软件设施两类，一般指教室、实验室、声乐室等在教学楼中便于教学单位开展教学活动的场所，当然也包括餐厅、体育场所等。而设备具体指与教学有关的教学仪器和多媒体教学设备，例如，在化学、生物、物理等理工科教学活动中必须使用的实验仪器，以及在多媒体教学课堂上使用的电子白板、投影机、教学一体机、音箱等设备。

3. 校内生态环境

生态环境是指生态关系组成的环境，包括水、地、动植物、气候等资源数量与质量的总称。本章讲述的校园生态环境指的是在校园建设以后，后期改造或者自然形成的所有水系、景观、植被，包括人造河流、人造景观、草坪、绿化带、花坛等。

××电力高等专科学校标准化管理实践教学设施设备案例

（一）基本情况

××电力高等专科学校是××电力公司管理的普通高等职业院校，成立于1958年。

建校以来，学校始终坚持“根植行业、深融企业、服务发展、协同育人”的办学理念，秉承“努力超越，追求卓越”的校训，按照“师资雄厚，装备一流，管理精益，特色鲜明”的发展定位，在××地区的学历教育、职工培训、技术服务上做出了一定的贡献。学校占地面积约120万平方米，建筑面积约44万平方米，固定资产原值20.29亿元，馆藏图书80.6万册。

××电力高等专科学校是一所以电力相关专业见长的高等专科学校，在电力专业教学领域享有一定的声誉。

（二）主要思路

××电力高等专科学校的主要专业是电力相关专业，这类专业的实践教学很多，因此在实验设备、机床设施等方面的维护显得尤为重要。由于电力技术的操作性要求较高，学校还设有相当数量的实训资源，如智能焊接、防窃电、信息安全等，这类实训室、实验室的教学设备多、精密度高。在这种情况下，如果对教学设施设备的管理维护不到位、条理不清或者有章不循，就很容易造成相关设施设备的损坏，出现仪器无法使用、大小零件缺失、材料变质等情况。这些情况一旦发生，就会严重影响实践教学的质量。更值得注意的是，电力专业的部分设备存在一定的危险性，如果相关教学仪器或者设施发生损坏，可能会对学生、教职工的人身安全造成风险。因此在校园环境维护方面，应当力争做到标准化、精细化。

（三）主要做法和措施

1）严格流程。为了做好对电力实践教学中相关教学设施设备的维护工作，××电力高等专科学校专门制定了《实践教学设施设备标准化检查和维护管理流程》，从验收检查到维护维修、保存管理的全流程都做了详细的流程设定，为教学设施设备的维护提供了专业化的保障。在每个流程环节中都要做好相应的记录，确保每一个检查、维护人员都严格按照制定的流程进行标准化的工作，避免了因为经验、能力等客观因素而导致的维护流程缺失。

2）专业维护。针对××电力高等专科学校的实践教学设施设备多为专业设施设备的情况，学校在设施设备的维护上应确保做到“专业的人做专业的事”，专门成立一支涉及多个专业领域的维护队伍，对实践教学中的设备以及教室、实验室等教学场所进行专业维护，同时这支维护队伍还要经常到教学一线去，对学生在实训过程中容易出现的错误情况及时指出并更正，保证教学活动的安全有序，保证教学设备设施稳定正常。

3）及时检查。经过维修维护的设施和仪器如果合格，应当按照标准化管理来进行妥善保存，以备下一次使用。维修维护的同时应判断设备和仪器能否继续满足实践教学的要求，达到退役条件的设施和仪器必须进行退役处理。如果强行继续使用，则会埋下重大的安全隐患。严格按照标准化检查和维护管理流程执行，确保每种设施和仪器从投入使用到退役的整个过程中只有在合格的情况下才能被学生使用，从而保障实践教学过程安全有序地进行。

（四）主要成效

××电力高等专科学校在实行实践教学专用设备设施的标准化管理模式以来，在实训室、实验室等重点教学场所未发生一起因为仪器故障、操作失误、设备老化等问题而导致的事故，同时标准化的维护流程在一定程度上促进了教学设备设施以及教学场所卫生条件的改善，教学环境也得到了一定程度的优化和改善。

五、建设无烟校园

（一）相关背景

2014 年，《教育部关于在全国各级各类学校禁烟有关事项的通知》（以下简称《通知》）发布，正式在全国拉开了无烟校园建设的序幕。《通知》指出，加强学校禁烟控烟工作，对于建立健康向上的社会风尚，整体提高国民健康水平具有极为重要的意义。

《通知》从中小学禁烟要求、高等学校禁烟要求、禁烟宣传以及建立工作机制四个方面，对校园禁烟工作提出了具体的要求。

（二）高等学校禁烟要求

《通知》指出，所有高等学校建筑物内一律禁止吸烟，也不得设置吸烟室，在醒目位置要设置禁烟标识和学校禁烟监督电话。高等学校可以根据实际情况在室外露天区域设置少量吸烟区，但要同时设置明显的引导标识和“吸烟有害健康”等禁烟提醒标识。吸烟区的设置应符合消防要求，远离师生集中的场地和必经通道。有条件的学校要安装烟雾报警、视频设备等装置，加强对吸烟的监控，防止有人在相对独立的办公室或实验室内吸烟。采取有效措施，鼓励引导有吸烟习惯的师生戒烟。

（三）禁烟宣传

《通知》指出，加强吸烟有害宣传教育。《通知》要求地方各级教育部门和学校应采取多种多样的形式，利用“世界无烟日”、新生入学等重要时间节点，利用课堂、讲座、党团活动等对学生开展禁烟教育。要对广大教职工和学生群体讲透吸烟的危害性，普及基本医学知识，让远离烟草成为广大教职员工和学生的自觉行为，让吸烟者争相戒烟成为时尚，劝阻吸烟，拒绝二手烟，共同创造一个良好的无烟氛围。

（四）建立禁烟长效机制

无烟校园工作不是一阵风，而是要建立一套行之有效的长效机制。根据《通知》的要求，各地要结合实际广泛开展“无烟校园”创建活动，建立督导检查机制，加强对行政区域内学校禁烟工作的检查和指导，对禁烟工作措施落实不力的学校要进行查处通报。学校要建立健全规章制度，将履行禁烟职责纳入教职工考核和学生评价体系。设立禁烟监督员，加强禁烟日常动态监督。

××高等职业技术学校无烟校园建设案例

（一）基本情况

××高等职业技术学校成立于2000年，是××地区的一所重要的高等职业技术学校。学校占地面积约33万平方米，建筑面积20余万平方米，拥有实验、实习设备总值近5000万元。学校融五年高职、3+3中高职分段培养，综合高中、中职、成人学历教育、职业技术技能培训为一体，现开设机械工程、机电工程、信息工程、经贸服务、基础教学5个专业系部。办学专业涉及机电、数控、电子与信息、计算机技术应用、财会等27个专业。学校现有全日制学生5000人，非全日制学生3000人，专任教师近400人。

××高等职业技术学校以促进就业为导向，立足地方经济社会发展对技术技能型人才的需求，每年为当地稳定输送大量专业的技术人才。

（二）主要思路

人员多、成分复杂，这是××高等职业技术学校在无烟校园建设中面临的最大问题和困难。在××高等职业技术学校就读的学生群体中，大部分是全日制学生，可以实现学校的统一管理。但是学校中还有部分非全日制学生，这些学生已经在社会上工作了一段时间，并且流动性较大，很难做到统一管理。因此在无烟校园建设过程中存在一定的难度。学校严格按照《教育部关于在全国各级各类学校禁烟有关事项的通知》要求，做好“规定动作”，并结合自身的特点把“自选动作”做出特色。

（三）主要做法和措施

1）严格标准，高效管理。针对《教育部关于在全国各级各类学校禁烟有关事项的通知》中对高等学校的要求，××高等职业技术学校严格执行、狠抓管理，对在校园建筑物内的吸烟行为一律禁止，并且出台相应的惩罚措施，制定了《××高等职业技术学校控制吸烟规章制度》，并将遵守相关规定作为教职工评优评先，学生评三好学生、学习标兵等荣誉的重要指标。学校利用课堂、讲座、党团活动等对学生开展禁烟教育，严格控制学生的吸烟行为。同时，在学校建筑物的醒目位置都设有禁烟标志，并同时张贴禁烟监督电话，形成师生互相监督、互相促进遵守规定的良好局面。

2）突出安全，规范建设。根据要求，高等学校可以根据实际情况在室外露天区域设置少量的吸烟区。为此，××高等职业技术学校一方面严格按照要求选取位置合适的区域作为吸烟区，尽量做到远离教学楼、远离灌木区，并且在吸烟区周边安装监控视频，在重点区域安装烟雾报警器，配备一定数量的灭火器，一旦发生险情可以在第一时间进行有效处置；另一方面，在吸烟区设置明显的标识和“吸烟有害健康”的禁烟提醒，同时加大对独立的办公室、实验室等重点地区的排查，防止有人违反相关规定，独自在上述重点区域吸烟而产生引发灾害的风险。

3）因人而宣，强化引导。针对学校人员成分较多、较复杂的实际情况，采取因人而异的宣传引导方式。一是针对教职工，要求其为学生做好表率，在校园内不接受敬烟，不在学生面前吸烟，领导干部不配烟，尤其是担任一定职务的领导干部，更要以身作则，率先垂范。二是针对非全日制学生，做好全方位的宣传，号召其进入校园后，自觉以学生的标准要求自己，在禁烟区不吸烟，在吸烟区遵守相关规定。三是针对全日制学生，加强引导，一方面通过学校出台的规章制度来规范日常行为，另一方面通过健康讲座、社团活动、张贴海报等方式宣传吸烟对健康的危害。四是针对校外人员，在学校教学楼、实验室等禁烟区的显眼位置张贴“禁止吸烟”或者“请到吸烟区吸烟”的标识，引导外来人员主动到吸烟区吸烟，避免外来人员因为不了解校园禁烟要求而产生违反禁烟规定的情况。

（四）主要成效

近年来，××高等职业技术学校的无烟校园建设卓有成效，校园环境得到显著提升。自开始建设无烟校园以来，××高等职业技术学校未发生一起因吸烟而导致的教学楼、实验室以及宿舍发生火灾的事件，未发生一起因为吸烟导致灌木、草丛起火事件。教职工以及学生群体中形成了自觉遵守学校禁烟控烟规定的意识，全日制学生的吸烟率逐年下降，越来越多的学生认识到吸烟对身体的危害，部分学生选择戒烟、少抽烟，健康行为的形成率稳步提升。

Chapter Seven

7

第七章

大学生公益劳动

学习目标

知识目标

- 了解志愿服务活动、“三下乡”服务活动和社区服务活动三种典型的大学生公益劳动。
- 掌握大学生公益劳动的概念、特征、服务内容和组织形式等知识。
- 掌握策划、组织和实施大学生公益劳动的方法和技能。

素质目标

- 认识到公益劳动的意义和价值，树立热爱劳动和生活的观念。
- 培养全心全意为人民服务、为社会主义事业服务的思想。
- 培养自觉自愿地为公共利益服务而不计报酬的共产主义劳动态度。
- 培养关心集体、关心他人、团结互助、遵守纪律、爱护公共财物等思想品德。

第一节 志愿服务活动

志愿服务秉承“奉献、友爱、互助、进步”的理念，经历了多年的发展，不仅在志愿者数量上了取得了巨大进步，在服务质量上也取得了极大提高，服务更是涵盖了扶贫开发、海外服务、社区建设、环境保护和抢险救灾等领域。大学生志愿者是中国青年志愿者的主体，在志愿服务中作用显著，得到了社会各界的广泛赞誉。

一、志愿服务的含义

志愿者是指以自己的时间、知识、技能、体力等从事志愿服务的自然人。志愿者可以将其身份信息、服务技能、服务时间、联系方式等个人基本信息，通过国务院民政部门指定的志愿服务信息系统自行注册，也可以通过志愿服务组织进行注册。志愿服务组织是指依法成立，以开展志愿服务为宗旨的非营利性组织，可以采取社会团体、社会服务机构、基金会等组织形式。志愿服务是指志愿者、志愿服务组织和其他组织自愿、无偿向社会或者他人提供的公益服务。开展志愿服务应当遵循自愿、无偿、平等、诚信、合法的原则，不得违背社会公德、损害社会公共利益和他人合法权益，不得危害国家安全。

二、志愿服务的精神

志愿服务的精神概括起来是奉献、友爱、互助、进步。党的十九大报告中指出“推进诚信建设和志愿服务制度化，强化社会责任意识、规则意识、奉献意识。”奉献精神是高尚的，是志愿服务精神的精髓。志愿者通过参与志愿服务，提高了自身的能力，也促进了社会的进步。

奉献——原指恭敬地交付、呈献，即不求回报地付出。志愿者在不计报酬、不求名利、不要特权的情况下参与推动人类发展、促进社会的活动，这些都体现着高尚的奉献精神。1938 年，白求恩放弃优越的物质条件，不远万里从加拿大来到中国，为八路军提供医疗救治服务，帮助创办了军区卫生学校，亲自编写各种教材并讲课。1939 年秋，他在抢救伤员时因不幸感染而牺牲。白求恩将自己的生命奉献给了中国，这种国际主义精神也是奉献精神的重要体现。

友爱——志愿服务精神提倡志愿者欣赏他人、与人为善、有爱无碍、平等尊重。志愿者之爱跨越了国界、职业和贫富差距，是没有文化差异，没有民族之分，没有收入高低之分的平等之爱，它让社会充满阳光般的温暖。如无国界医生，他们不分种族、政治及宗教信仰，为受天灾、人祸及战火影响的受害者提供人道援助，他们奉献的是超国界之爱。1999 年，无国界医生组织因“一直坚持使灾难受害者享有获得迅速而有效的专业援助的权利”而获得当年的诺贝尔和平奖。

互助——志愿服务包含着深刻的互助精神，它提倡互相帮助、助人自助。志愿者凭借自己的双手、头脑、知识、爱心开展各种志愿服务活动，帮助那些处于困难和危机中的人们。志愿者以“互助”精神唤醒了许多人内心的仁爱和慈善，使他们付出所余，持之以恒地真心奉献。“助人自助”帮助人们走出困境，自强自立，重返生活舞台。受助者获得生活的能力后，也会投入到关心他人、帮助他人、为社会做贡献的志愿活动中，这些志愿活动都涵盖着深刻的“互助”精神。

进步——进步精神是志愿服务精神的重要组成部分，志愿者通过参与志愿服务，使自己的能力得到提高，同时促进了社会的进步。在志愿活动中无处不体现着“进步”的精神，正是这一精神使人们甘于付出，促进社会和谐之境的实现。

三、志愿服务的范围

组织学生参加志愿服务，应充分尊重学生的自主意愿，按照公开招募、自愿报名、择优录取和定岗服务的方式展开，并提前做好相关指导、培训和风险防控工作。大学生志愿服务组织方式一般采用院系两级团组织的组织开展和学生自行开展两种类型，内容包含国际活动、会展赛事、文化传播、环境保护、支教调研、社会关爱、社区公益、校内志愿服务等。志愿者在志愿服务过程中必须履行志愿服务承诺，完成志愿服务任务，传播志愿服务理念。

四、志愿服务的实施

（一）志愿者注册

年满 14 周岁，遵纪守法，具有奉献精神，具备与所参加的志愿服务项目及活动相适应的基本素质的合法公民，可在中国志愿服务网申请注册志愿者身份，并根据自身愿望和条件至少选择一个志愿服务项目，从事一定时间的志愿服务工作。具体操作步骤如下。

1）登录中国志愿服务网（www. chinavolunteer. cn），单击“志愿者注册”按钮，如图 7－1 所示，进入志愿者注册申请页面。

2）在自动弹出的选择所属省份的页面中选择省份所在站点，如图 7－2 所示。

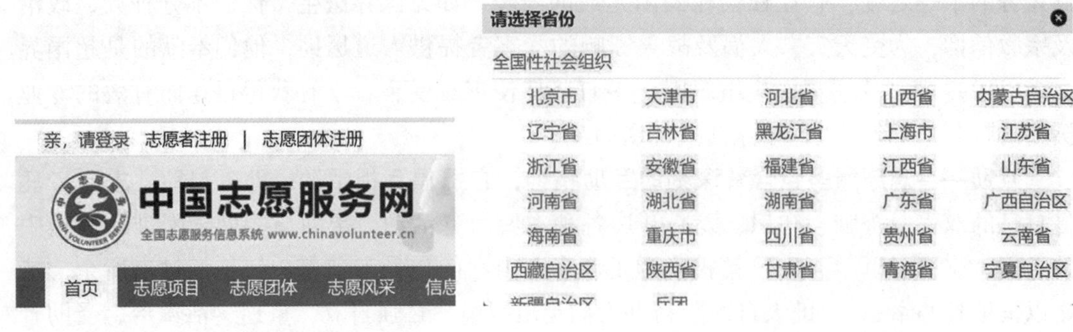

图 7-1　中国志愿服务网　　　　**图 7-2　选择省份页面**

3）在全国志愿服务信息系统填写个人信息。填写完用户信息后，单击页面底部的“申请成为实名注册志愿者”按钮，提交个人信息，如图 7-3 所示。

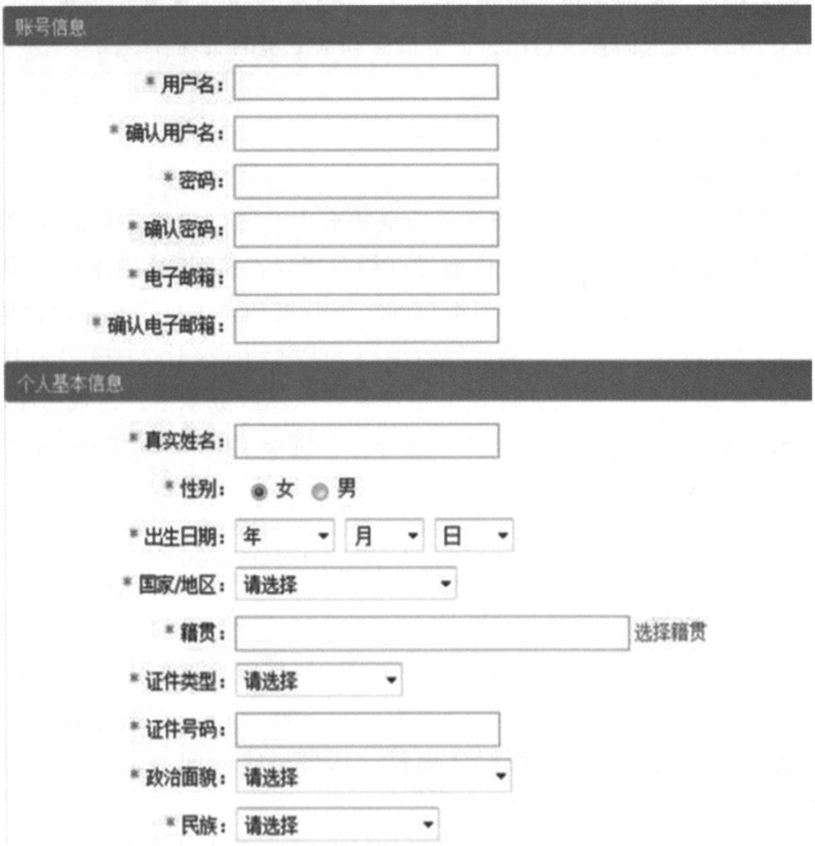

账号信息

* 用户名：

* 确认用户名：

* 密码：

* 确认密码：

* 电子邮箱：

* 确认电子邮箱：

个人基本信息

* 真实姓名：

* 性别：女　男

* 出生日期：年　月　日

* 国家/地区：请选择

* 籍贯：　选择籍贯

* 证件类型：请选择

* 证件号码：

* 政治面貌：请选择

* 民族：请选择

图 7-3　填写个人信息

4）若用户填写的信息无误，进入信息提交成功页面。待团组织、志愿者组织对申请人情况进行审核，如图 7-4 所示。

某某某，您的信息已提交成功！

一、请牢记您的用户信息：

用户名：ak2684271

二、我们将在五个工作日完成对您的实名认证，通过实名认证后，您将获得实名注册志愿者统一编号。

三、您可以 登录 网站，进行下面操作：

1、进入志愿中心 修改资料 完善详细信息；

2、报名参加 志愿团体 或 志愿项目；

四、如果您有任何问题，请咨询所在志愿服务组织或电话服务热线。

扫一扫关注微信公众号

图 7-4　信息提交成功页面

5）审核合格后，申请人参加团组织、志愿者组织开展的志愿服务活动项目，进行宣誓，领取“中国注册志愿者志愿服务证”“中国志愿者胸章”。

（二）加入志愿者团队

用户注册成为实名注册志愿者后，即可申请加入志愿团体。志愿者可在多个省份分站（不得超过 20 个）加入志愿团体。成功登录系统平台后，单击“我的团体”按钮进入已申请加入志愿团体的信息记录页面。单击“参加更多团体”按钮，可进入志愿团体列表页面。可以根据团体属地、服务类别、团体类型、团体人数、团体 ID、团体名称、团体登记日期查询符合自身条件的团体进行加入，如图 7-5 所示。

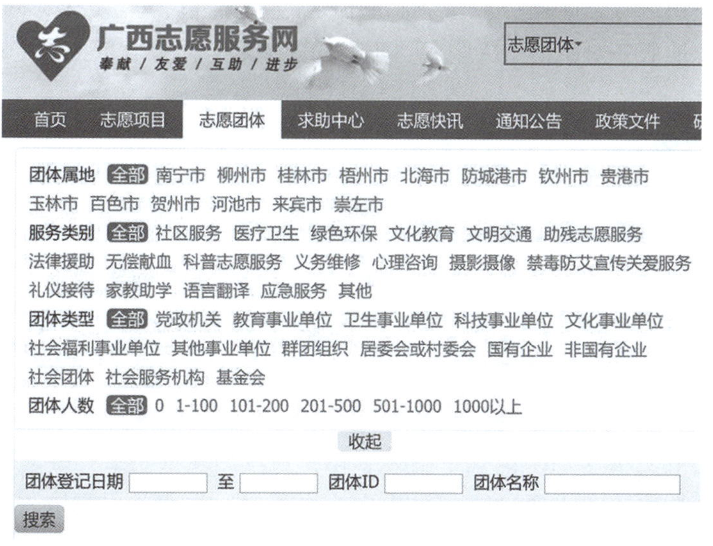

图 7-5　志愿团体页面

（三）参加志愿者项目

通过全国志愿服务信息系统，志愿者可以根据项目区域、服务类别、项目状态、报名范围、服务对象、项目人数、项目 ID、项目名称、项目起止日期查询符合自身条件的项目。志愿者可在多个省级分站加入处于申请审核中状态的志愿项目，不能超过 5 个，如图 7－6 所示。

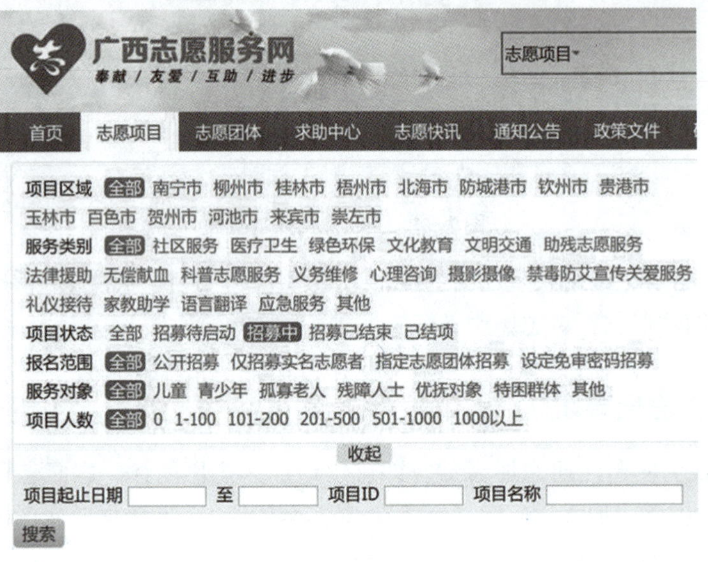

图 7－6 志愿项目页面

志愿者应当按照约定提供志愿服务，因故不能按照约定提供志愿服务的，应当及时告知志愿服务组织或者志愿服务对象。志愿服务过程要充分尊重志愿服务对象的人格尊严，不得侵害志愿服务对象的个人隐私，不得向志愿服务对象收取或者变相收取报酬。

2008 年北京奥运会奥组委参照奥运会通行惯例和标准，结合举办城市实际设置奥运会赛会志愿者的工作岗位，通过开展宣传发动、招募选拔、教育培训、公益实践、激励表彰等一系列工作，建设了一支训练有素的志愿者队伍，人数约 7 万人。赛会志愿者服务岗位主要涉及礼宾接待、语言翻译、交通运输、安全保卫、医疗卫生、观众指引、物品分发、沟通联络、竞赛组织支持、场馆运行支持、新闻运行支持、文化活动组织支持等领域。赛会志愿者队伍以北京高校学生为主体，同时广泛吸纳全国各地各民族群众、海外华侨华人和国际友人等各界人士，由大学生志愿者、中学生志愿者、社会志愿者、省市自治区志愿者、专业志愿者、海外华侨华人志愿者、在京外国人国际志愿者等构成，为奥林匹克大家庭成员、媒体记者、观众和其他相关人员提供优质的志愿服务。2008 年志愿者的微笑是北京最好的名片。志愿者是现代奥林匹克运动的基石，是奥运会的形象大使。高素质的志愿者队伍和高水平的志愿服务展示了我国人民的风貌，为举办一届“有特色、高水平”奥运会贡献了重要力量。

第二节　“三下乡”服务活动

二十世纪八十年代初，共青团中央首次号召全国大学生在暑期开展“三下乡”社会实践活动。1996 年 12 月，党中央委员会宣传部、国家科学技术委员会、农业部、文化部等十部委联合下发《关于开展文化科技卫生“三下乡”活动的通知》。1997 年，“三下乡”活动在全国正式开展。

一、“三下乡”的含义

“三下乡”即有关文化、科技、卫生方面的内容知识在农村普及，促进农村文化、科技、卫生的发展。大力开展文化、科技、卫生“三下乡”活动，是党全心全意为人民服务宗旨的具体体现。

二、“三下乡”的意义

大学生是我国科技发展的储备力量，应该发挥大学所学知识技能的优势，为乡村振兴服务，为乡村群众服务。乡村振兴需要大学生来施展才华，大学生也需要到乡村去磨炼意志，在服务乡村群众的实践中接触基层、了解国情、增强社会责任感和民族使命感。“三下乡”活动有助于大学生形成正确的世界观、人生观和价值观，把乡村振兴的需要和大学生的成长成才很好地结合起来，走正确的培养道路。此外，“三下乡”活动架起了党和政府、学校与乡村群众之间的又一座桥梁，通过大学生的下乡实践，既体现出党和政府对乡村群众生产生活的关心，又体现出学校培养人才服务社会的功能。

三、“三下乡”的调研范围

1）**产业振兴**。围绕发展特色产业筑牢脱贫攻坚基础、夯实农业生产能力基础、加快农业转型升级、提高农产品质量安全、建立现代农业经营体系、发展新型农村集体经济、强化农业科技支撑、完善农业支持保护制度、推动农村产业深度融合、完善紧密型利益联结机制、激发农村创新创业活力、打造农产品品牌、探索农产品新媒体营销有效途径等方面开展调研，提出产业振兴的金点子。

2）**人才振兴**。围绕夯实脱贫攻坚的人才支撑、“三农”工作队伍建设、新型职业农民培育、农业科技人才培养、乡土人才挖掘培育、乡村教育事业发展、农村劳动力就业质量提升、社会人才投身乡村建设激励机制、城乡人才培养合作交流机制等方面开展调研，提出人才振兴的金点子。

3）**文化振兴**。围绕“文化＋扶贫”助力脱贫攻坚、激发文化“扶志”“扶智”力量、农村精神文明建设、乡村文化治理、村风民俗和乡村道德建设、弘扬中华优秀传统文化、保护利用乡村传统文化、丰富乡村文化生活、健全乡村公共文化服务体系等方面开展调研，提出文化振兴的金点子。

4）**生态振兴**。围绕打赢生态脱贫攻坚战、生态富民、推进农业绿色发展、山水林田湖草系统治理、农业环境突出问题治理、农村人居环境整治、转变生产生活方式、提升村容村貌、加强乡村生态保护与修复、市场化多元化生态补偿机制等方面开展调研，提出生态振兴金点子。

5）**组织振兴**。围绕脱贫攻坚的基层组织保障、农村基层党组织建设、健全和创新党组织领导的村民自治机制、农村基层党建带团建、引导农村党员团员发挥致富带头人作用、壮大乡村集体经济组织、推进乡村法治建设、提升乡村德治水平、促进乡村自治法治德治有机结合、健全农村基层服务体系等方面开展调研，提出组织振兴金点子。

四、“三下乡”的主要内容

学校开展“三下乡”社会实践活动可以按照实践类别组建相应的队伍，按照近些年共青团中央关于开展大学生“三下乡”社会实践活动的文件的要求，可组建以下社会实践队伍，也可根据学校和服务地的实际情况组建其他有特色的社会实践队伍。

（一）理论普及宣讲团

重点围绕习近平新时代中国特色社会主义思想和党的十九大精神，开展宣讲报告、学习座谈、调查研究、政策宣传等形式的社会实践活动。

2018年7月22日早上，学院理论普及宣讲团的10名志愿者前往柳州市融水县滚贝侗族乡进行大学生暑期“三下乡”社会实践活动。

理论普及宣讲团的志愿者在村第一书记的带领下从村委会出发，挥动着旗子，走进乡村。第一分队的志愿者将准备好的调查问卷分发到村民手中并细心地给有疑惑的村民讲解。在这个过程中，村民对党的十九大精神有了更深的了解。第二分队的志愿者采访了党员代表，调研了党员对于十九大精神的了解程度以及希望基层组织在引领村子发展过程中更多融入党的十九大思想。

此次社会实践活动，重点围绕习近平新时代中国特色社会主义思想和党的十九大精神来开展，不仅让村民对十九大精神有了更进一步的了解，还能让志愿者锻炼自己的能力。理论普及宣讲团的志愿者纷纷表示以后会多参加类似的社会实践活动来提高自己各方面的能力。

（二）历史成就观察团

重点围绕改革开放以来经济社会发展的历史性成就、“十三五”规划实施情况等，开展参观考察、国情调研、学习体验等形式的社会实践活动。

地处柳州市融水县的三防镇是红七军长征经过的地方。为了挖掘三防镇的红色历史和自然景观、了解三防镇红色资源的开发现状、分析其中的不足、助力三防镇红色旅游发展和学院红色教育基地建设，马克思主义学院组成了“历史成就观察团”，重走长征路，传承长征精神。

观察团的成员们于8月19日到达三防镇，先后参观了红军古榕、贝江码头、纪念亭、纪念馆。回溯1930年红七方面军高举理想旗帜进驻三防镇，休整备战、宣传革命，让成员们深刻体会到红军战士在逆境中坚韧不拔、自强不息的革命精神。

通过此次实践活动，重走长征路，重温长征精神，一方面，为期一周的调查访谈、实地调研使观察团的成员们在实践中检验自己所学，又在实践中提高自己。另一方面，对于长征历史的学习又激励着成员们学习不惧艰难困苦、在逆境中披荆斩棘的无畏精神。相信三防镇的红色之旅会成为他们难忘的回忆。

（三）依法治国宣讲团

重点围绕宣传宣讲习近平总书记关于全面依法治国的重要论述和实施“七五”普法规划，开展法律法规宣传、法治建设宣讲、法治成果展示等形式的社会实践活动。

为深入贯彻习近平总书记系列重要讲话精神和治国理政新理念、新思想、新战略，2019年7月12日~7月16日，学院在柳州市雒容镇社区开展了为期5天的暑期“三下乡”依法治国宣讲社会实践活动。此次活动以“知法守法你我他，幸福平安千万家”为主题，结合当地实际情况宣讲依法治国理念和法律援助的相关问题。

宣讲团的志愿者们紧紧围绕主题，充分发挥各自的专业优势，因地制宜以多种形式开展了系列活动。7月13日，依法治国宣讲团来到雒容镇市场开展“宣传依法治国，我们在行动”主题活动，沿街设置法律援助咨询点、讲解依法治国知识、发放法律援助宣传册。7 月 14 日，在雒容镇社区服务中心举办了以“依法治国，一直在路上”为主题的知识竞赛，通过有奖抢答的方式，志愿者和村民积极配合共同呈现了一场精彩纷呈的法律知识竞赛活动。7 月 15 日，志愿者采用“面对面”的形式，用通俗易懂的语言，结合生活小故事的方式，给雒容镇的爷爷奶奶、叔叔阿姨们讲解了依法治国讲座，并放映了“依法治国”小视频。7 月 16 日，开展“行走的依法治国”活动，志愿者们在公交车上给村民们进行“两学一做”的宣传讲解。

（四）科技支农帮扶团

重点围绕脱贫攻坚和乡村振兴，开展农技培训推广、农业科普讲座、金融知识下乡、乡村规划引领、乡风文明宣传等形式的社会实践活动。

2018 年，学院信息工程系组建了 VR 社会实践小分队赴柳州市融水县滚贝侗族乡。小分队由 1 名指导老师和 2 名学生组成，以 VR 设备体验技术为亮点，以“身临其境”的引导方式，帮助当地民众模拟置身自然灾害现场的情景，并引导其进行自救与互救。此外，团队师生还计划以“游乐美大学生旅游平台开发”为主题，与尧佐村政府开展旅游项目对接，深化双方合作。该团队获得了 2018 年大学生暑期“三下乡”区级重点团队的荣誉。

与此同时，在同一地点，学院建筑工程与艺术设计系组建了“无人机测绘技术”社会实践小分队，开展科技支农服务。该团队以首届广西高校无人机大赛特等奖与一等奖团队的师生为班底，以“无人机测绘技术在农村土地确权中的应用”为主题，采用无人机测绘技术对滚贝侗族乡各村落地形、地貌、鼓楼、风雨桥等进行航拍，将一手测量数据提供给当地党政部门，科学引导当地建设发展，通过科技下乡来服务当地群众。无人机遥感技术多次应用于农村土地确权工作，技术已经成熟，不但成果精度远优于传统的测量方式，而且工作耗时大大缩短，减轻了当地农村基层管理人员的工作量，节约了人力和物力，在农村土地确权工作中值得推广。该团队获得了 2018 年大学生暑期“三下乡”区级重点团队的荣誉。

2019 年，柳州城市职业学院电商扶贫小分队（由柳州城市职业学院经济管理系市场营销专业教师队伍以及学生实践队伍组成）针对贫困县乡进行了电商扶贫工作。从 2016 年至 2019 年，该团队已针对学院定点扶贫村融水县滚贝侗族乡尧佐村进行了以电商为专题的讲座 5 次以上，电商项目实践 3 次以上，为尧佐村贫困户带来了上万元的收入，让尧佐村甚至是滚贝侗族乡进入了“电商时代”。该团队获得了 2019 年大学生暑期“三下乡”全国重点团队的荣誉。

（五）教育关爱服务团

重点围绕“七彩假期”青年志愿者关爱农村留守儿童志愿服务项目和“情暖童心”关爱保护农村留守儿童工程，坚持扶贫、扶志与扶智相结合，到基础教育薄弱、教育资源匮乏的农村基层、贫困地区和少数民族聚居地区，开展学业辅导、亲情陪伴、自护教育、素质拓展、敬老孝亲等形式的志愿服务活动。

典型案例

2018 年，学院师范教育系以“红色筑梦点亮人生，教育下乡构建希望”为主题，先后在滚贝侗族乡中心幼儿园及中心小学开展艺术类课程交流，并为当地师生上了一堂别开生面的舞蹈课。“同学们跳得很棒，我们跟着音乐再跳一遍吧！”“手势是这样的，对，做得很好”……在活动现场，师范教育系的舞蹈老师陈秋月认真地讲解、纠正姿势。孩子们专注、认真地学习、模仿每一个动作，也让她感触颇多，“与城里的孩子相比，这些孩子接触正规舞蹈课程的机会相对较少，希望能通过‘送教下乡’这样的活动，把更多优质的资源带给他们，点亮孩子们的艺术人生。”

2019 年暑假，柳州城市职业学院教职工团支部扶贫支教队前往融水县滚贝侗族乡尧佐村开展暑期扶贫支教活动。团队的成员均是柳州城市职业学院教师团支部的青年教师，本次支教活动所有经费物资也均为团队成员自行筹备。活动在 7 月初已开始初步策划，前期工作由在尧佐村担任驻村工作队员的谢功茂老师负责，在当地收集并组织小学阶段的学生举办为期一个月的尧佐村 2019 暑期艺术特训营，包括绘画、书法、音乐的课程开班。此外，特训营还开展了为期两天的爱国主题活动，包含历史宣讲、手工制作、合唱、体育活动等主题教育课。

本次支教活动的创新做法有：1）结合扶贫一线队员和校内年轻老师一起开展支教活动，内外结合，体现学校对接贫困村的教育扶贫的长期性；2）由不同专业老师组成的支教团队带来更全面的暑假课程；3）主题鲜明，历史课程以“国旗的诞生”为内容，手工课以“制作一面国旗”为内容，并歌唱美丽乡村，充分体现爱国爱家的价值教育；4）短期的支教活动和长期的艺术特训营结合，能够真正地实现此次公益支教活动的目的。

（六）文化艺术服务团

重点围绕培育和践行社会主义核心价值观，开展艺术创作、惠民展演、全民阅读、文化普及等形式的贴近基层生活实际、基层人民群众喜闻乐见的社会实践活动。

在2020年的暑期“三下乡”社会实践活动中，除精准扶贫外，学院还以文化扶贫为纽带，在倡导乡风文明上下功夫。结合大学生暑期“三下乡”实践活动、“青年红色筑梦之旅”主题活动、民族团结进步示范校创建，在尧佐村开展了“背篓投绣球”“毽球”“滚铁环”“八段锦”等民族传统体育活动。为让当地群众在趣味游园中了解更多民俗文化，还开展了“民族舞蹈串烧展示表演”和“与民同唱民族团结歌曲《爱我中华》”等大型文艺表演。熟悉的旋律在山村奏响，“五十六个兄弟姐妹是一家，五十六种语言汇成一句话……”全面扶贫，一个民族都不能少。

（七）爱心医疗服务团

重点围绕健康中国战略，到农村基层、贫困地区和少数民族聚居地区开展健康普查、巡回医疗、流行性疾病防治、基本医疗卫生知识普及、乡（村）医疗站建设等形式的社会实践活动。

学院每年暑期的“三下乡”社会实践活动少不了应急救护下乡项目。下乡前，依托学院的应急救护实践活动室功能和柳州市红十字会的指导，学生对卫生下乡的项目做足了准备。每年学院组织若干名志愿者为滚贝侗族乡的广大群众传授应急救护知识和技能，如心肺复苏、外伤包扎等，并邀请现场群众实际操作，提高当地居民自我保护生命安全的意识和能力。

（八）美丽乡村实践团

重点围绕乡村建设、宜居城市建设和打好污染防治攻坚战，开展环境治理、环保知识普及、科普宣讲、社会调研、发展献策等形式的社会实践活动。

2020年暑期“三下乡”社会实践活动中，学院团委组织参与活动的若干名学生赴融水县滚贝侗族乡尧佐村开展美丽乡村服务，项目包含垃圾分类和清洁乡村。为了倡导生态文明建设，做好垃圾分类工作，团队通过手机等移动设备将美丽乡村的工作情况实时拍摄，然后通过转发到朋友圈、微博、抖音等方式，展示农村的美丽，宣传农村的变化，表达对农村的热爱，激励并鼓舞广大青年投身农村建设。

五、活动实施步骤

（一）实地分析

实地分析包含乡镇基本情况分析、当地村民需求分析等。

1）乡镇基本情况分析包含：乡镇的名称、发展历史、地理位置、生态环境、人口数量、性别比例、年龄比例、受教育程度、单位资源（中小学、文化设施、社会福利设施、政府管理机构等的数量及其他）等。

2）当地村民需求分析：前期应准确了解当地村民的需求，进行细致的调查分析。例如，针对不同年龄层的服务需求，如中小学课外培训班、中年在岗培训、老年关爱服务等；针对不同领域的服务需求，如文化需求、科技需求、卫生需求、生态需求等。

（二）活动策划

活动方案策划需要在综合考虑各方面实际情况，征求当地村民的意见后，决定采取的服务内容和形式，以达到特定的目标和效果。一份活动策划应包含：工作目标、工作内容、工作时间、工作地点、人员安排、服务对象、工作方法、推进进度、物料准备、经费预算、安全应急预案等。

（三）实施过程

在活动方案完善之后，“三下乡”社会实践就进入了实施阶段，这一阶段是按照计划好的工作活动方案稳步推进的过程。期间要注意推进的策略、方案和节奏，并注意经费的管理和控制，避免顾此失彼。另外，活动开展过程中要做好人员分工，随时掌握各个环节的执行情况，注意根据实际情况的变化进行适当的调整应对。同时，所有工作人员要做好应急处理的准备。

（四）活动总结

在“三下乡”社会实践活动结束后，要对活动的过程和结果做详细记录，及时撰写工作总结或调研报告，反思工作中的得失，为以后的工作提供借鉴。

一般的社会实践调研报告框架主要包含以下内容。

1）实践调研主旨概要、所调研事项的内容提要、实践调研的现场情况、环境条件（可包括自然、社会与人文条件等）。

2）所调研的实际情况。

3）对所调研的实际情况的客观分析。

4）实践调查相关量化项目的数量分析。

5）所调研事项存在的问题或当前以及将要面对的困难。

6）所调研事项存在的问题或当前以及将要面对的困难的解决建议方案。

7）对“三下乡”社会实践工作的简要总结。

（五）注意事项

1）要着眼于促进乡镇经济社会发展的实际。“三下乡”的内容需从各地实际出发，与服务乡镇群众的生产生活紧密联系起来，把“三下乡”落实到帮助乡镇群众发展生产、增加收入上，落实到培养新型农民上，落实到满足乡镇群众日益增长的物质文化需求上，以此来促进社会主义和谐社会发展和新农村建设。

2）要着眼于实际效果。要把“大”与“小”结合起来，在组织好大型团队下乡的同时，要更多组织小型演出队、流动医疗队和科普工作队等，深入基层。要把“送”与“建”结合起来，注重培养乡镇本土人才。要把“老”与“新”结合起来，要更充分运用新媒体传播技术和手段，加快乡镇公共信息网络建设。

3）要着眼于解决乡镇群众的切身利益问题。要加大贫困地区和困难家庭的支持力度，既要扶贫又要扶志，帮助他们出思路、谋创业，尽快实现脱贫致富。要关心乡镇建档立卡贫困户、五保户、残疾人和老年人，关爱农村妇女儿童，多为他们送温暖、办实事。

关于开展××职业学院“青年红色筑梦之旅”社会实践活动方案

根据《自治区教育厅办公室关于开展广西“青年红色筑梦之旅”主题活动的通知》（桂教办发［2018］264号）和2018年××职业学院“互联网+”大学生创新创业大赛暨第四届中国“互联网+”大学生创新创业大赛院级选拔赛的工作安排，决定举办学院“青年红色筑梦之旅”社会实践活动。特制定本方案。

一、活动主题

红色筑梦点亮人生　青春领航振兴中华

二、时间、地点

时间：2018年5月31日~6月1日

地点：融水县滚贝侗族乡尧佐村

三、活动安排

（一）组织项目实施

请各系部根据尧佐村的实际情况，结合自身优势，积极发动本系部学生开展质量兴农、电商兴农、绿色兴农、科技兴农、教育兴农、旅游兴农、红色文化发展、民族文化发展和精准扶贫脱贫等方面的创新创业项目。

（二）项目推荐

请各系部择优推荐1个项目并填写“青年红色筑梦之旅”主题活动项目推荐表（附

件2）报大赛组委会，组委会将从推荐项目中遴选1～2个优秀项目参加6月1日～3日在河池市东兰县举行的广西“青年红色筑梦之旅”主题活动。

（三）尧佐村主题活动内容

1）开展实地调研活动，项目实地对接洽谈。

2）开展“青年红色筑梦之旅”主题活动。

主题活动时间安排半天，由各系部根据尧佐村的需求和自身优势进行设计，填写“青年红色筑梦之旅”主题活动备案表（附件3）并报大赛组委会。

四、参加活动人员及报名

每系部选派4人参加此次活动，其中系团支部书记要作为系部领队参加活动，其他3名成员原则上由系部推荐的项目团队代表（含指导老师）组成。

五、其他事项

1）参加活动人员的食宿、交通费、保险费、现场活动费用、队旗、工作牌等由大赛组委会统一安排。

2）各小分队队旗、工作牌由各系部领队保管，活动结束后放于系部保管。

3）请各参加活动人员按要求开展各项活动，出发和返程时各系部领队要确定本系部人员到齐。

4）活动结束后各系部上交活动总结材料（文字在1000字以内，图片10张）。

六、材料上报

附件2的上交时间为5月20日前，附件3的上交时间为5月22日前，总结材料的上交时间为6月1日，请各系部将电子版按时发送至×××部门邮箱。

联系人：×××，电话：×××××××。

附件：1. 融水县滚贝侗族乡尧佐村基本情况
2.“青年红色筑梦之旅”主题活动项目推荐表
3.“青年红色筑梦之旅”主题活动备案表
4.“青年红色筑梦之旅”活动日程安排
5. 安全预案

××职业学院
2018年5月17日

附件1

融水县滚贝侗族乡尧佐村基本情况

1）滚贝侗族乡政府所在地距融水县城92km，全乡总面积277km²，属柳北高寒山区。辖11个村、99个自然屯、188个村民小组，总人口1.93万人，居住着侗、苗、瑶、汉、壮、水6个民族，其中侗族人口约占全乡总人口的52%，是广西唯一的侗族乡。

2）尧佐村基本情况：尧佐村位于滚贝侗族乡东北部，距滚贝乡政府所在地21km。

全村下辖8个自然屯（九美、六茂、甲台、河边、孖公、刘家、塘九、南芒），11个村小组，243户，968人（其中农业人口934人），全村具有高中及以上学历的共29人，仅占全村人口的3%，而且小学学历及半文盲、文盲人口有200多人，占全村人口的22.6%以上（基本集中在50岁以上群体）。全村外出务工约200余人，常年在外。全村总面积28246亩（1亩≈666.7m^2），林地面积22770亩，农牧地面积3454.5亩（其中水田面积296.74亩，旱地1186.66亩），水域面积112.5亩，特用地面积154.5亩，其他用地面积1754.5亩。

全村共有贫困户13户46人，其中2014年和2015年退出户3户9人，2016年脱贫1户3人，2019年脱贫5户18人，2020年计划脱贫4户16人。目前尧佐村贫困户“两不愁、三保障”均达标，预贫困户“八有一超”均达标。尧佐村贫困户不愁吃、不愁穿；全村贫困户义务教育有保障、基本医疗有保障、住房安全有保障。

3）导致贫困的原因：在贫困户的卡册里，分别列出自身发展动力不足、缺技术、缺劳动力、因学、因病、因残疾、因灾害、缺土地、缺水源、交通落后，是贫困户导致贫困的十大因素，占据前三位的分别是农户自身发展动力不足、缺技术和缺劳动力。

4）产业帮扶情况：尧佐村在原有杉木、高山冷水稻、禾花鲤等传统产业的基础上，大力发展高山红薯、黑香猪、五指毛桃等特色产业，并引进湖南中草药材商家，推广种植黄精中草药达10余亩，覆盖农户8户，共38人，预计四年后将创收50余万元；利用自治区扶助农村集体经济发展的100万元，在上级的指导下，投入滚贝“侗乡大酒店”项目，2018年收入7.2万元，2019年收入8.4万元。

附件2

“青年红色筑梦之旅”主题活动项目推荐表

推荐系部：

<table>
<tr><td>系部联系人</td><td></td><td>手机号</td><td></td></tr>
<tr><td>项目名称</td><td colspan="3"></td></tr>
<tr><td>项目简介
（1000字以内）</td><td colspan="3">请简要介绍项目的基本情况、与扶贫需求的衔接情况、已取得的成效、发展前景等信息。</td></tr>
<tr><td>负责人</td><td></td><td>手机号码</td><td></td></tr>
<tr><td>成员1</td><td></td><td>手机号码</td><td></td></tr>
<tr><td>成员2</td><td></td><td>手机号码</td><td></td></tr>
</table>

附件 3

“青年红色筑梦之旅”主题活动备案表

系部：

系部联系人			手机号	
小分队名称	（根据活动内容命名，统一制作队旗）			
活动主题				
活动内容 （500 字以内）	请简要说明活动内容形式、活动地点、活动时间、人员安排、场地设备需求等内容。			
人员组成	姓名	身份证号	手机	班级
领队				
成员 1				
成员 2				
成员 3				

附件 4

“青年红色筑梦之旅”活动日程安排

日期	时间	活动安排	主要内容	具体负责人
5 月 31 日 （星期四）	8:40～9:00	集合、出发	1. 8:40 学院西门集合上车 2. 9:00 准时出发 3. 自备中餐	×××、×××、各系部领队
	17:00	到达、休整	到达尧佐村，入住、晚餐、休息	×××、×××
6 月 1 日 （星期五）	8:00～8:30	早餐	安排老师、学生就餐	×××、×××
	8:30～11:30	主题活动、项目对接	1. 各小分队开展主题活动 2. 各小分队深入贫困户家中进行实地调研，与扶贫需求进行项目对接洽谈	各系部领队

（续）

6月1日（星期五）	11:30～12:00	宣传合照	活动人员合照	×××、×××
	12:00～13:00	午餐	安排老师、学生就餐	×××、×××
	13:00～13:30	集合、回校	1. 13:00 回到活动场地集中上车 2. 13:30 准时返校 3. 自备晚餐	×××、××× 各系部领队
	20:00	到校		各系部领队

附件 5

安全预案

为保证对学生社会实践活动期间的突发事故做出快速有效地处置，最大限度地保障师生的人身安全，特制订本应急预案。

一、组织领导机构及职责

（一）组织领导机构

1）组　长：×××

2）副组长：×××、×××

3）组　员：×××、×××、×××、×××

（二）应急工作领导小组职责

1）外出活动前周密筹划，充分考虑到活动路途及目的地的安全因素，做好突发事件应急准备。

2）做好事前安全教育和防范工作。

3）突发事件时，领导小组要在最短的时间做出决策，采取相应措施。

4）突发事件后，及时向上级部门汇报并做好各项善后工作。

二、组织纪律

1）加强纪律教育。

2）严格考勤和请假制度，准时到位，非特殊情况不得请假。

3）组织纪律性强，活动过程要听从老师的指挥，不得随意擅自活动。

4）尊敬师长，团结同学，发扬互相帮助与协作的精神。

5）注意安全，注意礼仪，注重形象。

三、应急措施

（一）突发事件处理原则

1）保持镇静、沉着应对。

2）人员安全原则。

3）就地抢救原则。

4）报警、求援原则。

5）维持秩序、迅速疏散原则。

（二）联系电话

×××（1567626 ×××）、×××（1889772 ×××）

（三）现场指挥

1）报警：×××、×××

2）处理：×××、×××

3）指挥：×××

四、应急方案明细

（一）疫情防控措施

1）所有师生在上车前必须测量体温，多次测量显示体温异常者应报告上级领导，并及时送至较近的医院检查。

2）所有师生在车上全程佩戴口罩，在活动现场佩戴口罩，涉及体育项目的，在运动时保持 1 米的距离后方可摘下口罩。

3）所有师生做到勤洗手、不随地吐痰、不乱扔垃圾。

4）加强对各项活动的合理规划和布局，疏导人流，避免人员过于集中。

（二）应急反应措施

1）队里时刻准备着防暑、擦伤、晕车等（内服、外用）药品。

2）所有教师、工作人员手机必须处于开机状态，前一天必须检查手机充值状况，确保资费充裕。

3）进入活动期间，各位老师及同学必须把安全问题放到第一位。

4）所有学生在活动期间必须听从老师的指挥。

5）每一个小组组长须与老师保持密切联系。

（三）因天气因素变更活动处理

1）活动前一天了解天气情况，通知学生做好相应准备。

2）出发时遇天气变化，要认真分析趋势和可能，做出延时、变更处理。

3）针对学生可能出现的情绪波动，做好引导、说服教育工作，妥善处理善后事项。

（四）住宿问题的处理

1）在外住宿的地方要选择一个安全度高的，环境较好的地方。

2）在外住宿如突遇火灾、水灾等情况，由负责带队的老师组织学生疏散，到达安全区后由一名老师马上清点人数。

3）在外住宿期间，外出需要向老师请假并说明去向，老师同意后才能出行。

（五）学生突发疾病、意外伤害

1）学生在途中突发疾病、意外伤害，随队教师立即联系应急车，视轻重用自备药物处理或就近送医院。

2）学生在村里突发疾病、意外伤害，带队教师立即联系总指挥，视情况轻重用自备药物作处理或送村内医务站诊疗，病情严重的送当地医院急救。

（六）学生走失处理

1）学生有手机则带上手机，师生互留电话号码，以便电话联系。

2）如果发现学生走失，切不可大意、拖延，应立即组织就地寻找。

3）从学生最后接触的同学入手来了解最后行踪。

4）电话通知其他带队教师关注寻找。

5）在寻找过程中加强管理，避免再次发生类似情况。

（七）交通事故处理

1）有严重受伤即刻拨打120、110，并立即组织抢救。

2）迅速报告领导，调动应急车赶到事发现场，视伤情确定立即送医或紧急处理后送医。

3）保护好现场，指挥师生撤离至安全地点。

4）向上级领导报告事故情况。

5）安定学生情绪，询问、检查学生受伤情况，受轻伤学生送医院检查、诊治。

6）立即成立事故处理小组，分别负责家长、公安、医疗、保险等各方面接洽，妥善处理善后事宜。写出书面报告，总结经验教训。

第三节 社区服务活动

随着人们生活方式和就业形式的多样化，越来越多退休人员、下岗失业人员和流动人员进入社区——成为城市治理的“最后一公里”。社区是党和政府联系群众、服务群众的“神经末梢”。随着社区居民群众的物质、文化、生活需求日益呈现出多样化、多层次的趋势，经济社会的发展和居民群众的多方面需要给社区服务提出了新的和更高的要求。随着社区志愿者队伍不断壮大，服务内容越来越丰富，社区服务正在快速发展。

一、社区服务的含义

社区服务泛指政府、社区居委会以及数字社区等其他各方面力量直接为社区成员所提供的公共服务和其他物质、文化、生活等方面的服务；是任何人志愿贡献个人的时间及精力，在不为任何物质报酬的情况下，为改善社会环境、促进社会进步，无偿地为社区成员提供的各方面的服务。

二、社区服务的目标

社区服务是利用自己的时间、技能、资源等提供非盈利、无偿、非职业化援助的行为。大学生社区服务目的在于培养学生主动参与社会实践，增强学生的公民意识和责任感；使学生自觉服务社会，对他人、对社会富有爱心；促进学生自我了解，肯定自我价值，发展兴趣与专长。

三、社区服务的特征

社区服务的特征包括非营利性、地域性、专业性和综合性。社区服务把孤寡老人、残疾人、优抚对象以及失业、下岗等急需帮助的群体作为服务的对象和重点。社区服务不以营利为目的，而是把社会效益放在首位、把社会福利放在首位，具有明显的福利性与非营利性。社区服务的地点是人们社会活动的场所，社区服务以街道、居委会、小区为依托而展开，农村的社区服务以村、镇为依托展开，具有明显的地域性特征。社区服务的专业性和综合性表现为提供服务的社区工作者所做的不仅是一般的“送温暖”式服务，还要既解决眼前的和表面的问题，又解决长远的和深层次的问题。社区服务的对象包括社区内所有不同职业、不同生活状况的社区成员；服务的主体包括社区内的一切单位和个人，涉及经济、政治、文化、社会等多方面；执行主体有城市居委会以及各种社会团体、志愿者组织、专业工作者等。

四、社区服务的范围

由于社区服务的地域性和综合性特点，其范围也比较广泛，涉及孤寡老人、残疾人、优抚对象以及失业、下岗等急需帮助的群体，还涉及政治、经济、文化、社会等多方面。对大学生而言，参与得比较多的还是社区的志愿者服务项目，主要包括以下几个方面。

（一）社区环境建设

1. 社区绿色环保

1）社区清洁日活动：志愿者在固定时间（每月一次）采取广泛宣传和发动社区居民参与公益劳动的方式，从点滴做起，清扫楼道、雨水口，擦拭楼道门窗、扶手、楼门、广告牌、宣传栏、报箱、信箱等。

2）铲除小广告活动：志愿者固定时间（如每月一次），清洗居民楼院的乱涂乱画，义务制止张贴小广告的行为。

3）小广告志愿督察：志愿者定期巡视社区内有无违法张贴的小广告。

典型案例

柳州某社区建成于1989年，当时居民都是某厂的职工和家属，现有600户常住户，在籍人口1578人，393人的户籍在册但人不在社区，房屋出租给外来务工人员。在剩余的人中，有一部分老人和留守儿童。由于该社区是老旧小区，社区规划和设施便利程度上比较欠缺，社区环境较差，经常有人偷偷在楼道贴各种小广告，居民的生活受到了一定影响。该社区周围有一所高职院校，社区工作人员希望学校能够给予一定帮助。学校与社区经过协商，整合社区资源，策划并实施了以“你我参与，创建家园”为主题的社区绿色环保项目。该项目从固定的每月第一天的社区清洁日活动，到月末的铲除小广告行动，再到定期巡视的小广告志愿督查；从人员分工到积极主动报名，逐渐形成人人环保的意识。在社区居民及大学生们的积极参与下，该项目获得了一定的成效，社区干净了，居民更开心了。

2. 社区养狗自律

1）养犬宣传活动：在社区内宣传《社区限制养犬管理规定》，做到人人知晓。

2）文明养犬劝导队：组织志愿劝导队，倡导养犬人自我管理，携带垃圾袋或小铲子等清洁工具方便粪便清理，督促违反章程或公约的养犬人自律。

（二）社区生活类

1. 社区生活文化

1）养生知识讲座：普及养生知识，传达健康生活小妙招。

2）节假日送祝福活动：志愿者对辖区内的空巢老人、留守儿童等关爱对象进行节日慰问，关心他们的生活状况、营造社区的良好文化氛围。

3）文艺社团展演活动：志愿者定期开展丰富多彩的文艺娱乐活动，指导社区居民掌握新技能，丰富社区居民的精神文化生活。

2. 社区生活垃圾分类

1）环保一封信：宣传引导居民树立绿色、低碳、环保、健康的生活理念，将“致广大居民一封信”的内容宣传到户、到人。

2）垃圾分类讲座：普及垃圾减量、垃圾分类知识，总结和推广居民日常生活中的好做法、好点子。

3）旧电池回收：由志愿者当面回收或设置回收箱搜集废旧电池，并做好分类处理工作。

4）过期药品回收：由志愿者当面回收或设置回收箱搜集过期药品。

3. 社区生活援助项目

1）结对援助服务：采取定期上门、一对一服务方式，为行动不便的老人提供生活照料，服务具体内容包括吊针看护、简单家务、购置生活日用品等。

2）我来问候您：主要采取结对约定的方式，志愿者通过每日电话问询来与老人聊聊天、嘘寒问暖，愉悦老人的心情。

3）温馨敲敲门：定期上门服务，敲门看看、帮忙干干，为老人做一些简单的家务劳动。

4）陪您唠唠嗑：按约定时间上门，陪行动不便的空巢老人聊聊天、谈谈心。

5）“常回家看看”志愿提醒：社区志愿者定时提醒社区独居、空巢老人的子女，发挥子女和配偶的精神慰藉作用，做好家属的思想工作。

在城市的快速发展背景下，柳州不少郊区的居民搬到了城中居住，但是在钢筋水泥的楼房中谁也不认识谁，几年下来有的邻居连招呼都没有打过。面对这种情况，柳州某高职院校的老师和同学在思考：如何才能让邻里间像家人一样，一起交流、互相帮助？这时候一个同学想到能不能成立一个以“邻里互访团”为主题的社区援助项目。在社区及老师同学们的努力下，“邻里互访团”项目开始实施。互访团经常定期开展一些活动来丰富社区生活，互访团里不管谁家有困难，志愿者和其他人都会去帮忙。每月还要为当月过生日的老人举行生日会，相互之间唱生日歌、拍生日照等。随着时间的推移，邻里之间的关系更加融洽了，大家都表示喜欢这样的社区生活。

4. 社区物品捐赠交换

1）闲置物品交换活动：志愿者通过组建跳蚤市场等方式，将家庭的闲置物品进行物物交换，做到物尽其用。

2）“闲置物品助邻解忧”活动：志愿者发动社区居民拿出家里的闲置物品，通过捐赠的方式来缓解社区内贫困居民的生活压力，增进邻里之间的友谊。

3）手拉手活动：志愿者对居民日常捐助的物品消毒并进行分类整理，输送到贫困地区的弱势群体手中。

5. 社区代理代办服务

1）代缴费服务：社区志愿者为社区老人、残疾人等的代办代理服务包括缴纳水费、电费、煤气费、电话费、供暖费、有线电视费、上网费等。

2）代购买服务：社区志愿者为社区老人、残疾人等购买生活必需品；购买药品。

3）代办服务申请：社区志愿者为社区老人、残疾人等预约挂号、申请家庭设施维修、家政服务、寄信取邮包等。

五、社区服务的流程

（一）社区分析

社区分析主要通过调查社区存在的问题及社区的志愿服务需求，分析社区资源，维护生活的正常秩序，加强社区福利状态。

（二）制定社区服务计划

一份好的计划能够为志愿者开展活动提供指引，但是计划不可能一成不变，应该随着环境的变化而不断更新。制定计划可以从服务目标、社区志愿服务需求、社区资源、制定初步计划、预期困难及解决办法等方面入手。

（三）执行社区服务活动计划

社区志愿服务计划的执行需要分阶段进行，具体内容如下。

1. 筹备阶段

筹备阶段主要进行的是人、财、物的配置以及活动的宣传和推广工作。1）在经费筹备方面，主要途径有申请政府资金补助、向社会筹款；2）在人力安排方面，应先规划招募的志愿者人数再组织活动；3）在场地安排方面，应考虑场地面积和布置，电器设备、活动道具的安排，桌椅的数量及其摆放方式等；4）在活动的宣传推广方面，首先要清楚向谁宣传，宣传的目的是什么，要传递的信息是什么，然后设计宣传策略和方法来吸引社区居民或服务对象的注意，激励其参加活动。

2. 进行阶段

这个阶段主要开展的工作有预算管理、时间进度管理、服务品质管理、士气激励和提升。1）预算管理。应本着节约的原则，记录清楚开支，包括宣传制品费用、纪念品费用、游戏奖品费用、志愿者的午餐补贴和交通补贴及其他杂项等。2）时间进度管理。首先是整个活动安排的期限管理，如在一周内完成或在一个月内完成；其次是活动各个阶段的进展时间管理；最后是活动进行环节的时间管理，如志愿者培训要求 45 分钟完成，热身游戏要求 3 分钟完成等。3）服务品质管理。是指组织方对活动的可信度、及时性、同理心以及设施设备的管理，以确保服务的质量。4）士气激励和提升。这里是对提供服务和开展活动的志愿者的激励和士气提升，主要目的是增强其成就感，感觉自己的工作和付出是有价值的。具体方法是通过口头表扬、墙报表扬等形式，公布每个人的工作进展和成绩，通过光荣榜等形式表彰优秀志愿者的工作成绩。

3. 结束阶段

在活动结束后应处理的工作有：1）经费报销。志愿者应事先了解政府、单位、企业的财务制度，了解经费使用和报销审核的程序，在活动结束后尽快处理经费报销事宜，保证后续其他活动的经费使用。2）将服务资料及时归档，包括活动调查报告、活动策划书、活动记录表、摄像与摄影资料、活动满意度调查表、社区居民或服务对象意见反馈表等。3）对志愿者进行表彰。由于志愿服务的性质具有公益性和非营利性，所以通过表彰达到激励是主要目的，但也需要针对活动开展的情况让志愿者认真反思，对本人的工作表现和工作成效有一个客观评价。4）对活动成效进行评估，包括对活动过程和服务结果的评估。

（四）社区服务活动的总结

社区服务活动总结是一个对社区服务活动的整体反思，也是对项目进行全方位的思考，从开始到结束，包括服务活动项目的组织、资源的衔接、效果等方面进行总体把握，志愿者在开展项目过程中进行过程记录，便于后期的经验总结。

六、社区服务活动实施

在某社区的户籍在册人口15397人中，60岁以上的老年人人口为2451人，约占户籍总人口的16%，其中，80岁以上的老年人有353人，独居老人有89人。有退休工资的老人占老年人口的81%，其中月收入在3000以上的占79%，老年人的人际交往情况因个人的健康状况而异，社会活动参与性不高，精神生活比较匮乏。老人与子女的交流较少，一些有老年人的家庭反应，照顾老人压力大，希望社区想办法分担。社区与附近的一所高职院校合作，由大学生志愿团定期提供服务，开展“为老护老，老有所乐”的社区服务活动。

主要实施步骤：

（一）项目筹备

通过社区分析了解社区的老年人及其家庭的需求，预估社区的可衔接资源，明确“为老护老，老有所乐”项目运行的可行性以及必要性。在项目筹备期间，大学生志愿者在整个项目的筹备过程中扮演着重要的角色，承担着重要的使命。大学生志愿者在项目地点开展了多次社会调查，了解社区居民参与“为老护老，老有所乐”项目的需求和意愿。同时通过走访调查，对社区老年人群体进行了老人物质生活、精神生活等各个方面的评估分析，以此找到项目的切入点。通过物质上的支持和资源上的支持，人、财、物的全面掌握和协调安排，前期的工作顺利进行。

（二）项目宣传

项目宣传期正式将“为老护老，老有所乐”引入到社区居民的生活之中——让身体硬朗的老人与孤寡高龄的老人结对，志愿者也参与到组合中，在力所能及的范围内提供帮助。在宣传“为老护老，老有所乐”项目的过程中，大学生志愿者将“为老护老，老有所乐”的目的融入小品、诗歌朗诵、歌舞表演等文艺形式之中，引起了老年人的强烈共鸣，让老年人在观看节目的过程中深刻了解“为老护老，老有所乐”的意义。活动现场共有百余名老人参与了社区宣传活动，老人们纷纷与志愿者们进行互动。之后志愿者对社区老人进行了“为老护老，老有所乐”项目的入户宣讲，宣讲内容主要是“为老护老，老有所乐”是什么、“为老护老，老有所乐”怎么做等内容。入户宣讲的过程中，志愿者耐心地为老人们讲解，并一一解答老人的问题。“为老护老，老有所乐”项目也得到了不少老人的理解和支持，多名老人表示愿意参与到“为老护老，老有所乐”的项目中。

（三）项目启动

“为老护老，老有所乐”项目启动并正式进入了实施阶段。在项目运行过程中，志愿者主要是作为协助和参与的角色，面对老人不同的需求给予不同的实质性服务。对于尚能自理的低龄老人而言，他们仍是社会的资源。“为老护老，老有所乐”项目通过老年人之间的互助行为增加激励，实现“为别人服务也就是为自己服务”。另外，“为老护老，老有所乐”项目组织和动员了老年人开展互助性养老服务，在减轻政府养老压力的同时，还可以形成邻里守望的社会氛围。

（四）项目推进

在“为老护老，老有所乐”项目推进期，大学生志愿者针对老年人群体的特征和需求，制定了适合老年人的一系列活动。其中包括“我在你身边”活动、“助老·爱老”老年人义诊活动、“我要年轻态”老年人游园会、“迎国庆·颂重阳”联欢晚会等。在这一过程中，志愿者为活动的开展提供了保障。这些活动的具体介绍如下。

1）“我在你身边”活动。志愿者对应老人，通过电话问询和与老人聊天、定期上门帮助老人做一些简单的家务劳动、开展一些力所能及的生活照料等形式来陪伴老人、愉悦老人的心情。

2）“助老·爱老”老年人义诊活动。旨在传授老人夏季防中暑和夏季养生等知识，为老人进行血压和血糖等基础身体状况的体检，提醒老人合理安排生活作息，经常锻炼身体，保持良好的精神状态。

3）“我要年轻态”老年人游园会。旨在动员老年人参与到游戏中来，促进老年人融入社区，增强老年人的自信心，提升互助的积极性。丰富老年人的日常生活，增强老年人之间的交流与了解，体现老有所乐的精神，增进老人之间的友谊，进一步提升老年人之间的互助养老意识。

4）“迎国庆·颂重阳”联欢晚会。旨在为老年人送去节日的祝福，同时为有特长的老年人提供施展才华的舞台，实现其价值，满足老年人的精神需求。联欢晚会是一种项目成果的展示，社区和志愿者参与策划开展，志愿者和老年人为社区带来表演，提供力所能及的服务，实现老年人之间的互助。

（五）项目结束

在“为老护老，老有所乐”项目后期，志愿者对项目进行了总结。本项目充分发挥了志愿者的作用，连接到相关的资源，体现了志愿者的服务宗旨，取得了一定的成效。但是在活动开展过程中，细节上的把握不够到位，在接下来的项目活动中要尽可能拓宽宣传渠道，明确分工职责，把工作做细、做牢。

参考文献

[1] 张允侯，殷叙彝，李峻晨. 留法勤工俭学运动 [M]. 上海：上海人民出版社，1980.

[2] 林声. 中国勤工俭学 [M]. 沈阳：辽宁大学出版社，1990.

[3] 刘向兵. 新时代高校劳动教育论纲 [M]. 北京：社会科学文献出版社，2019.

[4] 赵章彬. 高等职业院校劳动文化建设与创新研究 [M]. 北京：中国农业大学出版社，2019.

[5] 檀传宝. 劳动教育的概念理解——如何认识劳动教育概念的基本内涵与基本特征 [J]. 中国教育学刊，2019 (2)：82 - 84.

[6] 檀传宝. 加强劳动教育一定要贯彻与时俱进的原则 [J]. 人民教育，2020 (8)：13 - 14.

[7] 张利昌. 正确理解恩格斯《劳动在从猿到人转变过程中的作用》一文的"劳动"概念 [J]. 太原师范专科学校学报，2000 (3)：5 - 7.

[8] 赵伟. 试论劳动、劳动教育和职业教育的关系 [J]. 中国高教研究，2019 (11)：103 - 108.

[9] 陈苏谦. 培育新时代大学生劳动精神探析 [J]. 扬州大学学报 (高教研究版)，2020 (3)：79 - 83.

[10] 赵章彬. 劳动教育之劳动概念的特定内涵及其实践向度建构——以高等职业院校劳动教育为视角 [J]. 北京教育 (高教)，2020 (7)：22 - 25.

[11] 黄黎明，王永秋. 新时代培养和塑造高职学生劳动精神的思考 [J]. 贵阳学院学报 (社会科学版)，2019 (2)：28 - 32.

[12] 房金秋. 新时代大学生劳动情怀培育——基于习近平关于劳动的重要论述 [J]. 宁波教育学院学报，2019 (6)：45 - 48，75.

[13] 赵健杰，刘向兵. 论新时代高校劳动教育的课程建设 [J]. 北京教育 (高教)，2020 (2)：14 - 17.

[14] 刘宴铭，李桂红. 习近平新时代劳动观及内涵探析 [J]. 新西部，2020 (15)：3 - 4.

[15] 成美红. 新时代劳动精神探析 [J]. 法制与社会，2019 (17)：243 - 244.

[16] 贺兰英. 中国特色社会主义劳动精神的内涵 [J]. 南方论刊，2018 (5)：45 - 46，56.

[17] 喻艳. 新时代背景下高职院校弘扬劳动精神路径研究 [J]. 延边教育学院学报，2020 (2)：21 - 23.

[18] 陈美华. 新中国成立 70 年来马克思主义劳动观中国化探索 [J]. 毛泽东邓小平理论研究，2019 (11)：58 - 66，108.

[19] 林转怡. 马克思主义劳动观中国化研究 [D]. 广州：广东外语外贸大学，2014.

[20] 胡杨，金瑶梅. 马克思的劳动观及其在新时代的创新发展 [J]. 人民论坛学术前沿，2020 (11)：100 - 103.

[21] 李芳，韩佳敏. 习近平劳动观的形成、主要内容及理论特质 [J]. 湖北省社会主义学院学报，2020 (2)：15 - 20.

[22] 关山. 浅析"工匠精神"对工业设计发展的启示 [J]. 企业技术开发，2016，35 (17)：146 - 147.

[23] 徐耀强. 论“工匠精神”[J]. 红旗文稿, 2017 (10): 25-27.
[24] 欧阳帆. 落实立德树人 培育工匠精神 [J]. 智库时代, 2017 (44): 7-8.
[25] 夏芳. 工匠精神的内涵和培养路径 [J]. 武汉冶金管理干部学院学报, 2016 (4): 14-16.
[26] 孙星. 培育工匠精神 弘扬工业文化 [J]. 中华儿女, 2016 (11): 66-67.
[27] 李进. 工匠精神的当代价值及培育路径研究 [J]. 现代职业教育, 2016 (27): 27-30.
[28] 苍中洪. 工匠精神的当代价值与职业教育的传承创新 [J]. 能源技术与管理, 2017 (6): 12-15.
[29] 张捷树. 中职学校培育工匠精神的问题与对策 [J]. 当代职业教育, 2017 (1): 31-35.
[30] 夔彩虹. 新时代弘扬劳动精神的价值与途径 [D]. 南昌: 江西师范大学, 2019.
[31] 颜琴. 工会劳动模范工作实用手册 [M]. 北京: 中国工人出版社, 2015.
[32] 王海亮, 李庆华. “变”与“不变”: 论新时代中国劳模精神的生成发展逻辑 [J]. 佳木斯大学社会科学学报, 2019, 37 (2): 86-89.
[33] 夏明月. 弘扬中华传统勤劳美德 [N]. 光明日报, 2019-06-03 (15).
[34] 向德荣. 劳模精神职工读本 [M]. 北京: 中国工人出版社, 2016.
[35] 杨冬梅, 赵健杰. 劳模学概论 [M]. 北京: 人民出版社, 2020.
[36] 姚力. 生命叙事与时代印记——新中国15位劳动模范口述 [M]. 北京: 人民出版社, 2017.
[37] 中共北京市海淀区委宣传部, 北京市海淀区总工会. 他们从这里走来: 记北京海淀区全国劳动模范 [M]. 北京: 北京理工大学出版社, 2018.